东北大学思业融合燎原计划系列丛书

课程思政论文集

丛书主编：熊晓梅

分册主编：丁文浩　闫　研　韩　斌

东北大学出版社

·沈　阳·

图书在版编目（CIP）数据

课程思政论文集 / 丁义浩，闫研，韩斌主编. — 沈阳 : 东北大学出版社，2021. 11
ISBN 978-7-5517-2875-1

Ⅰ. ①课… Ⅱ. ①丁… ②闫… ③韩… Ⅲ. ①高等学校—思想政治教育—教学研究—中国—文集 Ⅳ. ①G641-53

中国版本图书馆 CIP 数据核字（2021）第257120号

出 版 者：东北大学出版社
地址：沈阳市和平区文化路三号巷 11 号
邮编：110819
电话：024-83683655（总编室） 83687331（营销部）
传真：024-83687332（总编室） 83680180（营销部）
网址：http: // www. neupress. com
E-mail: neuph@neupress. com
印 刷 者：沈阳市第二市政建设工程公司印刷厂
发 行 者：东北大学出版社
幅面尺寸：185 mm×260 mm
印 张：13
字 数：307千字
出版时间：2021年11月第1版
印刷时间：2021年11月第1次印刷
策划编辑：刘桉彤
责任编辑：石玉玲
责任校对：廖平平
封面设计：潘正一

ISBN 978-7-5517-2875-1 定 价：65. 00元

东北大学思业融合燎原计划系列丛书

编委会

课程思政论文集

编委会

“课程思政”重在协同育人①

“课程思政”，就是要深入挖掘并运用各门课程和教学方式中蕴含的思政教育元素，有效引导教师发挥课程育人的主体作用，切实把思想政治教育贯穿于教学实践的全过程，实现各门课程协同育人。可见，“课程思政”是一个复杂的、开放的、动态的系统，如何真正做到育知和育德的有机融合，达到育人和育才的真正统一，是当前各高校落实立德树人的根本任务，实现教育价值旨归的重点难点。这就要求我们必须从理念架构、组织设计、实施推进等多方面着手，凝练经验、总结规律、创新形式、丰富内容，着力构建高水平的“课程思政”协同发展体系，实现高校“课程思政”教师队伍从“良心活”向”政治强”转变、教学内容从“讲教材”向“讲学理”转变、教学方式从“单独唱”向“大合唱”转变。

知识传授与价值引领相协同。教师首先要增强“教育者先受教育”的自觉，提升对科学理论掌握的系统性，强化育心铸魂的主动性责任感，将思政教育体系与知识教育体系贯通。提高专业教育和思政教育有机融合的功力，提高思政元素的融入量、提升思政元素与课程内容的融合度。注重教育内容设计的逻辑自洽和内涵延展，“显隐结合”、以“隐”为主。实践证明，只有做到从设计、实施到效果检验“一盘棋”，以多维的推进举措不断彰显课程的价值属性，做到“课程设计有灵魂、课堂教学有活力”，才能有效释放所有课程的思政教育功能。

打造标准与激励创新相协同。课程思政必须坚持社会主义办学方向，既遵循课程建设的逻辑，又遵循学生的成长规律和成才需求；既兼顾课程内容的学术性、发展性，又注重建设的个性化、多元化，做到因材施教、顺势而为。逐渐构建“课程思政”建设的科学标准和评价体系，使“课程思政”要求深入教案修订、教材编审，体现在教学大纲和人才培养方案中。要结合工作实际和办学特点，在典型示范的基础上实现课程体系、专业体系、学科体系的全链条贯穿，使“课程思政”由小到大、由点到面，实现全覆盖。同时，要做到创新赋能，鼓励先行先试，将教师开展“课程思政”建设情况纳入绩效考核、评优奖励等指标体系中，建立起逐步完善的考核和激励相结合的评价体系。

科学设计与有序实施相协同。教师们需围绕“价值目标”的实现度，对“课程思政”的内容、手段、方法进行科学设计，将定量与定性结合，改变惯性的“量化”思维，克服用“完成任务”数量来机械评价教育效果的错误倾向。注重渐进化推进，坚持问题和目标双导向，杜绝一蹴而就，防止一哄而起、一哄而散，逐渐实现“建”“评”

① 此文发表于《光明日报》2021年3月29日，今收入本书中代序言。

“改”一体化，切实提高“课程思政”实效。实践证明，“课程思政”建设必须坚持个性化评价，不搞人人过关、避免层层留痕，从教学目标达成度、学生培养质量等维度进行客观考量，动态监测“课程思政”建设质量，建立问题快速反馈和有效解决的评价机制，使“课程思政”建设行之有效、行稳致远。

丛书编委会

2021年5月

目　录

CONTENTS

全程育人、全方位育人视域下的“课程思政”改革探索

周立斌　于海元

摘要：本文初步对全程育人、全方位育人改革和“课程思政”的关系进行了梳理，并结合东北大学秦皇岛分校的“课程思政”的改革探索，总结出“课程思政”与全程育人、全方位育人的经验，以期能对这两场改革起到一定的推进作用。

关键词：全程育人；全方位育人；课程思政

当前，在我国高校针对思想政治工作，有两种改革同时进行，即全程育人、全方位育人改革和“课程思政”改革。这两种改革，无疑极大地推进了高校思想政治工作和德育工作的发展。但是，由于这两种改革的推进同时进行，我国理论界对这两种改革的关系的探究还没有开始。

然而，如果不从理论上澄清两者的区别，论证两者的关系，不仅会影响这两种改革的深入推进，而且会忽视两种改革的整体效应，进而影响高校在思想政治工作和德育工作中的资源分配，无法确定工作重心。

本文从全程育人、全方位育人改革和“课程思政”改革的关系出发，深入探究了两者的区别，阐明了两者的关系，并结合东北大学秦皇岛分校“课程思政”改革的实际，总结了一些正确处理两者关系的改革经验。

一、全程育人、全方位育人与“课程思政”的关系

笔者认为，我们首先要清楚：何谓全程育人、全方位育人？又该如何理解“课程思政”？

（一）全程育人、全方位育人

习近平总书记在2016年12月的全国高校思想政治工作会议上指出，要坚持把立德树人作为中心环节，把思想政治工作贯穿教育教学全过程，实现全程育人、全方位育人。

对于高校思想政治工作的全程育人，我们的解读是，高校思想政治工作要做到两个全过程贯穿。第一，贯穿从大一到大四的全过程；第二，高校思想政治理论课要实现全程化教育，即线上教学与线下教学无缝对接。

对于高校思想政治工作的全方位育人，我们的解读首先在于高校思想政治工作要实现全员育人。其中，高校思想政治理论课要发挥主渠道的育人作用，学校的党组织、宣传部、团委等部门要发挥思想政治理论工作育人的辅助渠道作用，产生育人的协同效应。其次，高校思想政治工作要覆盖大学生校园生活的每一方面，包括课堂学习、校园文化活动，甚至寝室生活。

如何在高校实现全程育人、全方位育人？国内学术界为此展开了广泛的探讨。有学者主张将思想政治理论课的线上和线下教育结合；有学者主张把学生的校内实践与校外实践相结合；有学者主张把思想政治理论课的课堂教学与校园文化活动结合起来，等等。

这些主张都有一定的道理，但也有一定的不足。主要不足之处，就是没有弄清“课程思政”与全程育人、全方位育人的真正关系。

（二）“课程思政”

2018年6月，时任教育部部长陈宝生在在四川成都召开的新时代全国高等学校本科教育工作会议中，特别强调指出：高校要把“课程思政”提升到中国特色高等教育制度层面来认识，明确所有课程的育人要素和责任，使每一位教师都参与到“课程思政”的建设中来。

其实，早在2014年，上海各高校就进行了“课程思政”改革。目前，上海各高校在“课程思政”改革方面都取得了一定的经验，甚至形成了一定的模式，对当前全国各高校的“课程思政”改革有一定的借鉴意义。

那么，何谓“课程思政”呢？目前，我国学术界还没有一个公认的定义，学者们都是根据自己的理解或经验对“课程思政”进行阐释。但有一点是相同的，即都认为“课程思政”不是体系化、系统化地进行德育教育活动，而是结合各门课程内容，寻找德育元素，进行非体系化、非系统化的教育。

从上述学术界对“课程思政”的共同理解可以看出，“课程思政”与全程育人、全方位育人的共同之处在于都强调高校思想政治教育的全面性。“课程思政”从课程的角度强调高校思想政治教育全面育人的必要性；全程育人、全方位育人，从教育目的的角度强调高校思想政治教育全面育人的必要性。

二、“课程思政”与全程育人、全方位育人的关系

笔者认为，“课程思政”与全程育人、全方位育人是相互促进的关系。

第一，“课程思政”的全员性保障了思想政治教育在育人主体上的全方位性。如何实现全程育人、全方位育人呢？首先，必须有主体，即全程育人和全方位育人的主体。高校要想全程育人和全方位育人，必须在德育的主体上体现出来。“课程思政”实行的是一种全员育人模式，这种模式保障了思想政治教育在育人主体上的全方位性。不仅强调思想政治理论课教师的育人能力，也强调了专业课教师和通识课教师以及学校相关的思政工作者的育人能力。总之，“课程思政”改革强调的是高校全员育人能力。一旦高

校的全员都具有育人能力，全程育人和全方位育人也就有了可靠的人员保障。

第二，“课程思政”的全员性保障了思想政治教育在育人主体上的全程性。实行“课程思政”改革，使得每一位专业课教师和通识课教师都成为育人主体，担当着不可推卸的育人责任。这样，就在教学主体上保障了育人的全方位性，即大学生不仅要在思想政治理论课上接受育人教育，也要在大学整个课堂中接受育人教育。

第三，“课程思政”是全程育人和全方位育人的有效载体。找不到有效的载体，就不能把全程育人、全方位育人的主张真正有效地贯彻下去。而“课程思政”就是全程育人、全方位育人的有效载体。

第四，“课程思政”是全程育人和全方位育人的有效组织。在高校，“课程思政”改革主要是在学校党委直接领导下进行的，并以各院系的“课程思政”改革领导小组为依托，有组织有计划地进行着。这样的组织完全能够把全程育人、全方位育人的主张贯彻下去。从这一点来看，“课程思政”领导小组不仅是“课程思政”改革的领导小组，也是全程育人和全方位育人的有效组织。因为把全程育人、全方位育人的主张贯彻下去，“课程思政”的改革主张也就贯彻下去了。

三、总结“课程思政”与全程育人、全方位育人的经验

对于高校来说，这场“课程思政”改革，是一项教育工程的系统再造工程。笔者结合东北大学秦皇岛分校“课程思政”的改革探索，总结出如下“课程思政”与全程育人、全方位育人的三点经验。

第一，加强顶层设计。在“课程思政”改革中，要对“课程思政”改革与全程育人、全方位育人的育人要求和目标进行统筹规划，系统设计。例如，我们在“课程思政”的顶层设计中，把全程育人、全方位育人作为一个任务和目标，落实到“课程思政”改革的每一方面。

第二，大胆探索。要结合学校的实际和学科的实际，以及教师自身的经验，展开对“课程思政”改革与全程育人、全方位育人的探索。例如，在工程类专业中，对“课程思政”的融入适合从工程伦理学的角度进行切入，然而，计算机专业的工程伦理学显然不同于自动化专业的工程伦理学，应该区别对待。

第三，形成模式。模式不仅是一种理性的、系统的思考，而且可推广、可复制。在“课程思政”改革中，我们形成了一些模式。这些模式不仅有效地推进了“课程思政”改革，而且正确处理了与全程育人和全方位育人的关系。例如，我们在“课程思政”改革中，探索出“主题化”的育人模式。这种“主题化”的育人模式，通过设置诸如爱国、敬业等社会主义核心价值观的主题，把思政课堂与团委活动联系起来，达到了全程育人、全方位育人的目的。

四、结语

通过“课程思政”改革，尤其是在改革中正确处理了“课程思政”与全程育人和全

方位育人的关系，不仅完成了全程和全方位的育人任务，而且使社会主义核心价值观教育得以有效落实。

参考文献

［1］吴全华．生本教育体系的教学特色与绩效［J］．课程·教材·教法，2003（2）：20-24.

［2］沈志奇，赖益强．也谈“生本教育”［J］．齐齐哈尔师范高等专科学校学报，2008（2）：28-29.

［3］吕达．解读生本教育的内涵［J］．人民教育，2009（15）：9-11.

［4］何玉海．一堂颠覆传统模式的德育课及其启示［J］．中国德育，2012（15）：35-39.

［5］柴军应．生本教育思想内涵探析［J］．基础教育研究，2010（10）：6-8.

本文原载于《科教导刊》2018年第31期。

全程育人下的工程伦理的“课程思政”教学

周立斌　王彦婷

摘要：对于高校教师来说，尤其对专业课教师来说，要想完成“课程思政”这一改革任务，绝非易事。本文以全程育人的视角和思路，结合东北大学秦皇岛分校工程伦理“课程思政”改革的实际，总结了专业课“课程思政”的一种模式，以期对高校的“课程思政”改革起到一定的推进作用。

关键词：全程育人；工程伦理；课程思政

2018年6月21日，时任教育部部长陈宝生在在四川成都召开的新时代全国高等学校本科教育工作会议上特别强调指出：高校要把“课程思政”提升到中国特色高等教育制度层面来认识，明确所有课程的育人要素和责任，使每一位教师都参与到“课程思政”的改革中来。

然而，对于高校教师来说，尤其对专业课教师来说，要想完成“课程思政”这一改革任务，绝非易事。承担“课程思政”改革的专业课教师，不仅要在思想上实现从专业授课到“课程思政”授课的根本性转变，而且要具备从事“课程思政”的具体思路。

那么，进行专业课“课程思政”改革的思路从何而来呢？除了教师自己在实践中不断探索和总结外，借鉴成功的“课程思政”模式是一条捷径。

本文以全程育人的视角和思路，结合东北大学秦皇岛分校工程伦理“课程思政”改革的实际，总结了专业课“课程思政”全程育人的思路和经验。

一、全程育人下的“课程思政”教学

为什么要研究全程育人下的“课程思政”教学呢？首先，习近平总书记在2016年12月的全国高校思想政治工作会议上指出，要坚持把立德树人作为中心环节，把思想政治工作贯穿教育教学全过程，实现全程育人、全方位育人。其次，时任教育部部长陈宝生在新时代全国高等学校本科教育工作会议上作出要求。

那么，专业课教师如何同时完成两个目标要求呢？我们的探索就是，以全程育人的视角和思路，研究专业课“课程思政”的教学模式。

（一）“课程思政”教学的目标

所谓“课程思政”，就是在专业课程和通识课中纳入那些能够引导学生树立正确价值观和世界观的德育元素。

因此，“课程思政”的教学目标就是使大学生在提高专业知识和专业能力的同时，德育水平也得到提升。为此，在“课程思政”的教学中，必须遵循“知识–能力–德育”三位一体的原则，才能实现这些教学目标。

（二）专业课全程育人的特点

习近平总书记在2016年12月的全国高校思想政治工作会议上指出，要坚持把立德树人作为中心环节，把思想政治工作贯穿教育教学全过程，实现全程育人、全方位育人。

对于高校专业课的全程育人要求，我们的解读是，高校要做到两个全程性：教学环节育人的全程性；课上与课下育人相结合的全程性。

（三）全程育人下的专业课“课程思政”的思路

全程育人下的专业课“课程思政”的思路就是在保证专业课教学各个环节都能育人的同时，使专业课的课上教学与课下实践形成一体化育人的局面。

二、工程伦理“课程思政”的优势

东北大学秦皇岛分校在工程伦理“课程思政”中，把工程伦理课程作为学校“课程思政”改革的突破口，因为它有着自身独特的课程优势。

第一，解决未来工程师如何做人和做事的问题。工程伦理“课程思政”不仅解决未来工程师如何做人的问题——伦理关怀，而且解决未来工程师如何做事的问题，即遵守行业规则，依法施工和管理。

第二，工程伦理学的“课程思政”是打通理工院校科技与人文“任督二脉”的利器。对于高校来说，学生的科学素养和人文素养都是必备的，单一发展科学素养或人文素养，都会导致学生整体知识的缺失和整体素养水平的下降，长期下去，思路不宽，影响潜力挖掘，综合素质不强在人才市场缺乏竞争力。工程伦理既讲科技——工程，又讲人文——伦理，所以被誉为打通理工院校科技与人文“任督二脉”的利器。

第三，工程伦理学是理工类教师人文素养和道德境界提升的最快途径。要培养理工类大学生的人文情怀，尊重人，一切为了人，避免工具理性主义的思维。工具理性主义是法兰克福学派的创始人霍克海默和代表人物阿多诺在《启蒙辩证法》中揭示的，持工具理性主义的人，就是丢弃了价值和意义的人，这种人，不仅把自然当作改造和利用的对象，而且压迫自然，把别人当作可利用的棋子，甚至压抑自我，导致人生价值和人生意义的丧失。而工程伦理课能提高理工学生的人文素养和思想道德境界，使之成为一个德才兼备的理工人才。因为，在工程伦理中不仅有理工专业共有的德育元素，而且有专门的德育元素，如计算机伦理学、自动化伦理学等对计算机、自动化有直接的、针对性的德育教育资源。

三、全程育人下的工程伦理“课程思政”的教学思路

全程育人下的工程伦理“课程思政”的教学思路：德育应涵盖课上和课下的各个教

学环节，以形成课程德育的全程性的育人格局。

（一）工程伦理“课程思政”课上全环节育人的教学思路

从引导式的教学理念出发，把大学生的德育教育作为课程的重要教学目标，以工程伦理知识点为依托，采用多种有效的教学方法，使大学生准确理解和掌握工程伦理的知识，并提升其工程伦理的专业技能，与此同时，促进其思想道德水平的提升。

（二）工程伦理“课程思政”课上与课下相结合的全程育人思路

工程伦理“课程思政”的课后环节包括作业环节和课外实践环节。这两个环节使“课程思政”的德育教学内容从内化向外化过渡和转变。

1. 课后作业

通过布置工程伦理“课程思政”的课后作业，不仅使学生进一步回顾和消化课上的德育教学内容，而且促使学生深入思考理想、信念、人格等德育问题。

我们曾布置了这样的作业，让同学们思考和作答：请论述工程师的人格与工程写作的关系？请论述工程师的理想追求如何在工程中具体得到体现？请论述在工程设计中群众的利益诉求如何保障？

2. 课外实践

在工程伦理“课程思政”的课外实践中，在各有关部门，尤其是学校团委的配合下，我们开展了工程伦理“课程思政”的演讲赛和辩论赛。

在工程伦理“课程思政”主讲教师的指导和团委的配合下，展开以工程伦理的学习心得为主题的演讲比赛和辩论赛，让学生把对工程伦理的学习与自身的理想、价值观教育等结合起来。

在设置演讲赛的题目时，我们注重把思想性和德育教育有机地结合起来，例如，设置如下演讲题目：工程师的责任与担当；工程师的大地情怀；工程师的道义力量，等等。

在设置演讲赛的题目时，我们注重把工程伦理的知识与德育的理性教育有机结合起来，例如，我们设置如下辩论题目：环境污染在工程中是可以避免的还是避免不了的？在工程中对自然的尊重是有必要的还是没有必要的？自然的价值是天然存在还是不存在？等等。

四、全程育人下的工程伦理“课程思政”的特色

第一，可推广。工程伦理“课程思政”在结合“课程思政”的一般要求下，探索出的教学模式可在一般院校的专业课，尤其是工程、机械等专业课的“课程思政”中进行推广。

第二，可应用。东北大学秦皇岛分校工程伦理“课程思政”的经验可直接应用到其他院校的工程伦理“课程思政”的教学中。

第三，思想政治教育的潜移默化性。在工程伦理“课程思政”的教学和课下实践中，自觉地把工程伦理的理论教学与大学生的人格、理想，治学态度等结合起来，在学

生不知不觉、潜移默化中进行。

总之，我们的工程伦理“课程思政”，既立足于工程类专业的人才培养，又以全程育人的视角和思路展开课上教学和课下实践，不仅完成了工程伦理“课程思政”的德育教学要求，而且为专业课的全程性教学提供了思路和经验。

本文原载于《教育现代化》2018年第52期。

“课程思政”背景下加强高校意识形态工作的思考

张志元　齐　芳

摘要：思想政治教育与意识形态工作是高校立德树人的重要工作内容，在思想引领、舆论引导、精神激励、文化支撑等方面发挥着重要作用。“课程思政”改革是探索全员、全程、全方位育人的新理念、新举措。基于“课程思政”的资源优势和运作方式，可探索构建“课程思政+”模式，实现“课程思政”与高校意识形态工作的深度融合、交叉融合，有利于全面落实高校意识形态工作责任制，形成全员、全程、全方位育人新格局。

关键词：高校；课程思政；意识形态；思想政治教育

一、“课程思政”与高校意识形态工作相辅相成

（一）“课程思政”的建设背景及内涵

“课程思政”的概念最早来源于上海。2004年以来，党中央先后出台了关于进一步加强和改进未成年人思想道德建设和大学生思想政治教育工作的文件，上海以此为契机开启了学校思想政治教育（德育）课程改革的探索之路，并于2014年提出了“课程思政”的概念[1]。2016年12月，习近平总书记在全国高校思想政治工作会议上指出，思想政治理论课要坚持在改进中加强，提升思想政治教育亲和力和针对性，满足学生成长发展需求和期待，其他各门课都要守好一段渠、种好责任田，使各类课程与思想政治理论课同向同行，形成协同效应[2]。由此可见，“课程思政”是指在非思想政治理论课的其他各类课程中需要主动体现“思政元素”，更好地发挥铸魂育人的合力功能，让思政元素像盐一样融入各门课程中，以构建“三全”育人格局，让各类课程与思想政治理论课都具备育人、育德、育心的功能，形成协同育人效应。

“课程思政”改革是在“加快一流大学和一流学科建设，实现高等教育内涵式发展”的时代背景下产生的人才培养的中国模式和中国方案，着力解决“为谁培养人、培养什么样的人、怎样培养人”三大问题，着力构建全员、全过程、全方位的协同育人新机制，是贯彻落实习近平总书记在全国高校思想政治工作会议、全国教育大会、学校思想政治理论课座谈会上重要讲话精神的重要举措。

开展“课程思政”建设，不是增加一门新课，也不是在专业课中讲授思政课内容，而是将以精神塑造和价值观教育为导向深挖出各类课程的思政元素，润物无声、潜移默化地融入课程体系和教学体系中，推进思政课育人和专业课育人的紧密结合，真正破解思政课教育与专业课教育“两张皮”现象。例如，讲科学家发明新能源章节时，不仅要把新能源的定义、发展、技术、应用等分析透彻，还要有意识地把科学家的专注、求真、创新、百折不挠的精神传递给学生，引导学生继承和发扬这些精神。

“课程思政”是在强化每一位教师既教书又育人的教育理念。在一段时期，高校思想政治教育工作存在认识上的误区：思想政治教育是依靠思政课教师与辅导员队伍开展的，专业课教师的职责是讲授专业知识、开展科学研究工作。这就导致了非思政的各类课程教学偏重知识传授，忽视价值观教育。“课程思政”教育理念要求全体教师坚持教书和育人相统一的原则，坚持社会主义办学方向，将传授专业知识与思想价值引领有机结合起来，将无意识、随机进行的“课堂德育”提升为有意识、有设计的“课程思政”，着力提高学生的理想信念、思想道德、文化及科学精神和人文精神，构建全员、全程、全方位“三全”育人的思想政治教育新格局。

（二）高校意识形态工作在新时代的新形势

意识形态是社会的观念或思想的上层建筑，具有价值导向、行动导向和群众导向的性质，是现代国家生存、发展的灵魂。重视意识形态工作，是从马克思、恩格斯到列宁、毛泽东等世界无产阶级革命的伟大领袖的共识，是中国共产党人极其重要的优良传统[3]。尤其在党的十八大以来，面对新形势，党中央对意识形态工作更加重视。习近平总书记在2013年8月19日全国宣传思想工作会议上对意识形态工作的重要地位和作用进行了深刻阐述，强调“意识形态工作是一项极端重要的工作”。习近平总书记用“极端重要”四个字科学研判了意识形态工作的当前形势，体现了他对意识形态工作的深刻认识。之后，习近平总书记在中央统战工作会议、文艺工作座谈会、全国党校工作会议、网络安全和信息化工作座谈会、党的新闻舆论工作座谈会、哲学社会科学工作座谈会等的讲话都与“8·19”讲话一脉相承，强调了加强党对意识形态工作领导的重要意义，构建了意识形态工作的系统理论。习近平总书记指出：意识形态工作事关党的前途命运，事关国家长治久安，事关民族凝聚力和向心力[3]，这是在新的历史时期对意识形态工作重要地位和重要作用的总体判断，指明了其根本意义、战略意义和全局意义，在引领思潮、凝聚人心、促进发展方面发挥了强大的支撑作用。

高校作为意识形态工作的前沿阵地，肩负着学习研究宣传马克思主义、培育和弘扬社会主义核心价值观、为实现中华民族伟大复兴的中国梦提供人才保障和智力支持的重要任务[4]。党的十八大以来，高校意识形态领域总体平稳向好，青年学生总体展现出了文化自信、民族自信，对国家的政治、经济、科技、文化等方面产生强烈民族自豪感和荣誉感。但同时，意识形态领域的薄弱环节也不容忽视。经济全球化导致意识形态领域的斗争日益复杂化、严峻化，西方发达国家把意识形态领域的争夺作为扩大国家利益的重要手段，他们有组织、有目的地在网络、社交媒体等干扰别国政治，煽动民众游行，扰乱社会公共秩序，并从学术论坛、境外资助、文化传播等途径进行意识形态渗透，造成各种社会思潮兴起，影响广大青年的价值观形成和行为取向。当前一部分青年学生表现出“任性”“佛系”“自我法则”“精致利己”“快乐为主”等特点，在就业择业、恋爱婚姻、发展规划等方面受到一定程度的影响。

（三）“课程思政”与强化意识形态工作的辩证关系

高校意识形态和“课程思政”具有一元指导和多样发展性，高校意识形态对“课程思政”起主导性作用。“课程思政”应正确认识和处理意识形态主导性和课程丰富多样性的关系，用社会主义主流意识形态指引发展方向，在课程教学中分清哪些是学术争鸣，哪些是政治底线，以“学术无禁区、课堂有纪律”的底线思维，坚决抵制恶意诋毁、抹黑马克思主义的各类思想，坚决反对指导思想的多元化，坚决抵制负面文化的意识形态渗透，坚决捍卫党和国家的意识形态安全[5]。宣传思想工作就是要巩固马克思主义在意识形态领域的指导地位，巩固全党全国人民团结奋斗的共同思想基础[6] 153。同时，不可回避主流意识形态与其他意识形态的共存、共生、共进，需要批判地吸收“合理内核”，不断推进马克思主义的理论创新。“课程思政”和高校意识形态具有一致性，“课程思政”能够对高校意识形态起到巩固强化作用。“课程思政”和高校意识形态工作在方向和目标上具有一致性，二者都是坚持党的领导，坚持社会主义办学方向，坚持正确的政治方向。“课程思政”的关键核心是增强每门课程的思想价值引领功能，与思政课一起在加强和改进大学生思想政治教育工作上形成育人合力，解决好社会主义大学培养什么样的人、怎样培养人、为谁培养人的根本问题[7]。高校意识形态工作主要通过加强理论武装、引导思想观念、强化政治认同、引领文化建设等，确保社会主义意识形态的主导地位，突出中国大学鲜明的社会主义属性。

二、构建“课程思政+”模式，强化高校意识形态工作实效性

（一）“课程思政+”的内涵

随着“课程思政”的兴起，各高校纷纷探索“课程思政”模式，提出全方位、立体化育人的教育教学理念，在课程建设、教师队伍建设、新媒体运用、社会实践等方面不断探索，构建了“党建+课程思政”“互联网+课程思政”等“+课程思政”模式。“+课程思政”模式是把相关领域与“课程思政”深度融合，丰富思政课程及教学模式，优化教师知识结构和能力结构等，创造新的发展生态。“+课程思政”的模式是“课程思政”发展初期的标志，特点是将所有优秀资源向“课程思政”倾斜、聚集，合力促进“课程思政”的高效开展。

随着“课程思政”的深入推进，运行机制越来越成熟，管理制度越来越健全，教学团队越来越稳定，各类资源越来越丰富和齐全，“课程思政”集合了各学科领域的优秀资源和强大力量，形成了“教师—教材—课堂—专业”有机串联的思政模式，思想政治教育的一线工作被全面打通。“课程思政+”阶段是“+课程思政”阶段的发展，是“课程思政”反哺其他领域，即依托“课程思政”的团队、平台、资源等实现“课程思政”

与学校党建、管理、服务等领域的联合，以垂直领导、延伸触角、“中央厨房”等思维推进各领域工作的升级。“课程思政+”模式建构了高校思想政治工作全员、全过程、全方位育人模式，是强化意识形态的新路径。“课程思政+”模式联结课程育人、科研育人、实践育人、文化育人、网络育人、心理育人、管理育人、服务育人、资助育人、组织育人等形成最大公约数，有助于发挥引领辐射作用，引导青年学生扣好人生的第一粒扣子。

“课程思政+”的可操作性强。课堂主阵地为高校思想政治教育提供“源头活水”。“课程思政”蕴藏着海量的大数据资源，智慧教室、学习APP、师生自媒体等的使用和推广，能够让大家跟踪、记录、查询、共享学习过程和资料。“课程思政+”是以大数据为基础，通过建立多个有效渠道，把思想政治教育的大数据与思想政治教育工作有机连接，把思想政治教育同意识形态工作有机融合，教学、管理、服务、保障时共享资源和运用资源，实现协同育人、同频共振育人。

（二）打造“课程思政+”五位一体模式

构建“课程思政+党建”模式，将党建工作与教学工作一起抓，相互联动，共同提升，破解业务工作与党建工作“两张皮”问题。一是探索开设党建与思政教育的综合实践课程，或延伸思政课的课堂到党建历史馆、党建文化走廊、党建读书室等，引导青年学生了解党的历史文化、端正入党动机、提高党性修养、坚定理想信念，做到理论培育和实践引导相统一。二是将“支部建在连上”思想渗透到基层支部，基于“课程思政”形成不同教学团队。新的教学团队不仅包括同院系教师，还可以包括思政课教师。鼓励思政课教师参与党建工作，把支部、党小组建在实验室、项目组、教学团队上，以开阔的思维、开放的形式提高党员参与支部活动的积极性，增强党支部的凝聚力和战斗力。三是推进基层服务型党组织建设。“课程思政+党建”深深植根于师生群体，能够帮助党组织及时了解师生思想、关心师生困难、聆听师生意见，让广大师生真正做到“思想上认同组织、政治上依靠组织、工作上服从组织、感情上信赖组织”[8]。

构建“课程思政+宣传”模式，打通基层宣传思想工作“最后一公里”，畅通渠道，上下互通，让宣传思想工作以习近平新时代中国特色社会主义思想武装头脑、涵育师生，永葆马克思主义办学底色。一是构建党委领导、多方联动的“大宣传”格局。基于思想政治工作和意识形态工作的全员属性，打造全员育人、全过程育人、全方位育人工作体系。二是筑牢意识形态阵地安全。强化全员思想引领、政治意识、责任意识、阵地意识、底线意识，积极完善高校课堂监督机制，确保课堂主阵地安全；积极占领宣传舆论新阵地，构建全媒体传播矩阵，牢牢把握意识形态主导权；精心打造社会主义核心价值观等文化长廊阵地，满足广大师生日益增长的精神文化需求。三是始终将宣传思想工作和意识形态工作扎根第一线，让一线鲜活生动的素材源源不断地汇聚到宣传平台，进一步凝聚干事创业的强大正能量，让宣传思想工作成为高校改革发展的“助推器”。

构建“课程思政+统战”模式，推进统战工作融入“课程思政”平台，以强化党外知识分子政治引领为主线，引导党外知识分子始终与党同心同德、同心同向、同心同行。一是加强统战基层工作者的思想政治理论学习，促进统战基层工作者加强对马克思主义、党的历史、中国特色社会主义的深刻理解，提高对统战工作的思想认识。二是建立持久有效的沟通交流平台，把统战工作与教育教学活动紧密联系，让党委的意见征求、政策传达从课程思政团队渗入，从情感上拉近统战工作与党外人士的距离，促进与党外人士的沟通，使党的声音更加深入人心。

构建"课程思政+教务"模式，严格课堂主阵地管理，严格教材选用，加快推进习近平新时代中国特色社会主义思想进课堂、进教材、进学生头脑。一是画出"红线"，筑牢"底线"。决不允许在教学、实验、实习以及教学管理等教学活动中散布违反宪法、反对党的基本路线和方针、违背社会主义核心价值体系等的不良言论；决不允许教师在课堂上发牢骚、泄怨气，把不良情绪传递给学生。二是严格执行教学过程督导制度、教学检查制度、校领导听课制度，推进学风建设，为提高教育教学质量、促进学生全面发展提供有力保障。

构建"课程思政+人事"模式，加强师德师风建设，引导教师把教书育人和自我修养结合起来，承载起传播知识、传播思想、传播真理，塑造灵魂、塑造生命、塑造新人的时代重任[9]。一是加强岗前培训。要求教师既为"经师"又为"人师"，既要有丰富的学识传道授业解惑，又要有匠人之心塑造学生的灵魂，做"理想信念坚定、道德情操高尚、知识功底厚重、家国情怀浓烈"的好老师。二是加强"课程思政"团队高层次人才的引育工作。帮助引进的高层次人才尽快克服文化差异和水土不服，顺利与学校、学院对接，增强人才的融入感、归属感，同时通过"课程思政"选拔培养校内优秀人才，优化教师队伍结构和加强人才梯队建设。三是加强思政课教师队伍建设。要配足配强专职和兼职思政课教师，打造一支政治强、情怀深、思维新、视野广、自律严、人格正的高质量、高素质思政课教师队伍，对标完成好新时代赋予教育事业的新要求、新使命、新期待。

（三）打造"课程思政+"，落实高校党委意识形态工作责任制

意识形态工作是全局性的工作，涉及各部门、各战线，需要全党全员动员，形成合力推动各项工作落实落细。以"课程思政+"五位一体布局推动形成"党委统一领导、党政齐抓共管、宣传部门组织协调、各相关部门积极配合"的意识形态工作新格局。畅通部门联动机制，为有效落实意识形态工作责任制提供坚实保障。构建"汇聚信息、集中研判、多元联动、及时互馈"的"上下往复"的闭环式工作模式[10]。由多到一，形成宣传、组织、统战、教务、科研、人事等相关职能部门和各学院部门联动协作机制，实现宣传部门协调组织、相关部门分工负责的齐抓共管格局；由一到多，宣传部门对汇聚的信息进行分析研判，将研判结果及时反馈给相关职能部门和各学院，着力解决意识形态工作单兵作战、缺少配合的问题，以补短板、强支撑、促发展提升意识形态工作效果。

建立各级党委（党组）领导班子的意识形态工作清单，明确各级党委（党组）意识形态工作主体责任，落实分级负责和谁主管谁负责的原则，分解意识形态工作的主要任务和主要责任，以“课程思政+”模式层层传导、压紧压实，全面落实意识形态工作责任制。守好意识形态领域阵地，把控意识形态领域的动向，防范意识形态领域的风险点，规范意识形态阵地管理、内容审核、舆情监管、值班值守、责任追究等规范制度，推动意识形态工作责任制落小、落细、落实。

三、以“课程思政+”加强意识形态工作领导权、管理权、话语权

（一）以“课程思政+”加强意识形态工作的领导权

以“课程思政+”强化党委直接领导、全面领导，促进意识形态与学校具体工作紧密结合。当前，高校意识形态工作总体向好，但在具体实施中存在一定程度的“虚而不实”“游离中心工作”等问题，反映出一部分基层党组织和领导干部对意识形态的本质要义认识不到位、掌握不透彻的问题。意识形态工作的领导权一旦被弱化，就容易走上歪路和邪路。“课程思政”的“上海经验”表明，按照“党委统一领导、党政部门协同配合、加强组织落实”建立健全的“课程思政”改革领导体制和工作机制，取得了显著成果。校、院领导班子落实听课、讲课制度，把党中央的声音和思想、学校（院）发展建设的蓝图原原本本地传递到学生的头脑中，让学生扎扎实实地看到成效，将努力学习、建功立业化为思想和行动自觉。“课程思政+”为落实党的全面领导提供了桥梁和纽带。意识形态工作要遵从思想政治工作规律、教书育人规律，围绕中心、服务大局，找准工作切入点和着力点，推动习近平新时代中国特色社会主义思想进课堂、进教材、进学生头脑。

以“课程思政+”持续巩固意识形态领域安全，压紧压实各级党委（党组）政治责任、领导责任，提升各级党委（党组）领导干部意识形态工作能力和水平。加强意识形态工作的领导权关键在党的领导，关键在各部门协同合作，关键在各级领导干部的战斗能力。历史表明，中央到地方各级党委的主要领导，特别是党委书记、党支部书记是做好意识形态工作的关键。习近平总书记强调，各级党委要负起政治责任和领导责任，加强对宣传思想领域重大问题的分析研判和重大战略性任务的统筹指导[6]，这就为领导干部如何做好意识形态工作指出了明确的方向。“课程思政+”既关系着学校党政，又关系着院系党政的科学发展，也为意识形态工作的分析研判机制打造了长期活跃的平台，能够持续增强党的权威力，意识形态工作领导权不会旁落。新形势表明，各部门单打独斗和各自为政已不能适应党和国家提出的工作要求，只有形成各级党委（党组）主要领导带头、宣传思想部门积极行动、多个部门积极参与，才能使党在意识形态领域占据主动地位和优势地位。“课程思政+”以意识形态为依据，具有政治性强、覆盖范围广、影响力大的系统工程的特点，是开放、可持续发展的新型工作模式。通过把“‘课程思政’的触角”延展到意识形态工作的各个领域，加强马克思主义理论武装，夯实领导干部的马克思主义理论基石，促进领导干部学习实践并成为让人信服的行家里手，增进师生员工的政治认同、思想认同和情感认同以及坚定跟党走的信心和信念。

（二）以“课程思政+”加强意识形态的管理权

以“课程思政+”融合各级党委（党组）和宣传、组织、统战、教务、人事等职能部门，协同管理意识形态阵地，牢牢把握正确政治方向、价值取向、舆论导向。在新形势下，意识形态领域阵地的情况比以往任何时候都要复杂，报纸、杂志、电视、电台、微博、微信、短视频等，传播渠道越来越多，更新速度越来越快。如果不抢先占领新的阵地，就会失去主动权。加强意识形态的阵地管理，要坚持党管媒体，政治家办报、办刊、办新闻网站，使各级各类传播渠道都坚持党的领导[11]，确保宣传思想文化阵地坚持正确政治导向。党管媒体要充分体现党性和人民性的统一。师生喜闻乐见的方式是什么，媒体就要采取什么方式去回应师生。“课程思政+”不仅有多个部门的协同管理，也汇聚了多个部门的优秀资源。要把宣传工作做到师生的心坎里，依靠“课程思政+”汇集的大数据资源，及时搜集生动的宣传素材，避免宣传报道脱离生活、脱离群众。要严防打着“创作自由”“学术自由”的幌子踩红线、破底线的行为。要依靠“课程思政+”的多个渠道，有效掌握师生思想动态的真实情况，分析研判意识形态领域是否存在苗头性、倾向性问题，因时而动、顺势而变，牢牢掌握舆论工作主动权。

以“课程思政+”完善意识形态工作责任制的督查考核，将听取汇报、访谈座谈、实地考察、查阅材料等意识形态工作督查融入日常教学和工作管理中。党中央、地方和各高校陆续出台了《党委（党组）意识形态工作责任制实施办法》，提出了一些可量化的考核指标，要求建立意识形态工作责任制的检查考核制度，强化意识形态问责力度。意识形态工作是一项长期任务，督查重在防微杜渐、防患未然，因此，要将意识形态工作责任制的督查渗透到日常工作中。善于使用“课程思政+”渠道对重点领域、重点工作、重点人时常“吹吹风”、提提醒，及时化解风险因素。通过具体事、具体工作落实意识形态工作责任制，避免“走秀式”“遥控式”调研，令意识形态工作督查流于形式，起不到指导作用。

（三）以“课程思政+”加强意识形态的话语权

当前，要把高校意识形态阵地建设落到实处，就必须把强化阵地意识、坚持党性原则、遵循正面教育作为主方针[12]。落实“课程思政+”模式，巩固马克思主义在意识形态领域的指导地位，坚持马克思主义在意识形态话语权上的一元化指导，引导广大党员干部自觉运用马克思主义基本原理解决实际问题。话语权的巩固关系到国家、民族、政党的兴衰成败，中国共产党只有坚持和发展马克思主义，牢牢掌握传播主导权，把握意识形态话语权，坚持正确的舆论导向，才能建设具有强大凝聚力和引领力的社会主义意识形态，用具有中国特色、中国风格、中国气派的意识形态话语讲好中国故事。牢牢把握意识形态话语权要解决好依靠谁、为了谁的问题。在当今意识形态话语权的构建上，重点领域与关键人物扮演着非同小可的重要角色，尤其是教育、媒体、宣传等意识形态工作的重点领域，应始终坚持马克思主义在意识形态领域的指导地位，结合中国特色社会主义意识形态的新特点和发展要求，牢牢掌握意识形态工作的领导权、管理权、话语权[13]。“课程思政+”能够推进理论宣讲团的发展和壮大，让“课程思政”的优秀教师充实到宣讲队伍中，打通基层宣讲渠道，将党的声音原原本本传递到各级党组织，增强师生对主流意识形态的认同感和接受感。

以“课程思政+”加强思政课话语体系研究，为办好思政课、促进思政课守正创新提供基础。习近平总书记在学校思想政治理论课教师座谈会上的重要讲话，为新时代学校思想政治理论课建设指明了前行方向。习近平总书记强调，推动思想政治理论课改革创新，要不断增强思政课的思想性、理论性和亲和力、针对性[7]。亲和力和针对性要求思政课要在理论与现实之间做好内容转化和话语设计，思政课教师不能机械翻译课本，要找到专业课与思政课的契合点，让思政课成为学生真心喜爱、终身受益的“金课”，满足学生成长成才、价值观培育、人文精神塑造以及考研就业、职业规划等的实际需求。

以“课程思政+”推动媒体融合发展，为增强意识形态话语权提供广阔空间。在内容为王、创新为要的媒体融合发展时代，要充分运用新技术和新手段创新媒体传播方式，实现二者优势互补。彰显内容为王要构建扎根大地、贴合师生的话语体系，坚持媒体联系实际、联系生活，通过“课程思政+”的资源、平台获得鲜活的素材内容，通过直接接触、参与“课程思政”了解师生的表达诉求和情感诉求，将生动的内容用师生喜欢听、愿意听、记得住的方式去表达呈现，和师生形成强烈共鸣。新时代中国特色社会主义伟大实践为意识形态自信生成提供了主体动力和外部动力，焕发意识形态话语的生命力和活力，不断破解新时代社会发展的突出难题，不断加强和改进意识形态工作[14]。媒体要善于用真情实感创作一个个有温度的新闻作品，讲好一个个中国故事，不断增强意识形态工作的说服力、感召力、亲和力。用通俗易懂的大众话语解读政策文件，用生动鲜活的生活案例阐释“大国智慧”“中国精神”，让党的创新理论真正入脑入心。

参考文献

［1］赵蒙成. 构建“课程思政”生态圈［N］. 中国教育报，2019-05-07（11）.

［2］习近平在全国高校思想政治工作会议上强调把思想政治工作贯穿教育教学全过程开创我国高等教育事业发展新局面［N］. 人民日报，2016-12-09（1）.

［3］朱继东. 新时代党的意识形态思想研究［M］. 北京：人民出版社，2018：14-16.

［4］中办国办印发《关于进一步加强和改进新形势下高校宣传思想工作的意见》［J］. 中国高等教育，2015（13）：6-8.

［5］邱伟光. 课程思政的价值意蕴与生成路径［J］. 思想理论教育，2017（7）：10-14.

［6］习近平. 习近平谈治国理政［M］. 北京：外文出版社，2014：153，156.

［7］习近平主持召开学校思想政治理论课教师座谈会强调用新时代中国特色社会主义思想铸魂育人贯彻党的教育方针落实立德树人根本任务［N］. 人民日报，2019-03-19（1）.

［8］郭茜. 高校基层党组织组织力的内涵与提升路径［J］. 思想理论教育，2019（2）：71-76.

［9］习近平在全国教育大会上强调坚持中国特色社会主义教育发展道路培养德智体美劳全面发展的社会主义建设者和接班人［N］. 人民日报，2018-09-11（1）.

［10］严蔚刚. 高校意识形态工作的三个着力点［N］. 光明日报，2017-08-22（13）.

［11］郑水泉. 加强党对意识形态工作的全面领导［J］. 红旗文稿，2018（22）：22-23.

［12］彭庆红，耿品. 高校意识形态阵地建设的根本原则和重要方针［J］. 思想教育研究，2018（7）：29-33.

［13］郭瑞.《德意志意识形态》中意识形态话语权的意蕴·内涵·启示与当代建构［J］. 学术探索，2018（6）：25-32.

［14］李秋梅，林春逸. 新时代中国特色社会主义意识形态自信的生成逻辑探究［J］. 广西社会科学，2019（2）：44-48.

本文原载于《山西高等学校社会科学学报》2019年第9期。

“课程思政”提升旅游管理专业学生职业素质的实践路径

王钰祺　吕东珂　丛丹阳

摘要：“课程思政”是高等教育的新概念，也是高校的新使命。旅游管理专业学生的职业素质培养符合课程思政的要求，因此应该在专业课教师中树立“课程思政”的理念。无论是学校对学生的素质培养，还是社会对就业人员的要求，把“课程思政”与职业素质教育相结合都非常必要。本文以旅游基础课——导游基础知识为例，探讨了将职业素质教育与“课程思政”相结合的途径，制定了“课程思政”教学方案，提出了一些具体实施的思路。

关键词：课程思政；职业素质；旅游管理；课程体系

一、引言

2016年，习近平总书记在全国高校思想政治工作会议上强调，“要用好课堂教学这个主渠道，各类课程与思想政治理论课同向同行，形成协同效应”。随后，“课程思政”教育理念产生，它是指构建全员、全程、全方位的综合育人格局，让各类课程与思想政治课同向同行，形成协同效应，把“立德树人”作为教育的根本任务[1]。高校开展“课程思政”就是在传统专业课程教学中加入思想政治教育和德育教育。作为职业院校，要想培养符合时代要求的旅游管理者，更应该积极探索“课程思政”在旅游管理专业学生职业素质培养中的意义。本文以高职院校旅游管理专业基础课——导游基础知识为例，探讨如何将思政教育与专业课程有机结合，实现学生职业素养的提升。

二、“课程思政”对职业素质教育的意义

第一，有助于提高毕业生的就业质量，提升学校的就业率。职业素养高的毕业生容易找到心仪的工作，就业后能快速适应岗位的需要，独立完成工作中遇到的问题，也能很好地与同事和游客沟通。从长远看，职业素养不仅影响学生的就业质量和学校就业率，也影响整个学校的发展[2]。

第二，有助于改善旅游行业的风气。导游工作者在工作中要面对很多关系，如导游与饭店工作人员、导游与酒店工作人员、导游与司机、导游与景区工作人员、导游与购

物店工作人员、导游与娱乐行业工作人员、导游与游客之间的关系等。这里的所有关系主体都是人，可塑性很强，但不稳定因素也多。旅游管理专业的学生未来会面临这些关系问题，良好的人际关系教育很重要，而"课程思政"无疑会有益于旅游管理专业学生人际关系的培养。

第三，有助于提升教师职业素养，促进旅游行业健康发展。教师是人类灵魂的工程师，承担着培养德、智、体、美、劳全面发展的社会主义事业建设者和接班人的神圣使命。育人者先自育，教育者先受教育。加强师德师风建设，以德立身、以德立学、以德施教、以高尚的品格和过硬的素质去感染学生，这些都是开展"课程思政"的教师们要研究的课题。教师在实践"课程思政"的过程中，不仅能提高和加强自身的综合能力，还在一定程度上优化了学校的师资队伍。因此，无论是对我国高等教育事业，还是对我国的旅游行业而言，"课程思政"都是一件大好事。

三、旅游管理专业"课程思政"的现实境遇

（一）思政教育与专业教学"两张皮"出现严重脱节现象

高职院校思政教育与专业教学"两张皮"现象普遍存在，思政教育仍然被认为是思政课教师和辅导员的责任，思政课程"孤岛"化现象严重[3]。高校思政教育资源没有得到有效激活和利用。尤其是专业课教师，缺乏对"课程思政"的正确认识，主动钻研的意识不够，大有"事不关己高高挂起"的态势。不能正确认识知识传授与价值引领之间的关系。部分教师自身的德育意识和德育教学能力还有待提升。有些教师尝试将思政内容融入专业授课中，但是形式生硬，为了思政而讲思政，学生也会觉得莫名其妙，从心底产生抵触情绪，教学效果不好。此外，思想政治教育内容常常与专业素质教育相脱节，授课教师很少结合旅游管理的专业背景来讲授职场对旅游管理专业学生的职业素养的要求有哪些，学生更不会主动思考自己应该具备怎样的职业素养来应对未来职场的需求，只注重专业知识的提升。社会上也一样，部分旅行社或旅游企业坚持经济利益至上，使旅游工作者在实际工作中常常忽视自身素养的提高，只关注自身业务能力的提升，意识不到自己的责任和义务。事实上，中国的发展使得人们对旅游管理工作者的职业素养期待是非常迫切的，好的职业素质关系到旅游业能否健康发展[4]。因此，在校园课堂上加强对旅游管理专业学生职业素养的教育是非常必要的，也应该是"课程思政"的具体内容和体现。只有二者结合得好，才能最终解决"社会需求高素质旅游管理者"与"旅游管理学生缺乏职业素养"之间的矛盾。

（二）专业课程"思政教育"缺乏协同

旅游管理专业"课程思政"还存在一个重要的问题——思政教育间缺乏协同，具体表现在以下三个方面。

一是思政课程与专业课程缺乏有机协同。思政课教师在教授旅游专业学生时依然使用老旧传统的思政理论和案例，没有做到与时俱进、因材施教，学生在课程上缺乏共鸣；专业课教师在教授专业知识时缺乏课程思政的意识，或者不知道该如何将思政内容

融入课程中[5]。

二是旅游管理专业课程之间缺乏有机协同。教师在授课过程中以自我为中心，想当然地把一些基本的思政内容加入课堂中，没有兼顾到其他专业课程的衔接和协调，没有仔细钻研本课程的特色思政元素，导致很多相似的思政理论被生硬地一遍又一遍地灌输到学生耳朵里，使学生产生厌烦心理。

三是学校的专业理论学习与校外的社会实践学习缺乏有机协同。全过程育人强调从学生入学伊始到在校期间，再到毕业甚至是工作，都要充分发挥学校的思想政治主阵地的功能，不放过向学生传递正能量的环节。但是旅游管理专业的学生有一部分时间是不在学校的[6]。由于学校和实习单位缺乏有效沟通，导致学生的实习期成为课程思政的真空期。学校放松了对学生的思政教育，实习单位以经济利益为根本，无视学生的思政教育。

（三）专业“课程思政”教育手段单一

目前旅游管理专业“课程思政”开展并不充分，很多高校没有意识到“课程思政”在旅游管理专业中的重要作用。一些专业教师缺乏对学生思想的有效引导，思想政治教育工作的供给主体单一，仅限于课堂上的思政传播，形式生搬硬套，讲解脱离实际，内容平淡无奇，难以实现对旅游管理专业学生的“精准供给”。课堂上重理论轻育人、重知识掌握轻心灵启迪、重直入主题轻巧妙嵌入、重课堂教学轻课外跟踪的情况依然存在。对于新时代的大学生而言，在信息量如此丰富的当下，简单的讲解已经无法吸引学生的注意力，更别提心灵上的冲击和震撼。在这种情况下，学生难以获得耳目一新的生理体验感、茅塞顿开的心理收获感、酣畅淋漓的思想满足感，难以形成同频共振的使命感和躬行实践的成就感[7]。全员、全过程和全方位的“三全育人”理念还没有建立起来。如何创造性地拓宽专业“课程思政”的教育手段，更加高效精准地传播信息，增强思想政治教育的吸引力和有效性，增强思想政治教育的阵地黏性和内容吸引力，已成为当前思想政治教育着重要解决的重点问题[8]。

四、职业素质教育与“课程思政”相结合的途径——以导游基础知识课程为例

旅游专业课程与思政教育相结合的根本目的是让学生客观认识世界，学会如何适应社会，树立正确的是非观，懂得互相理解和换位思考，从而完善自我。这种教学方式既是专业课程教学的内在要求，也是高校思想教育工作的必然需求，是实现专业课与思想政治元素的统一。下面以导游基础知识课程为例，探索如何实现职业素质教育与“课程思政”的有机结合。

（一）强化意识，逐步树立专业课教师“课程思政”的理念

教师是立德树人的主体，承担了教书、育人的双重职责，专业课教师在“课程思政”建设中起着关键作用。但就开展“课程思政”教学而言，专业课教师的思政教育意识、能力与思政课教师还存在一定差距[9]。首先，学校、院系等层面应该强化顶层设

计，自上而下地不断强调专业“课程思政”的重要性，使教师在脑海中逐渐树立自觉钻研“课程思政”的理念。其次，应加强专业能力的培训，很多教师想在课程中融入“课程思政”的内容，但苦于没有典型案例，没有成功经验可循，不知道该怎么做，久而久之就逐渐淡忘了。导游基础知识是旅游管理专业的主干课，是导游考试的必考科目，所有开设旅游管理专业的学校必设此课，这也为我们学习提供了广阔的选择空间。学校应组织相关培训，通过讲座、参观、研讨和外派学习等形式让教师直观地了解和掌握专业“课程思政”的要义。通过强化意识和有效培训，使教师从理念和实操上逐渐把握时事热点，聚焦主流思潮，学会挖掘教学内容中的思政教育资源。

（二）整合资源，充分挖掘课程背后的思政元素

全员育人强调人员参与的广泛性。从这一角度看，讲好一门课就必须跳出老师本身的局限，跳出课程本身的局限，不再满足于之前固化的思政常识。导游基础知识是旅游专业基础课，内容庞杂，知识面广，上至天文，下至地理，宗教、民族、建筑、饮食、客源国等都囊括在内。这门课程不仅能为学生提供从事导游工作的基本知识，更承担着提高未来导游员职业能力和综合素质的重任。

仅凭授课教师一己之力难以将其精髓及其背后的思政元素有效挖掘出来。所以我们要整合资源，跨课程，跨学科，甚至走出校园进行思政元素挖掘，有效丰富和完善课程思政体系。首先，与专业内其他课程教师研讨，找到不同课程的特色和侧重点，彼此间形成合力。其次，跨专业寻找课程涉及的相关专业人士并进行交流，比如，与建筑工程专业专家一起挖掘中国传统建筑背后所蕴含的精益求精的工匠精神，邀请相关学科专家到课堂上讲好中国故事。再如，与当地知名餐饮企业一起探究诚信经营、服务至上的中国传统待客之道。从老师到专家学者再到具体的管理者，理论联系实际，使学生切实感受中国传统文化的博大精深，树立强烈的民族自豪感和责任感。

（三）因材施教，构建专业课程思政体系

因材施教从横向和纵向两方面设计：

第一，根据导游基础知识的课程内容，即教材基本框架，根据不同单元来设计“课程思政”的要素（横向）。做到彼此呼应，特色鲜明，与时俱进，主题突出（表1）。比如，讲授中国书法艺术，要使学生们体会到书法中蕴含的东方美学观和艺术观，要包含人们对中华民族的热爱和民族文化的发展；教师通过向学生们介绍中国的陶瓷器、丝织刺绣品、雕刻艺术品以及它们背后所蕴涵的情感、思想与精神，使学生获得生命的启示，感受到国家“坚定文化自信，推动社会主义文化繁荣兴盛”的策略，感受中国的主旋律，以及坚定文化自信的神圣使命。再如，引导学生回顾改革开放四十年的变迁，让学生们感受崭新的时代，以及中国特色社会主义。在课堂上，我们让同学们分组讨论我国在交通、住房、饮食、服装等方面有哪些改变，引导学生从自身的“吃、住、行、游、购、娱”来切身感受改革开放给我们每个人带来的变化，强烈的民族自豪感油然而生。

表1 “导游基础知识”课程思政设立方案

单元名称	思政案例
旅游和旅游业	旅游从业人员的素质要求（以最美导游为例）：培养爱党爱国，具有良好的思想品德、具有较强的社会责任感、荣誉感和进取精神的旅游人员，使其具有服务企业、服务社会的意愿和行为能力，能遵守职业规范，具有职业道德操守，爱岗敬业。建立诚实守信的旅游购物体系，塑造良好的旅游购物大国形象。
中国历史文化	中华优秀传统文化是中华民族文化传统、思想观念、情感认同的集中体现，凝聚着中华民族普遍认同和广泛接受的道德规范、思想品格和价值取向，具有极为丰富的思想内涵。通过对中国悠久历史的讲解，让同学们了解中国灿烂悠久的文化，加强学生的历史责任感和国家归属感。
中国旅游地理	明确发展旅游业与我国旅游地理环境之间相互作用和协调发展的关系以及中国旅游资源可持续开发利用的发展方向。掌握中国旅游地理基础知识，树立较强的空间地域意识，树立环保意识，激发爱国热情，成为具有现代服务素质的应用型人才。
中国民族民俗	民族文化是一个民族适应自然环境和社会发展而形成的智慧结晶，我国民族众多，文化风俗也异彩纷呈。将不同民族民俗文化资源融入高校思想政治教育，对丰富思想政治教育内涵，强化学生对课程的认同以及民族传统文化的传承和创新有着重要意义。
中国宗教文化	大学生中存在一定比例的宗教信仰者。信仰宗教的原因既有大学生的精神需求，家庭、民族和环境的影响，也有宗教文化和宗教活动的吸引力等。在教学过程中增强教学的针对性、时效性，引导和教育学生树立正确的信仰观。
古建筑与园林艺术	中国古代建筑与园林是中国历史悠久的传统文化和民族特色最精彩、最直观的传承载体和表现形式。通过对古建筑和园林特点的学习，让同学们深刻地领会到“天人合一”的建筑风格，崇尚自然，喜爱自然，树立和谐于自然的环境意识。
中国饮食文化	中国饮食文化是中华各族人民在有史以来的生产和生活实践中，在食源开发、食具研制、食品调理、营养保健和饮食审美等方面创造、积累并影响周边国家和世界的物质财富及精神财富。教师通过饮食文化教学，呈现出中国民族精神、历史发展进步的时代风华和中华民族几千年辉煌创造史及其特定的文化心理结构，让学生深刻地领会到大国的气质和风范。
中国的特产	讲解具有中国精神、中国文化、中国气派的风物特产，培养学生的四个自信。作品表现出来的艺术价值观，能够感染学生、鼓舞学生，通过艺术作品来推动师生的文化自觉和文化自信。

第二，根据学生所处阶段的职业素养要求来设计（纵向）。大学教育归根结底是人的教育，我们的“课程思政”设计必须以人为本。导游基础知识作为专业基础课，一般都会设在第一学期刚开课时。大一新生的特点是对大学的学习和生活充满新鲜感、自律性强、容易接受新事物。因此在导游基础知识课程设计上，我们坚持以职业素养培养为目标，循序渐进设计职业素养成长的三个层次（图1）。第一层次，让学生了解什么是

旅游，旅游业的现状，在脑海中对旅游业形成初步的概念，树立职业观念；第二层次，通过对悠久的历史文化、秀美的名山大川、精湛的传统艺术等知识点的讲解潜移默化地增强学生对旅游业的兴趣，同时邀请专家和管理者现身说法，增强学生的职业认同感；第三层次是学以致用，结合学校的专业认知实习，通过参观景区了解真正的岗位素质要求，通过"我的美丽家乡"等模拟讲解，提升学生的职业素养。

图1　职业素养课程体系设计

五、润物无声，注重创新思政教育的渠道和手段

专业课程思政需要教师具备强烈的德育意识和敏感度，充分备课，运用智慧，使用合理的教学手段来深度挖掘。对于显性内容，教师不宜特意整理出来进行系统的传授，因为这种做法很有可能把"课程思政"变成专门的思政，而应该把教学内容中与思政有关的因素通过间接或隐性方式传递给学生，让学生在学习过程中不知不觉地去体会和感悟。比如，在讲到秦汉时期张骞出使西域时，老师可以带领学生一起学习丝绸之路名称的由来，一起在地图上查找丝绸之路的路线。丝绸之路不仅是古代欧亚互通有无的商贸大道，还是促进亚欧各国友好往来、沟通东西方文化的友谊之路。结合习主席提出的"一带一路"倡议，引导学生树立民族自豪感，激发学生的爱国热情和对党的热爱。这样一来，就起到了很好的思政教育效果。

同时注重全方位地提升学生的职业素养。课堂上，教师除了传授知识，更要注重提高学生的审美能力、专业技能，以及沟通能力[10]。教学过程中，通过让同学们结成小组，实现相互帮助和共同进步，增强他们的团队意识，学会相互关心和包容，学会尊重他人，学会沟通和相互理解，求同存异，共同营造良好的学习环境。课堂外，充分利用"互联网+"和自媒体等构建交流学习平台（图2），平台的建立有利于整合线下线上学习资源，通过行业动态、主题学习等多样模

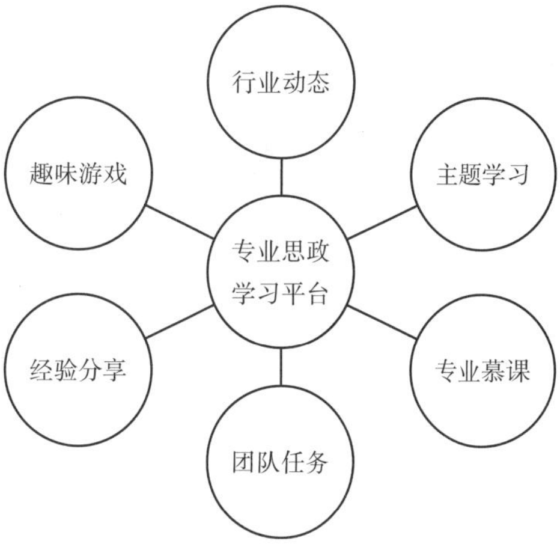

图2　思想政治学习平台模块

块的设计丰富专业“课程思政”的形式，有效激发学生自主学习的兴趣，有效促进师生间全时段互动交流，有效增强思想政治教育的黏性，真正做到全方位育人。

六、结语

高校专业课“课程思政”建设是一项复杂的系统工程，随着“课程思政”理念的不断落实，立德树人的思想政治教育目标将贯穿教育的整个过程。面对旅游行业发展的大环境，旅游管理专业需要审视人才培养目标，与时俱进，构建旅游管理专业学生职业素养培养体系，将爱岗敬业、立德树人的理念融入进去，逐步强化专业协同，不断尝试新的教育手段，只有这样才能培养出有爱国情怀、有社会责任感、有创新精神、有专业知识、有实践能力、有健康身心的全面发展的合格专业人才。

参考文献

[1] 邱伟光. 课程思政的价值意蕴与生成路径 [J]. 思想理论教育，2017（7）：10–14.

[2] 陆道坤. 课程思政推行中若干核心问题及解决思路：基于专业课程思政的探讨 [J]. 思想理论教育，2018（3）：64–69.

[3] 李俊玲，杨保华. 基于协同育人机制的高职院校“课程思政”路径设计与分析 [J]. 杨凌职业技术学院学报，2019，18（2）：80–83.

[4] 陈文婷. 高校“三全育人”的协同路径 [J]. 高校辅导员，2019（4）：45–48.

[5] 肖紫嫣. 高职专业课程实施“课程思政”的方法策略探究 [J]. 现代职业教育，2018（1）：96–97.

[6] 高燕. 课程思政建设的关键问题与解决路径 [J]. 中国高等教育，2017（15）：11–14.

[7] 何红娟. “思政课程”到“课程思政”发展的内在逻辑及建构策略 [J]. 思想政治教育研究，2017，33（5）：60–64.

[8] 王静. 校企合作背景下课程思政理念在旅游管理专业教学中的应用 [J]. 西部素质教育，2019，5（2）：27–28.

[9] 金美兰，吴琳. 大学生职业素养培养体系构建研究：以应用型本科旅游管理类专业为例 [J]. 文化产业，2018（21）：56–58.

[10] 刘冬霞，李国新. “互联网+”背景下高职院校文化课程课堂教学融入思政元素的实践路径 [J]. 智库时代，2019（24）：38.

本文原载于《创新教育研究》2019年第5期。

“课程思政”引领教育回归“初心”和“使命”

丁义浩　王　刚

“课程思政”作为一个思想政治教育过程，必然要遵循和符合思想政治教育的一般规律，其中，“各类课程与思想政治理论课同向同行”是“课程思政”建设的基本要求，“形成协同效应”是推进“课程思政”建设的目标指向。习惯意义上的思想政治教育，就是指“社会或社会群体用一定的思想观念、政治观点、道德规范，对其成员施加有目的、有计划、有组织的影响，并促使其自主地接受这种影响，从而形成符合一定社会、一定阶级所需要的思想品德的社会实践活动”，由此可见，若要正确回答“课程思政”是什么的问题，就必须厘清“课程思政”的主体、内容和目标的内在规定。

一、主体规定：以坚定的政治立场承担育人使命

“课程思政”要求高校教师在教学设计中把思想政治教育放在突出位置，深入分析课程内容，善于运用马克思主义的立场、观点和方法来发现问题、分析问题、解决问题，在教学的各个环节引导学生树立正确的世界观、人生观和价值观。对于教育主体而言，只有当教师自身真正理解、信仰和践行马克思主义时，才能在教学中有效地开展思想政治教育，因此，教师必须加强政治理论学习，认同思想政治教育的内容，明确政治立场，加强理论修养，努力做到政治强、情怀深、思维新、视野广、自律严、人格正，把爱国情感、社会责任、理想信念、职业道德等内容传授给受教育者，不断提高学生的思想政治素质，引导学生自觉培育和践行社会主义核心价值观。

另外，教师必须加强师德师风建设，坚持“以德立身、以德立学、以德施教”，在教学中充分发挥教师的道德魅力与职业精神，通过以身示范与言行感染，帮助学生树立崇高的人生理想，努力把学生培养成为担当民族复兴大任的时代新人。

二、内容规定：以多维的课程设计彰显价值属性

“大学课程不仅仅是追问其范围的解释之学，更是规范人的价值之学”。教育是一项面向人、为了人的工程，绝不仅仅是某种知识的灌输与转移，而是要在知识和技能的培养过程中将某种精神与某种价值传递给受教育者，因此，教育的价值中立在本质意义上是不存在的。而且在这个意义上讲，科学家是有国界的，科学技术也是有国界的。在新

时代强调推进“课程思政”建设，是对教育本质的重识，是要将教育内容从知识维度、能力维度深入到价值维度，这是向教育“初心”回归的必然选择。

作为教师，要在设计课程内容时不断丰富教学维度，重视对课程思想政治教育功能的运用，将思想政治教育元素融入授课计划之中，这意味着要对课程内容进行深度开发，对课程进行整体科学架构，努力提炼教学内容中的思想政治教育资源，使课程不仅满足学生知识积累、能力提升的需要，还有针对性、有计划性地对学生的道德理念、价值观念进行引导。蕴含在课程中的思想政治教育资源，不是生硬地从思想政治理论课中移植过来的，也不是要消解专业教育的原有目标，而是要在坚持立德树人的基础上，立足课程的自身特点，对课程进行深度开发与深层设计，充分挖掘专业知识所蕴藏的人文精神与科学精神，激活各类课程的价值属性，涵育学生的精神世界。所以，“课程思政”建设不能追求统一模式，不能确定同一指标，更不是新增几门课程，必须注重多样化、追求个性化、遵循渐进性。

三、目标规定：以深刻的思想体悟培育时代新人

“课程思政”的一大优势就在于，它能让学生在学习各种知识的过程中潜移默化地接受思想洗礼和情感陶冶，更好地实现自身思想素质和政治水平的不断提高。在这一过程中，教师必须坚持立德树人目标，坚守“一棵树摇动另一棵树、一朵云推动另一朵云、一个灵魂唤醒另一个灵魂”的教育情怀，以情动人、以理服人，以对教育的热爱和对学生的关爱拉近与学生之间的情感距离，在润物无声、化育无形的过程中增强思想政治教育实效。

教育不是培养“知识的存储器”和“移动的工具箱”。“课程思政”就是要在课程目标设计中融入思想政治教育内容，找准关键、突出重点，努力让学生在形成符合本学科的科学精神和研究态度的同时，成为“价值理性视野下人格健全、品行端正的‘自由人’”。所以，“课程思政”不能片面地推崇“唯量化”评价，而是要将教育教学向理想信念教育、学术能力培养、社会责任培育等多向度延伸，培养一批批“有理想、有本领、有担当”的新时代大学生，使他们成为担当民族复兴重任的排头兵和主力军。

“课程思政”对主体、内容和目标的内在规定决定了其不是一项“口号化”“标题化”的“面子”工程，而是新时代对全体教育工作者增设的一门“必修课”，是加强和改进新形势下高校思想政治工作的“突破口”，是对中国特色社会主义教育事业的一次“寻根”工程，是一项集系统性、长期性、复杂性、专业性于一身的“正本”工程，是确保中国特色社会主义行稳致远的“筑基”工程。

本文原载于《中国教育报》2019年12月23日。

“课程思政”的基本问题解析

边水燕　李光莉

习近平总书记在2016年全国高校思想政治工作会议上强调：“要坚持把立德树人作为中心环节，把思想政治工作贯穿教育教学全过程，实现全程育人、全方位育人，努力开创我国高等教育事业发展新局面。”[1]目前“课程思政”这场教育教学领域的变革正在全国各高校中展开，但是关于“课程思政”，我们在认识和实践中还存在很多误区，我们需要对“课程思政”的基本问题进行辨析和阐释。

一、如何理解“课程思政”的内涵

“课程思政”是一种新型课程观，其主旨是学校所有学科和课程都要挖掘思政元素，都要发挥育人功能，所有教师都要履行育人职责。“课程思政”作为指导当前高校课程改革的基本思想和重要理念，并不是简单的口头倡导，而是普遍性甚至强制性的要求，不是对某些课程的个别要求，而是对所有课程的总体要求。要求落实到高校的每一门课程、课程的每一个环节，在“课程思政”改革上不允许存在特例的课堂和课程。“课程思政”建设不是个别教师的任务，而是对所有教师的总体要求，需要所有教师积极参与。“课程思政”更不是阶段性的任务，它是构建协同育人一体化的“大思政”育人机制和体系中的重要任务，是我国高校思想政治教育工作的常规模式。

二、如何认识“课程思政”实施的必要性

“课程思政”建设的顺利推行，需要所有教师对“课程思政”实施的必要性达成共识，认识到实施“课程思政”的重要意义，才能积极主动自觉地参与“课程思政”建设。

（一）“课程思政”的实施是完成立德树人教育根本任务的必然要求

习近平总书记在全国教育大会的重要讲话中强调了立德树人是中国特色社会主义教育事业的根本任务。培养什么样的人、怎样培养人、为谁培养人是中国教育事业的根本问题。立德树人这个根本任务的确立为中国教育改革发展指明了方向，即教育事业不仅要传授知识、培养能力，还要把社会主义核心价值观融入国民教育体系中，引导学生树立正确的世界观、人生观、价值观、荣辱观。课堂教学是育人的主渠道，提高育人实效需要将思想政治教育贯穿于学校教育教学的全过程，深入挖掘各类课程的思想政治理论教育资源，发挥所有课程的育人功能，增强所有教师的德育意识，落实所有教师的育人

职责。课程思政的实施可以实现全员育人、全过程育人、全方位育人，是立德树人这一教育根本任务实现的重要保障。

(二)“课程思政”的实施是坚持社会主义办学方向的必然要求

我国高校始终坚持中国共产党的领导，以马克思主义为指导思想。高校是中国共产党意识形态工作的重要阵地，高校意识形态工作关系到国家的长治久安，关系到中国特色社会主义事业后继有人。高校意识形态工作不只是学校党委、团委、宣传部、学生处、思政课教师的工作，还需要学校所有教师和所有行政管理人员高度重视意识形态工作，深化为党育人、为国育才的理念，提高政治觉悟，严守政治纪律，加强政治学习，在大是大非等重要问题上要与党中央保持高度一致。高校所有教师要积极作为、充分应对，要纠正重业务轻党建、重专业轻思政等错误倾向。落实教师的主体责任非常重要，可以有效加强和巩固高校意识形态工作。

(三)“课程思政”的实施是对课程与思政长期分离进行的反思

长期以来，在高校教育教学中存在这样一个认识误区，即专业课教师只需要负责能力培养和知识传授，专业课只需要强调专业性、知识性，无须重视思想性、政治性。高校育人工作过多依赖思想政治理论课，而忽视了其他课程的育人作用。高校思想政治教育是一项系统工程，仅靠思想政治理论课是难以完成这一艰巨任务的，这就要求广大教育工作者树立协同育人的理念，重视各类课程的育人功能。传道、授业、解惑是教师的责任，教师在专业课程的教学中要自觉融入思政理念，将知识传授与价值引领相结合，充分发挥专业课程的育人价值，成为真正的教育工作者。“课程思政”的提出，正是对长期以来课程与思政的分离进行的反思。“课程思政”这一先进理念突破了思想政治理论教育对学科建设的局限，把价值引领贯穿于高校所有学科、所有课程，实现从思想政治理论课单一的育人形式向思政课程与“课程思政”协同育人模式的转变。

三、“课程思政”理念下如何正确认识和处理各门课程与思政课程的关系

从思政课程到“课程思政”的转变将引起高校教育教学理念的重大革新，它将带来全方位的变化。在“课程思政”背景下，如何处理各类课程和思政课程的关系是一个亟待思考和回答的问题。

(一) 各类课程与思想政治理论课同向同行

习近平总书记强调：“其他各门课都要守好一段渠、种好责任田，使各类课程与思想政治理论课同向同行，形成协同效应。”[1] 如何理解各门课程与思政课程同向同行？“同向”指的是各门课程与思政课程虽然在教育内容、教育方式上不同，但在育人目标上方向一致。两者都要为立德树人服务，育人目标都是培养拥护社会主义、拥护中国共产党，为中华民族伟大复兴而奋斗的，政治素质过硬、业务能力强的社会主义合格建设者和可靠接班人。“同行”主要是指各门课程要与思政课程步调一致，形成同频共振的协同效应，发挥各方在育人问题上的合力作用。思政课程是显性教育，主要对学生进行系统的马克思主义理论教育，以及党和国家的路线、方针、政策的宣传和教育。思政课

程之外的其他课程主要指专业课程和通识课程，专业课程和通识课程是隐性教育，能"润物细无声"地在课程中对学生进行思想政治教育。"课程思政"要成功，需要进一步强化显性教育，又需要做足做深隐性教育。作为显性教育的思政课和作为隐性教育的专业课程要相互配合、相得益彰。构建"大思政"的育人格局，需要专业课、通识课与思政课共同构成思想政治教育的课程共同体。

（二）思政课居于核心地位，对其他课程起到引领示范作用

习近平总书记强调："思政课是落实立德树人根本任务的关键课程。"[2] 高校思想政治理论课对于巩固马克思主义在高校意识形态领域的指导地位、坚持社会主义办学方向、培育社会主义核心价值观发挥了不可替代的重要作用。思想政治教育的途径多种多样，都要通过思政课这个主渠道连起来；铸魂立德的工作千头万绪，都要通过思政课这个"针眼"穿起来。在"课程思政"背景下，思政课居于核心地位，对其他课程起到引领示范作用。引领主要指价值引领，思政课程在学习和领会党和国家的路线、方针、政策方面要走在各类课程前面，教育工作者要及时做好宣讲。引领也包括思政课要指导其他课程学会运用马克思主义的立场、观点、方法分析和解决问题。示范作用就是思政课程要建立"课程思政"建设的示范标准，要由懂思想政治教育的教师与管理者对"课程思政"进行整体设计和策划。"课程思政"建设对思政课程提出了更高要求，思政课要在改进中加强。

（三）其他课程是育人新阵地，是对思政课程的有益补充

思政课程涉及经济学、政治学、哲学、法学、管理学、社会学等多门学科知识。思政课教师要把思政课上好，需要对多门学科知识有所了解。在"课程思政"建设中，在各门课程中挖掘思政元素，可以为思政课程提供丰富的营养，使其他课程成为育人新阵地，其他课程是对思政课程的有益补充。在"课程思政"的实践中，不能把思政课程和其他课程分开，所有课都要上出"思政味"，所有老师都要挑起"思政担"，构建全员、全课程的"大思政"教育体系。在"课程思政"的实践中，也要避免思政课程和其他课程相互取代。推进"课程思政"，在专业课中强化思政教育的元素和育人的功能，但不是违背专业课的教学特点和教育规律，把专业课上成思政课。当然，思政课教学中也不能离开专业理论的支撑，否则就会变成空洞的说教。

参考文献

［1］习近平在全国高校思想政治工作会议上强调：把思想政治工作贯穿教育教学全过程　开创我国高等教育事业发展新局面［N］. 人民日报，2016-12-9（1）.

［2］习近平主持召开学校思想政治理论课教师座谈会强调：用新时代中国特色社会主义思想铸魂育人　贯彻党的教育方针落实立德树人根本任务［N］. 人民日报，2019-3-19（1）.

本文原载于《学园》2019年第12期。

基于核心文化价值观的高校艺术通识教育创新策略研究——以国画赏析慕课建设为例

许身玉

摘要：我国传统文化价值观的核心理念深深影响着中国社会的深层结构，在国民心理和国家社会层面都有着根深蒂固的影响，引导国家发展的政治走向。艺术学科伴随人类文明的发展史，能够映衬出一个国家和民族的核心文化特征。艺术通过形象思维培养创新意识，塑造学生丰富的精神世界，提高审美能力，成为高校素质教育的重要组成部分，具有其他学科不可替代的重要作用。同时，在全球一体化和科技不断发展的当下，高校艺术通识教育如何担负起通过教育内容和教育方法研究基于核心文化价值特征的在线创新教育策略，成为我国当代高校教育工作者需要肩负的重要文化使命。

关键词：核心文化价值观；高校艺术通识教育；在线教育；慕课建设

一、基于核心文化价值观的我国高校艺术通识教育的创新策略介绍

我国是世界文明古国，历史悠久、幅员辽阔、人口众多，造就了庞大和完整的传统文化价值体系，影响范围深远。我国的核心文化价值观包含传统文化价值观和社会主义核心价值观。传统文化价值观包含伦理纲常、安身立命、治国之道、天人合一等基础理念，渗透在中国社会文化的方方面面，是具有代表性的思维方式，展现了我国礼仪之邦的基本面貌，体现出的哲学观、思维观和心理观是中国在世界范围内无法回避和不能回避的。

党的十八大提出倡导富强、民主、文明、和谐，倡导自由、平等、公正、法制，倡导爱国、敬业、诚信、友善，积极培育和践行社会主义核心价值观。社会主义核心价值观的基本内容包含了国家层面的价值目标、社会层面的价值取向、公民个人层面的价值准则，反映出了丰富的内涵。习近平总书记在党的十九大报告中指出：要培育和践行社会主义核心价值观。要以培养担当民族复兴大任的时代新人为着眼点，强化教育引导、实践养成、制度保障，发挥社会主义核心价值观对国民教育、精神文明创建、精神文化产品创作生产传播的引领作用，把社会主义核心价值观融入社会发展各方面，转化为人们的情感认同和行为习惯。[1] 进一步为社会主义核心价值观指出了实践努力的方向。

由政策导向可以看出：国家培育和弘扬社会主义核心价值观、弘扬中华传统美德，教育实践是需要努力的方向。加强社会主义核心价值观建设，坚持以爱国主义为核心的民族精神和以改革创新为核心的时代精神。我国高校艺术通识教育可以据此开展创新策略研究，支持国家政策。

高校教育工作者通过教育创新实践来培育社会主义核心价值观，高校艺术通识教育无疑是重要的培育手段。艺术是人类文明重要组成部分，伴随人类成长，带给人类审美体验并且是启蒙与智慧的源泉。我国高等院校的艺术通识教育起步虽然很晚，但经历了高速发展阶段，目前正逐渐迈入成熟阶段。对于学生综合能力的提升、培养完善人格和独立思考精神、文化交流以及创新性人才培养的效果逐渐显现。

目前，在线教育作为重要创新教育形式，以数字信息技术为基础、以网络为载体提供教育互动和服务。在线教育为学习者提供更为自由的时间和空间选择，同时使获取知识的方式和内容有了更多选择渠道，使得更多受教育群体得以共享优秀教育资源。艺术通识课程的在线教育形式，可以结合大量传统教育内容，运用多媒体技术创意手段建立课程开发平台。目前，我国高校在线教育发展迅猛，虽然具有高校人力资源以及资金支持的优势，但也出现了模式化、形式化倾向，脱离实际和艺术教育本质，亟待进行进一步的教学实践研究。教学过程中还没有明确体现出我国核心文化价值特征，无法发挥传统艺术教学中的课堂互动和实践教学优势，在线课程建设面临的一些问题亟待解决。

二、我国高校艺术通识教育体现核心文化价值特征的创新策略问题分析

（一）目前我国高校艺术通识课程教学内容的核心文化价值特征

目前我国高校的通识教育逐渐规范，艺术教育作为其中的重要内容得到重视，具有培育学生的综合素质，增强创造性思维能力等丰富教育内涵。同时，艺术作为伴随人类文明史进程的人文专业学科，内容更是博大精深，传统知识架构丰富，能较为直观地传达人文精神、民族地域文化，使学习者能够直观掌握具有传统文化价值特征的知识体系。目前，我国高校的艺术通识课程建设也获得了多方面的投入和支持，促使教师积极投入课程。授课目标、教学内容、教学方法和评价方式由专业化向普及化转变，相关授课环节体现了我国传统艺术价值。我国高校艺术通识课程在国际上突出传统价值内涵和对本国文化价值的肯定和自信。

（二）体现核心文化价值观的我国艺术通识课程创新教学策略现存问题

目前我国综合性大学艺术通识教育还需要解决的问题：如何在课程教学环节中明确体现核心文化价值观？如何让课程创新教学方法作为新的研究内容？

1. 我国高校艺术通识课程的教学目标缺乏核心文化价值观

目前我国高校艺术通识教育需要明确增加核心文化价值观内容的课程目标，以指导设定更为细致的实践教学措施，真正加强我国艺术学科体现的核心文化价值教育，思考艺术专业与各领域间的深层联系，提高学生专业研究能力和思考水平，特别是对国家文化价值特征的反思及自信。

2. 我国艺术通识课程教学内容缺乏核心文化价值特征的知识架构

艺术伴随人类文明起源，具有丰富庞杂的内容体系并不断演进。目前，传统艺术通识课程的教学内容大多还停留在知识的罗列阶段，不能集中体现核心价值观与学科之间的紧密关系，这就需要思考开发教学内容中的相关授课内容。要特别针对课程内容缺乏我国核心文化价值特征、体现不出艺术学科担负的相关社会职责部分展开研究。目前，首先需要考虑通过在线教育建立实时共享的专业知识库体系，明确相关知识点，让学生积累知识，增强思考能力。

3. 艺术通识课程缺乏通过在线教学推进我国核心文化价值观的方法

艺术通识在线课程的实施还处于摸索探讨阶段，无法真正解决理论与实践结合、课堂实时互动，以及核心文化价值观推行等问题。有益的方法是把学习作为整体，使学生和教师共同学会进行富有成果的讨论。[2] 目前，课程开发和已有的教学模式没有根本变化，以致于教师很难通过实现艺术学科独具特色的实践互动课堂，以及有效实践课题训练来弘扬我国核心文化价值特征。

4. 目前我国高校艺术通识课程还没有课程环节是否体现核心文化价值观的评价和监督机制

我国高等教育艺术通识课程的课程评价目前处在教学环节中最薄弱的环节，有效的课程评价标准还在调整和完善中。含有核心文化价值观的教学目标是否有效实施，只能和现存的评价系统结合后判定，目前还不能得到更为准确和及时的反馈。

三、基于核心文化价值观的国画赏析慕课建设路径分析

慕课建设的路径一般会围绕教学过程全方位展开。教学过程基本包括教学内容、教学方法和教学评价三部分。目前，将以教为中心的教学转变为以学为中心的教学成为新的趋势，重点是在教学过程中重视启发性思维方法，关注学习者在教学前后的参与程度。在不同学科的督学人员中也有其他学科的大学教授，他们都反对生搬硬套地使用主体性教学法。[3] 课程开发体系要求教育工作者始终围绕研究教学系统创新实践和贯彻我国社会主义核心文化价值观进行课程设计。美术通识课程国画赏析慕课的建设路径设计如下。

（一）明确国画赏析体现核心文化价值观的多元知识结构教学目标

根据学科发展趋势和人才培养需求做出分析和预测，研究知识结构相对应的我国核心文化价值特征，为国画赏析慕课教学目标的重塑提供可靠的依据。根据高校学生不同专业知识结构，通过专业知识的理论学习和实践，提供反映我国核心文化价值特征的国画相关领域人文知识，拓展学生知识结构。借助形象思维思考已有的价值观、生活经验、人文知识等，进行国家传统核心文化价值的反思，提高文化自信，使学习者具有崭新的艺术评价能力和艺术批评能力。

（二）构建体现我国核心文化价值观教学内容的课程知识结构

国画是一个生动记录我国历史的视觉宝库，两千年的艺术传统还在不断演变中。教

学内容结合重点知识结构不断充实完善，用设定清晰的国画理论点来安排内容结构，划分传统基础知识，使学生通过教学内容思考我国传统核心文化价值特征。便于学生了解国画与人文社会不可分割的关系，强化经典的力量，体现国画的现实教育意义。教师通过丰富的国画视觉知识内容，鼓励学生在线讨论及线下课题参与，启发学生思考国画与自身、与社会等各领域的关系，可以有效让学生掌握国画传达的我国核心文化价值属性，真正实现课程设置的教学目标。

（三）大数据背景下的国画赏析慕课评价方法

国画赏析慕课的学习评价是基于对学习者学习全过程的综合评价。大数据将每个学习者学习全程的所有痕迹提取出来，做出科学的分析评价。评价结果既可以体现个体的学习情况，也可以做出学习群体间的比较。评价既有宏观角度，又有更为细节的评价。例如，分析个体学习者教学过程的参与程度，参与提问和回答学习过程中的问题，形成体现积极参与性的变化曲线图，还可以进行性别间的比较等来支持课程评价。一个数据来源就可以做出多种不同目的的评价应用分析，这相较于传统评价方式更加落实到对学习过程和结果的精确评价，值得进一步发扬。

四、结论

通过教育实践培育和践行社会主义核心价值观的国家政策，指明了我国高校艺术通识教育应当把握数字信息化技术推动当代社会以人为本的深刻发展内涵，深刻思考艺术学科如何践行我国核心文化价值。拥有更为宏观的思考方式，不断完善高校的深层育人需求。通过确定相关课程体现核心文化价值观的课程目标，设定相关的教学内容，重视有效的监督和评价制度，提升课程构建的现实意义，推动我国高校艺术通识课程建设的不断发展。

参考文献

［1］中共中央办公厅．关于培育和践行社会主义核心价值观的意见［Z］．2013-12-23．

［2］帕森斯，布洛克．美学与艺术教育［M］．李中泽，译．成都：四川人民出版社，1998：278-279．

［3］伯尼斯·马丁．当代社会与文化艺术［M］．李中泽，译．成都：四川人民出版社，2000：259．

本文原载于《第十六届沈阳科学学术年会论文集（经管社科）》2019年第3期。

“课程思政”建设须打破三个误区

丁义浩

为深入贯彻落实习近平总书记关于“使各类课程与思想政治理论课同向同行，形成协同效应”，许多高校启动了“课程思政”建设。但在实践过程中出现了“课程思政”建设泛化、思政元素与专业知识结合机械化、建设的课程标签化等现象。为此，我们必须打破思想藩篱，走出实践误区，回归中国特色社会主义教育的初心和使命，解答新时代的新命题。

要打破“课程思政”是“思政课程”同义转换的误区，实现思想政治教育功效的系统性延展。“思政课程”是以思想政治教育为主要内容和主要目标的课程，在高校直观表现为思想政治理论课。“课程思政”则是挖掘各门课程中所蕴含的潜在思想政治教育资源，使课程本身具有一定的思想政治教育功能，是全部课程人才培养任务的正本清源，是对各门课程立德树人效能的不断发掘。推进“课程思政”建设，有利于营造良好的思想政治教育氛围和解决思想政治教育与专业教育脱节的问题。

“课程思政”建设过程中要充分调动任课教师的积极性和能动性，自觉地将思想政治教育纳入教学内容及目标中，让学生在各类课程的学习中增强对中国特色社会主义的道路认同、理论认同、制度认同、文化认同。

要打破“课程思政”是思政元素简单嵌入各门课程的误区，实现思政元素与课程内容的有机融合。推进“课程思政”建设，必须将思政元素与课程内容进行必要的结合。这种结合不是嵌入式结合，而是要在“大思政”的育人格局下，使其发挥“1 + 1 > 2”的整体效用。这是一种生态重构，是一种精细的浸润式的隐性教育，而不是粗放的漫灌式的显性教育。推进“课程思政”建设，必须坚持以专业课程为载体，不能将专业课上成思想政治理论课，也不能让课程仅仅停留在知识传递的层面，要努力实现知识传授与价值引领的有机结合。

在课程设计和教学过程中，授课教师要对所授内容深入分析，提炼出本学科、本专业、本课程的科学精神、价值取向以及伦理规范，将课程的思想性和价值性体现出来，让学生在各类课程的学习过程中潜移默化地提高自身的思想水平、政治觉悟、道德素质和文化素养，实现学生的自由全面发展。

要打破“课程思政”是对各门课程知识传授和能力培养功能消解的误区，实现全部课程的价值彰显。“课程思政”要将被“遗忘”和被忽略的育人向度从每一门课程中发掘出来，这不是对各门课程知识传授和能力培养功能的消解，而是对其价值的进一步彰显。在当前的教学中，教师往往陷入两个误区：一是把立德理解为机械的道德输出和简单的价值传递，认为接受“思政课程”的理论教育就是完成了立德的任务；二是片面追求学科知识所谓的“客观、中立与价值无涉”，认为学科课程应该坚持“绝对的客观”，而不去发掘学科知识所蕴含的精神价值。实际上，每一门学科的发展都反映着勇于追求真理的探索精神，每一个科学发现都反映着敢于质疑权威的创新精神，每一项技术发明都反映着推动社会发展进步的责任意识。

广大教师要积极主动挖掘各门课程中所蕴含的价值与精神元素，并在教学实践过程中隐性地传授给学生。教师要立足课程自身的特点，把深藏于知识表层符号、内在结构之下的人文精神与价值意义发掘出来，在对知识的解释中、对世界的描述中，将内含的精神和价值外化为教学实践，内化为学生的精神涵养和价值追求。

本文原载于《光明日报》2020年1月13日。

数值分析“课程思政”的思考与实践

冯　男　邵新慧

摘要：为推动数值分析“课程思政”工作的有效开展，通过分析数值分析课程的特殊性，提出数值分析课程建设应该以提升数学教师对“课程思政”的认知，挖掘“课程思政”内容纳入课堂教学作为开展“课程思政”的着力点。通过数值分析“课程思政”的思考与实践，说明可以通过对课堂教学内容，教学过程中的例题和习题以及数学史、数学文化的思政元素挖掘，为大学数学类课程的“课程思政”提供充足的教学素材。

关键词：数值分析；课程思政；思考；实践

教育的根本问题是培养人。培养什么人、怎样培养人、为谁培养人是社会主义教育工作的根本性问题。“课程思政”立足课程作为学科专业发展的基础，从育人维度来实现课程价值，实现“思政”寓课程，课程融“思政”，挖掘各类课程的思想政治教育资源，共同致力于提高学生的思想水平、政治觉悟、道德品质、文化素养的高校思想政治工作新理念新模式。

2016年12月的全国高校思想政治工作会议上，习近平总书记对“课程思政”工作进行了科学概括和集中阐述，指出“要坚持把立德树人作为中心环节，把思想政治工作贯穿教育教学全过程，实现全程育人、全方位育人，要用好课堂教学这个主渠道，思想政治理论课要坚持在改进中加强，其他各门课要守好一段渠、种好责任田，使各类课程与思想政治理论课同向同行，形成协同效应”。

研究“课程思政”，是新时代下坚持中国特色社会主义教育发展道路，是培养德智体全面发展的社会主义建设者和接班人的迫切需求，是教育工作者在新形势下面临的新课题。但在已有“课程思政”的研究中，大学数学类课程开展“课程思政”的研究比较少见。数学是自然科学之基础，它的兴盛与否往往反映了社会的进步或衰退。因此，在数学类课程中开展“课程思政”尤为重要。数值分析是研究用计算机解决数学问题的一门课程，作为工科院校多数专业开设的专业课或选修课，其内容和社会实际联系紧密，辐射范围较广，因此，数值分析“课程思政”建设必要而且重要。本文在实践的基础上，研究在数值分析课程中开展“课程思政”的方法与特点，为推动大学数学的“课程思政”工作的有效开展，为培养社会主义建设者和接班人贡献一份力量。

一、数值分析“课程思政”建设的特殊性

数值分析是一门理论与实践结合非常紧密的课程，其主要研究如何使用计算机求解各种数学问题的数值计算方法。课程内容丰富，研究方法深刻，是一门实用性很强的数学课程，能够对培养学生应用数学的能力和创新思维的发展起重大推动作用。在以往的教学实践中，以下两个特点引起了我们的高度重视。第一，数学教学立足规律的普遍性。数学类课程本身研究的是客观存在的自然规律，所以课程本身并不涉及思想政治立场，这也是数值分析课程参与“课程思政”的教学内容上的实际困难。但同时，数学揭示的是普遍规律，其中蕴含的哲学思想往往具有普遍性，其对学生树立正确的人生观和世界观具有积极意义。我们需要对课程进行重新设计，将对学生有教育意义的内容挖掘出来，融入课堂教学中。第二，数学教学重“传授”轻“教育”。以往的数学课教学中，教师往往较重视基本理论和基础知识的传授，课堂教学侧重规律和方法的掌握和运用。教师考虑育“才”重“器”的多，考虑育“人”育“德”的少，教师在教学中往往缺乏思想政治教育的自觉性，这是数学类课程参与“课程思政”的教学思想上的痼疾。这就需要我们教师提高政治站位，从“课程思政”的角度加强认识，改变多年形成的传统教学观念和教学习惯。

二、数值分析开展“课程思政”的着力点

首先，提升任课教师对“课程思政”的认知，消除思想误区。数学教师要坚信“课程思政”在数学课程教学中对于知识、能力和价值观教育一体化的作用，加深对课程育人的要求和价值的理解，明确“课程思政”对于学生科学思维、人文素养和价值观塑造的重要性。其次，教书与育人不能分开。作为一名高校教师，不仅要教授课程知识，还要关爱学生，做学生的引路人。任课教师要回归“育人”的初心，要通过数值分析“课程思政”将前沿的知识、时代的要求、社会的正能量等内容引入数值分析课堂。

创新教学方法，挖掘“课程思政”内容并纳入数学课程教学。数学课程的思政教育并不等于“课程思政”化，也不是课程或者课堂结束后，转而进行思政上的引申和靠拢，而应该是“润物细无声”地自然融合。我们认为，“课程思政”应该是浸润式的隐性教育，而不是嵌入式的显性教育。教师要善于结合数学学科特点，因势利导，把思想政治教育元素和目的巧妙融入数学课程学习过程中。

三、数值分析开展“课程思政”的实践探索

数值分析是一门高度抽象的课程，学生可能会陷入不易理解、不易计算、不易运用的困境，最终导致失去兴趣和信心。所以，数值分析“课程思政”改革的思路可以是寓道于教、寓教于乐。我们的数值分析“课程思政”改革坚持以“知识传授”与“价值引领”相结合的原则为基础，围绕“知识目标”“能力目标”“素质目标”三位一体构建“课程思政”体系。在具体的实践中，选取了一些典型案例作为课程思政实践的重点。

绪论中选择视频“厉害了，我的国”片段之时代先锋篇，短短几分钟的视频为同学们介绍了奋战在第一线的各类科技人才的感人事迹，从而触动学生的心灵，激起他们对生活在新时代以及有我们强大的祖国为后盾的自豪感，以这些精英为榜样，努力学习，为将来服务于祖国打下扎实的基础。

在讲到算法稳定性的时候，首先强调设计算法一定要考虑稳定性，不稳定的算法是万万不可取的。接着这个话题，转到我们国家民族和社会也要有稳定性。借此谈一谈树立国家安全意识，维护国家稳定的重要意义。

数值分析课程中出现了很多著名的数学家，例如牛顿、莱布尼茨、高斯、欧拉，等等，有些名字不止出现一次。像牛顿和莱布尼茨，他们不仅是伟大的数学家，也是伟大的哲学家。再如，数学家欧拉更是当代大学生励志和学习的榜样。他对科学有着孜孜不倦的追求，能够在各种艰苦的条件下超强专注地工作和学习，在他双目失明的几十年里，凭借惊人的毅力创作了数百篇高水平的数学论文，取得了令世人惊叹的成就。欧拉的故事就像是一盏明灯，为许多正处于人生低谷的学生们照亮前进的道路。

四、结束语

“课程思政”是高等院校文化育人过程中需要进一步探索的工作。高校所开设的课程要发挥育人作用，就要努力实现思政教育与知识体系教育的有机统一，形成协同育人的效应。数值分析课程融入“课程思政”教育的路径还需要不断尝试和完善。我们在今后的教学中不仅要给学生传授数学知识，还要将教学目标和课程德育目标相结合，要注重将数学中所体现的素养知识有机地融于课堂教学中，要注重挖掘数学课程中的思政教育元素，实现立德树人润物无声，努力做到既“教书”又“育人”，最终使学生在科学文化素质和思想素质方面都有所提升。

参考文献

［1］习近平在全国高校思想政治工作会议上强调：把思想政治工作贯穿教育教学全过程开创我国高等教育事业发展新局面［N］. 人民日报，2016-12-09（1）.

［2］张威. 高校自然科学课程体现思政价值的意蕴及路径探索［J］. 国家教育行政学院学报，2018（6）：56-61.

本文原载于《教育》2020年第1期。

以“课程思政”重塑大数据与智能时代的数据科学思维体系

于亚新　丁义浩

摘要：“课程思政”要在专业课程中融入思想政治教育内容，找准关键、突出重点。本文探讨在大数据与智能时代如何引导学生构建数据科学思维体系，以重塑数据科学思维体系的“心”“脑”“体”为着力点，实现专业课教学向理想信念教育、学术能力培养、社会责任培育等多向度延伸。

关键词：思想政治教育；课程思政；数据科学思维体系

习近平总书记在全国高校思想政治工作会议上强调指出：“要用好课堂教学这个主渠道，思想政治理论课要坚持在改进中加强，提升思想政治教育亲和力和针对性，满足学生成长发展需求和期待，其他各门课都要守好一段渠、种好责任田，使各类课程与思想政治理论课同向同行，形成协同效应。”推进“课程思政”建设，是守好一段渠、种好责任田，使各类课程与思政课同向同行，形成协同效应的重要举措，要求教育工作者在专业课程中融入思想政治教育内容，找准关键、突出重点。本文以东北大学计算机技术专业硕士研究生必修课数据科学思维与大数据智能分析技术的“课程思政”建设为例，探讨了在大数据与智能时代如何引导学生构建数据科学思维体系，如何实现专业课教学向理想信念教育、学术能力培养、社会责任培育等多向度延伸，回应了高等教育“培养什么人、怎样培养人、为谁培养人”这一根本问题。

一、将知识内含的精神和价值外化为教学实践，内化为学生的精神涵养和价值追求

在科学技术发展史中，数据一直起着关键作用，探其本质，是科学思维赋予了数据智能，无论是在以牛顿、麦克斯韦为代表的“机械思维”时代，还是在以AlphaGo、自动驾驶等人工智能应用为代表的“大数据思维”时代，思维方式都胜于数据本身。思维方式是看待事物的角度、方式和方法，对人的言行有重要影响，即拥有不同世界观、人生观、价值观的人，其行为呈现出明显的差别。以数据科学思维为例，数据科学思维的分析过程包含三个由低到高的阶段：描述性分析、预测性分析、执行性分析。描述性分析对数据进行统计，是客观结果的数据呈现，一般比较容易实现。预测性分析则是较高级分析，要基于洞见对统计结果进行分析，而洞见又与个人知识水平密切相关。执行性

分析是最高级分析，是根据预测结果给出有价值的可行性决策，在该阶段，作为决策主体的“人”的主观作用被发挥到极致，即人的世界观、人生观、价值观对决策产生重要作用。

由此可见，思想政治意识对人和社会的发展影响巨大，也从侧面证明了高校开展“课程思政”建设的必要性。东北大学在计算机技术专业硕士研究生必修课数据科学思维与大数据智能分析技术教学中，大胆推进教育改革，大力加强“课程思政”建设。课程充分挖掘了数据科学知识背后所蕴含的思政元素，并据此从“心”“脑”“体”三方面重塑了数据科学思维体系，在努力使学生成为卓越数据科学家的同时，还注重培养学生的信仰坚守精神、对社会责任担当意识、辩证思考问题能力、“洞见”式分析推理能力、批判性思考能力等。

在“课程思政”建设过程中，教师要立足课程自身的特点，把深藏于知识表层符号、结构之下的人文精神与价值意义发掘出来，在对知识的解释中、对世界的描述中，将内含的精神和价值外化为教学实践，内化为学生的精神涵养和价值追求，实现价值引领、知识教育、能力培养的有机统一。

二、挖掘思政元素：教师只有真正领悟思政元素所含价值精髓，才能成功建设“课程思政”

在推进“课程思政”建设的过程中，要着力促进思想政治教育内容和专业知识密切结合，避免两者形成“两张皮”。一方面，各门课程的教师要对“课程思政”建设高度认可、形成共识，积极自觉地投入“课程思政”中；另一方面，教师要对课程中的思想政治教育内容加深理解，避免生搬硬套、生硬灌输。因此，要让思政元素与课程内容有机融合，就需要教师深入挖掘和领悟思政元素背后所蕴含的价值精髓。

在数据科学思维与大数据智能分析技术课程中，数据科学研究的非独立同分布关系是很好的思政元素。现有理论和商业系统大都假设数据是独立同分布的（IID），而大数据或复杂数据本质上却是非独立同分布的（non-IID），即一个对象的属性和行为，或多或少地会影响另一个对象，比如推荐系统中用户之间存在的夫妻关系、父子关系等都会对推荐商品产生一定程度的影响，因此需要纳入评分公式以提升推荐质量。非独立同分布中存在耦合关系，即共现关系、近邻关系、依赖关系、链接关系、相关关系或因果关系等，也正是世界各国关系的真实反映，与习近平总书记提出的“人类命运共同体”理念也有着很多内在的契合性和外在的协同性。一个国家是不能独立于世界之外的，只有各国彼此之间相互理解、互相尊重，才能合作共赢。

以2020年初武汉新冠肺炎疫情防控为例，我国政府采取了一系列措施阻止疫情向国外扩散，其目的就是要杜绝病毒的“输入和输出”，力争实现“武汉胜则湖北胜，湖北胜则中国胜”，通过一系列科学有效的措施，终于控制住了病毒的蔓延。目前，这场无硝烟的疫情之战已经取得了阶段性胜利，我国为保护全世界人民生命健康安全贡献了中国力量和中国智慧，其背后遵循的正是“人类命运共同体”思想。教师只有真正领悟思政元素所含价值精髓，才能成功建设“课程思政”。

三、重塑数据科学思维体系：从“心”“脑”“体”三方面科学构建，实现知识传授与价值引领的有机结合

思维是一个过程，也是一个体系。本课程从思政元素“心”“脑”“体”三个方面进行科学建构，以重塑数据科学思维。

第一，重塑思维体系之“心”。数据科学思维之“心”引导思维的方向，反映家国情怀、社会责任、伦理道德等，表现出持之以恒的坚守精神和永无止境的奋斗精神。例如，深度学习是大数据智能分析技术的核心，作为深度学习之父的杰夫·辛顿由于疾病困扰已经很长时间不能坐下了，每天只能站着工作和学习，但这恰是辛顿决心的写照。几十年来，从“感知机”诞生，到明斯基提出单层神经网络无法求解“异或”问题，到辛顿提出可解“异或”问题的多层神经网络，再到辛顿将深度网络成功应用于图像和语音识别，深度学习的发展可谓是历尽坎坷。在人工神经网络几十年的发展历程中，辛顿历尽艰辛依然坚持，体现出他对信仰的坚守精神。数据科学思维与大数据智能分析技术课程把这种持之以恒的坚守精神延展到课堂教学和现实生活中，强调青年学生应对真理保持执着追求，不要让信念的坚守被噪音淹没。再如，新冠肺炎疫情发生以来，在以习近平同志为核心的党中央统一领导、统一指挥下，各地各部门各司其职、协调联动，紧急行动、全力奋战，彰显出中国特色社会主义制度集中力量办大事的巨大优势。在“课程思政”建设中，要引领青年学生深刻认识我国的制度优势，并把科学精神、社会责任、伦理道德等有机融入课程内容，引导学生明白要为谁学习、为谁建设、为谁贡献力量。

第二，重塑思维体系之“脑”。数据科学思维之“脑”是对思维本质的认知，体现价值观和理想信念。思维类型包括辩证思维、创新思维、批判性思维、关联思维等。数据科学思维与大数据智能分析技术课程在引导学生认知数据科学思维本质时，将育人理念贯穿始终，力求从思政元素的角度延展思维的内涵。以辩证思维为例，在数据科学中，数据本身是客观的，但研究数据科学的人具有主观性，因此，通过数据产品展现出的数据力量就凸显出了正、负两种特征。大数据蕴含规律，对其挖掘可以获取价值，这是其正面力量。但是，大数据也存在“偏见”，在研发数据产品时，研究者的主观性会自然融入产品中，从而使得产品具有了“偏见”，这是其负面力量。因此，对数据进行辩证思考就显得尤为重要。通过延展数据科学的辩证思维方法，让学生懂得知识和技术本身具有两面性，所谓绝对的“客观、中立与价值无涉”在现实中是不存在的。实际上，每一门学科的发展都反映着勇于追求真理的探索精神，每一个科学发现都反映着敢于质疑权威的创新精神，每一项技术发明都反映着推动社会发展进步的责任意识。为实现中华民族伟大复兴，“课程思政”要坚持把社会主义核心价值观与课程知识相统一，引导学生们历史、辩证、唯物地研究问题。

第三，重塑思维体系之“体”。数据科学思维之“体”指的是思维所采取的行动，主要通过“分析的洞见”进行原理捕捉，以“可交付的洞见”的数据产品形式来呈现。数据科学中的洞见（即数据洞见），以两种形式呈现：分析的洞见和可交付的洞见。分析的洞见提供了适当的观点来有效地捕捉反映于数据世界中的根本机制、动态、原理与驱动因素。形成分析的洞见，必须结合和利用社会复杂性、环境复杂性、行为复杂性等。“可交付的洞见”是指对业务问题中的内在的、根本的、真实的和完整的机制、动态、原理和驱动力的深刻理解和适当表达，并被反映在所获得的数据交付物中。在数据科学中最有价值和最困难的事情是从数据中形成洞见，并在数据科学交付物中反映出这些洞见，即形成可交付的洞见。比如，阿里达摩院2020年研发的新冠肺炎全基因组检测分析技术，可将原本数小时的疑似病例基因分析时间缩短至半小时，其效率提升主要受益于将确定的核酸检测转变为对不确定的变异病毒进行全基因组序列分析比对的方法，诠释了通过洞见将具有行为复杂性的病毒数据转化为治病救人知识和智慧的科学实践过程。因此，数据科学思维与大数据智能分析技术课程围绕培养什么人、怎样培养人、为谁培养人这一根本问题，力求将数据科学思维的实践方法拓展到宏观层面，让学生深刻领悟，在实现两个一百年奋斗目标、实现中华民族伟大复兴的中国梦的进程中，习近平新时代中国特色社会主义思想正是彰显中国智慧最深刻的洞见所在。

四、实施“润物无声”教学方法：在化育无形的过程中增强思想政治教育实效

2019年8月，中共中央办公厅、国务院办公厅印发《关于深化新时代学校思想政治理论课改革创新的若干意见》，要求“深度挖掘高校各学科门类专业课程和中小学语文、历史、地理、体育、艺术等所有课程蕴含的思想政治教育资源，解决好各类课程与思政课相互配合的问题，发挥所有课程育人功能，构建全面覆盖、类型丰富、层次递进、相互支撑的课程体系，使各类课程与思政课同向同行，形成协同效应。建成一批课程思政示范高校，推出一批课程思政示范课程，选出一批课程思政教学名师和团队，建设一批高校课程思政教学研究示范中心”。

“课程思政”要努力实现知识传授与价值引领的有机结合。因此，融入思政元素的专业课，在授课方法上要采用一种精细的、浸润式的隐性教育，而不是粗放的、漫灌式的显性教育。在这一过程中，要坚守“一棵树摇动另一棵树，一朵云推动另一朵云，一个灵魂唤醒另一个灵魂”的教育情怀，以情动人、以理服人，以对教育的热爱和对学生的关爱拉近与学生之间的情感距离，在润物无声、化育无形的过程中增强思想政治教育实效。

为让学生在形成数据科学思维精神和研究态度的同时，成为“价值理性视野下人格健全、品行端正的‘自由人’”，数据科学思维与大数据智能分析技术课程创新性地设置了批判性思考翻转课堂小组讨论环节，鼓励学生以“批判性思考”的方式阐述自己的观点。所谓批判性思考，是指通过信息和批判来进行合理判断。批判应该是有根据的、有充分理由的、有充分判断的，是建立在对信息的详细分析、评估和评价的基础之上的。比如，在大数据和人工智能时代，“相关关系”和“因果关系”二者孰轻孰重，能

否彼此兼顾，是一个颇具争议性的话题，尤其是如果让机器具有人类思维能力，因果关系推断就更是必不可少的，但数据科学和统计学不强调对因果关系的研究，在一定程度上限制了“思维机器”顺利发展。为此，在翻转课堂上以“大数据的相关与因果”作为辩论主题，让学生进行批判性分组讨论，有效培养了学生的反思能力，在润物无声、化育无形的过程中增强“课程思政”的实效。

本文原载于《中国高等教育》2020年第8期。

高校专业课“课程思政”改革的要点

马廉洁　周立斌

摘要：在高校，要想使专业课“课程思政”改革顺利进行，除了需要各专业课教师自身不断探索和总结外，还需要把握住要点。本文结合东北大学秦皇岛分校“课程思政”改革的实际，对高校专业课如何把握住要点，落实和改进“课程思政”进行了初步的理论探索和实践经验的总结，以期能对其他高校在这方面的改革起到一定的推进作用。

关键词：专业课；课程思政；要点

在教育部印发的《关于加快建设高水平本科教育全面提高人才培养能力的意见》（“新时代高教40条”）中，提出了高水平本科教育的总体目标。“课程思政”在“新时代高教40条”中被重点提及（第三部分第9条），即包括把立德树人的成效作为检验学校一切工作的根本标准，把社会主义核心价值观教育融入教育教学全过程、各环节。高校根据不同专业人才培养特点和专业能力素质要求，科学合理设计思想政治教育内容。同时，强化每一位教师的立德树人意识，在每一门课程中有机融入思想政治教育元素，推出一批育人效果显著的精品专业课程，打造一些“课程思政”示范课堂，推选一批“课程思政”优秀教师。在高校，“课程思政”的目的及其功能的发挥主要靠专业课的“课程思政”这一渠道来实现。然而，要想使专业课“课程思政”的渠道通畅，除了需要各专业课教师自身不断探索和总结外，还需要把握住要点。本文从专业课“课程思政”建设的理论出发，结合东北大学秦皇岛分校各专业课“课程思政”的实践，对专业课“课程思政”的要点进行了初步探索。

一、找准突破口，探索自己独特的道路

2018年6月21日，时任教育部部长陈宝生在四川成都召开的新时代全国高等学校本科教育工作会议上，特别强调指出：高校要把“课程思政”提升到中国特色高等教育制度层面来认识，明确所有课程的育人要素和责任，“要在构建全员、全过程、全方位‘三全育人’大格局过程中，推动全面加强课程思政建设”。由此，高校“课程思政”改革正式启动，建设全面展开。高校“课程思政”的改革与建设如何搞？怎样才能取得真正的实效？对任何高校来说，都是全新的探索课题。解答这些课题，既没有现成的模式

可借鉴，也没有权威的人士来指导，因此，只能靠自身大胆尝试，不断摸索，及时总结。东北大学秦皇岛分校通过举办一系列“课程思政”研讨会，从而找准了突破口，探索出了自己独特的专业课“课程思政”建设道路。这种研讨会的形式很特别：由从事“课程思政”改革的骨干教师牵头，学校党委部门、教学部门、宣传部门等大力配合，从事专业课“课程思政”的教师自愿参加。

目前，学校的“课程思政”研讨会已经召开了五次。这种“课程思政”研讨会，是教师自发组织，并无行政上的要求，所以参会教师都能畅所欲言，把自己从事“课程思政”的经验、想法和思路在研讨会上进行交流。通过这几次研讨会，我们收到了如下三份成果。

第一，解决了专业课“课程思政”建设的几个关键问题。专业课“课程思政”为什么搞？怎样搞？搞的效果和意义是什么？等等。这些关键问题不解决，专业课“课程思政”建设没法进行。通过这几次研讨会，在几位骨干教师的带动下，这几个关键问题得以顺利解决，不仅为东北大学秦皇岛分校专业课的“课程思政”建设找到了突破口，而且为校党委进行全校的“课程思政”的战略设计提供了一定的思路、经验和实践基础。

第二，坚定了广大教师从事专业课“课程思政”建设的信心和决心。通过一系列的“课程思政”研讨会，不仅打消了一些教师从事“课程思政”改革的畏难情绪和思想顾虑，也使各个学院的院长和书记深受启发，坚定了“课程思政”改革的信心和决心。

第三，涌现出了专业课“课程思政”的探索者。在一系列的“课程思政”研讨会上，先后涌现出了一些专业课“课程思政”的探索者。这些探索者的经验和成果在学校宣传部门、教务部门等大力协助下，得到了宣传和推广，一些成功的做法得到了学校各相关部门的肯定。

二、正本清源，示范导向

专业课“课程思政”建设的突破口一旦被找到，学校领导就能够顺势而为，沿着突破口不断扩大战果。然而，要想使专业课的“课程思政”建设不至于跑偏，学校领导还要以培训、示范课等方式进行正本清源和示范导向。如何正本清源，使从事专业课“课程思政”的教师在讲课中不跑偏，不迷失方向，在调动起专业课教师从事“课程思政”的积极性后，这是学校领导必须考虑和解决的关键问题之一。

第一，通过外出学习求取专业课“课程思政”建设的“真经”。专业课“课程思政”建设展开最早和最成功的是上海几所有名的高校。这些高校对专业课“课程思政”建设都有一套成功的经验和做法，尤其是上海大学的经验最为典型。东北大学秦皇岛分校党委认识到：要想搞好专业课的“课程思政”，光学校教师自己探索和进行研讨还不够，还必须学习别人的先进做法和成功经验，这样才能拓宽思路，求取“真经”，从而推进学校自身的“课程思政”改革。为此，学校选派“课程思政”骨干教师赴上海大学学习他们的“课程思政”成功经验和先进做法，并在随后的“课程思政”研讨会上就各自的心得体会展开了交流。通过选派“课程思政”骨干教师赴上海大学学习以及随后的交流，极大地开阔了学校从事“课程思政”的思路，增强了这些教师从事“课程思政”的决心和信心，同时澄清了专业课“课程思政”的三个“不是”：不是新开一门课。专业课“课程思政”建设不是新开一门思政课，而是要在每一门课程中，尤其是专业课程中有机融入思想政治教育元素。不是在专业课中讲思政知识。在专业课“课程思政”的课堂中，要以专业知识为载体，把蕴含在其中的思政或德育元素提炼出来并在课堂中以案例、故事等生动活泼的形式阐释出来，不是大张旗鼓、旗帜鲜明地宣讲思政知识或原理。不是系统化、专门化的思政教育。思政教育的主阵地还是高校的思政课堂。高校的思政课堂是思政教育的主阵地，是学生接受系统化、专门化思政教育的渠道和场所。而专业课的“课程思政”是辅助阵地，潜移默化、润物无声等方式的思政教育是隐形的、片段式的。

第二，通过外出培训，学习专业课“课程思政”建设的方法、做法等。专业课“课程思政”建设是一项全员工程，只靠“课程思政”骨干教师到外地参观学习显然是不够的，必须设法让每一位专业课教师都有机会参与全国“课程思政”专家的讲座和培训才行。东北大学秦皇岛分校鼓励从事“课程思政”的各类教师，尤其专业课教师参加全国或各省的“课程思政”培训。通过培训，专业课“课程思政”的教师都有这样或那样的收获，不但对专业课开展“课程思政”的意义、作用等有了新的认识和更深的理解，而且学习到了许多专业课开展“课程思政”的方式、方法等，同时通过对照一些院校专业课“课程思政”的成功做法，认识到自己在专业课上进行“课程思政”的不当之处。

第三，通过校内培训，纠正专业课“课程思政”建设的一些不当做法。无论是派“课程思政”骨干教师到外地参观学习，还是派专业课教师到外地参加培训，都是间接学习，且缺乏对专业课教师在课堂上进行“课程思政”教学有针对性的指导。东北大学秦皇岛分校以在前期涌现出来的“课程思政”骨干教师为校内专家，指派他们与各个学院“结对子”，有针对性地指导各个学院，特别是从事“课程思政”的专业课教师，纠正从事“课程思政”的专业课教师在“课程思政”建设中的不当做法。

三、融合交流，以协同盘活资源

如果说，通过专业课“课程思政”示范课的立项活动，使高校专业课的“课程思政”建设真正破土动工，那么，下面的问题就是如何调动各方面的资源和积极性，使高校专业课“课程思政”这座“大厦”更快更好地建好。然而，对于我国绝大多数高校来说，尤其是理工院校，这个问题不太好解决，主要由于存在着人才资源的瓶颈。

在我国理工院校，由于长期以来偏重理工专业的发展，导致人文专业和思政课在人员数量、经费使用、设施建设等方面长期投入不足、关注度不够。

其实，早在有关高校思政课的“05方案”（《〈中共中央宣传部教育部关于进一步加强和改进高等学校思想政治理论课的意见〉实施方案》）中就指出，“从总体上看，思想政治理论课教师队伍的状况，还不能很好地适应新形势新任务的需要。特别是一些学校不同程度地存在对思想政治理论课认识不足、重视不够的情况；教师队伍整体素质有待提高，数量不足，优秀中青年学术带头人缺乏”，并要求高校培育一支优秀的思政课师资队伍，补齐、配齐中小班上课所需要的思政人员的数量。但迄今为止，各高校思政课大班上课还很普遍，理工院校更是如此。

高校思政人员数量不足，直接导致高校思政课授课放养散养的现象比较普遍，思政课的质量也就很难得到显著提高。如果作为主渠道的思政课的教学质量都保证不了，“课程思政”的辅渠道又如何能畅通并取得实效？

东北大学秦皇岛分校在专业课的“课程思政”建设中解决这一问题的思路：首先，各个学院主动举办双向融合的“课程思政”研讨会，为双向融合创造条件，为“课程思政”改革制造突破口。其次，各个学院把打造跨专业、跨领域的“课程思政”精英团队作为突破口，通过“课程思政”精英团队典型的课程示范带动全院的“课程思政”改革。再次，学校从政策上鼓励“课程思政”精英团队孕育出的苗子独立建设自己的团队，从而把学校的“课程思政”改革从整体上带动起来，最终实现全员、全程、全方位育人。

四、各类课程“课程思政”实施的思路与对策

高校各个学院在进行各类课程的“课程思政”建设中，除了要理顺好上述关系外，还必须明确各类课程“课程思政”建设的思路，制定好相应的对策。

（一）高校专业课“课程思政”建设的思路

俗话说得好，思路决定出路。专业课“课程思政”建设要想寻求出路，必须明确思路。那么，专业课“课程思政”建设的思路又如何确定呢？下面是我们结合东北大学秦皇岛分校主要专业的实际，确定的各类专业课“课程思政”建设的思路。

1. 工程技术类专业“课程思政”建设的思路

工程技术类专业课程要突出培育求真务实、精益求精、实践创新的精神，培养学生踏实严谨、耐心专注、吃苦耐劳、追求卓越等优秀品质。在教学中挖掘专业课涉及的职业伦理、环境伦理等问题，延展分析科学技术对社会、对自然、对人的影响，增强学生的人与自然环境和谐共生意识。

2. 数学类专业“课程思政”建设的思路

数学类专业课程要突出培育学生的科学精神、探索精神、创新精神和爱国情怀，注重把习近平总书记提倡的历史思维、辩证思维、创新思维等“五大思维”融入专业课教学中。在传授数学知识的过程中渗透理想信念教育，引导学生把专业课的学习与中国梦结合起来，承担起人类共同发展进步的历史责任。

3. 经济管理类专业“课程思政”建设的思路

经济管理类专业课程要突出培育学生的国际经济管理视野、国家情怀、公共意识和创新精神，引导学生增强国家意识和“四个自信”，明确经济和管理体制的选择与国情的关系，熟悉中国经济的运行与改革实践。

4. 语言类专业“课程思政”建设的思路

语言类课程要突出培育学生的爱国精神、敬业精神、专业精神，注重将语言教学与思政育人紧密结合，引导学生从全球视野看待中国发展与中华文化，以增强学生的价值认同与文化自信，从而拓展国际视野，坚定中国立场。

（二）高校通识课“课程思政”建设的思路

在东北大学秦皇岛分校通识课的“课程思政”实践中，坚持按“课程思政”建设的规律办事，贯彻通识课“课程思政”的理念和原则，精心策划，加强管理，巧妙引导，打造独具本校特色的通识课的“课程思政”。

1. 按通识课和“课程思政”建设的规律办事

规律既然是客观事物的本质联系，那么，就要求我们从本质和本质之间的联系出发去考虑事情和做事情。东北大学秦皇岛分校在通识课“课程思政”建设中，既遵循通识课建设的规律，又遵循“课程思政”建设的规律。

第一，遵循学生成长规律，满足学生的成长需要。高校在通识课“课程思政”建设中，要以满足学生的成长需求为主，而不是从教育者单纯的主观愿望出发，不是从标新立异出发。例如，东北大学秦皇岛分校开设的中华优秀传统文化通识课，坚持不灌输心灵鸡汤、不曲解经典文本等原则，既立足于原汁原味的经典文本，又结合近当代中国文化发展的实际和大学生的要求，有策略有步骤地展开。

第二，遵循通识课建设的规律，鼓励学生跨学科、跨专业自由选课。与专业课的主要教学目的不同，通识课的教学目的不以学生掌握知识为主，而是以培养学生的融会贯通能力和领悟能力为主，因此，应鼓励学生结合自己实际，跨学科、跨专业自由选课。

第三，遵循思想政治工作和教书育人规律，把显性教育与隐性教育相结合。遵循“课程思政”建设中的思想政治工作规律，在通识课“课程思政”的实践中，把显性教育与隐性教育相结合。

2. 贯彻通识课“课程思政”的融合性理念

理念是高校“课程思政”建设的灵魂，贯穿高校“课程思政”建设的始终和各个方面。那么，在高校通识课的“课程思政”建设中，遵循的理念应该是什么呢?

我们认为，融合性理念，应该是高校通识课“课程思政”建设遵循的主要理念。因为这种理念既符合通识课“课程思政”建设的规律和原则，又贯穿高校通识课“课程思政”建设的始终和各个方面。

在东北大学秦皇岛分校的通识课“课程思政”示范课中，充分贯彻融合性理念，许多课程都进行了融合性的教师团队建设，使课堂有一种令人耳目一新的感觉。

第一，双向融合的课堂别开生面。以开设的“全球化的进与退”主题为例，在这一主题下，通信专业课教师和思政专业课教师同台上课，互相引导下阶段的教学内容，教学过程异彩纷呈，这样的课深受学生喜爱。

第二，双向融合的教学提升教师的“课程思政”能力。在东北大学秦皇岛分校的中华优秀传统文化通识课上，由于融汇了不同专业课的教师，不仅使课堂本身新颖，而且通过上这种通识课，专业课教师本身也得到了“课程思政”的培训与学习，使他们从事专业课“课程思政”的意愿增强、能力提高，更有决心。

第三，能取得优势互补效果。贯彻融合性理念，使专业课教师、专门的思政课教师、专门的通识课教师等，在通识课的“课程思政”教学中可以取长补短，优势互补。在东北大学秦皇岛分校为研究生开设的工程伦理通识课，就取得了优势互补的明显效果，无论是教学的吸引力，还是教学的效果，都是倍增的。在工程伦理通识课上，思政课教师作为主导，引导专业课教师结合本专业讲“课程思政”，思政课教师巧妙、灵活、因势利导地进行思政点题、破题，不但达到了优势互补的效果，而且是一种真正的思政教育融合性创新。

五、高校“课程思政”建设的对策

对策就是办法或策略。在人们做事情的时候，总会出现各种各样的问题或困难。针对这些问题或困难，人们总是要发挥主动性，想出各种办法或策略来解决这些问题或困难。在高校“课程思政”建设中，也会出现各种各样的问题和困难，对于这些问题和困难，实施者和决策者总要想出办法或策略来解决它们。那么，在高校“课程思政”建设中，都会出现哪些问题呢？又该如何解决这些问题呢？在东北大学秦皇岛分校“课程思政”建设中我们发现的问题有如下三点。

第一，人才问题。在高校“课程思政”建设中，人才的缺乏是最主要的问题。对于任何一个高校来说，“课程思政”建设都是前所未有的挑战。这种挑战不仅是观念上、思维方式上、制度上的，更是人才上的。与高校的其他建设不同，要想搞好“课程思政”建设，必须有这样一种复合型人才：既懂得思政工作的内容和规律，又懂得一些专业课知识；既教学经验丰富又有深厚的教育学知识，尤其是思政教育理论知识；既有“课程思政”的战略设计能力又具有政策和策略的执行能力。如果没有这种复合型人才，高校“课程思政”就很难真正建设全面，各项政策很难贯彻落实下去。

第二，教学团队组建问题。要想保证高校“课程思政”与思政课同向同行，必须组建跨专业、跨领域的专业课“课程思政”团队，这种团队有专业的思政课教师参加才算完整。但这样的教学团队由谁组建，如何组建，组建后如何进行备课、授课，教学绩效如何计算等，都存在着各种各样的问题和困难。

第三，教师从事“课程思政”的意愿、能力等问题。人的习惯性思维很难改变。对于一般专业课教师，如计算机、材料科学等专业课教师，让他们把思政课的内容融入他们的讲课中，甚至以思政的角度对待他们教的专业课，他们会认为是无稽之谈，甚至是不可理喻。这是正常的事情，也是意料之中的事情。想要让普通的专业课教师转变想法和落实思政任务，无异于赶鸭子上架。因此，他们的不理解和抵触情绪一定很大。其实，在各专业领域，真正的大家或大师都能认识到科技的人文价值、科学的无国界和科学家的有国界、工程的伦理责任、技术的人文关怀，等等，这些都是专业领域的思政价值。因此，在专业课的“课程思政”建设中，必须激发起专业课教师从事“课程思政”

的意愿，提升他们从事“课程思政”所需要的各种能力。

参考文献

［1］肖慧．高校辅导员与思政课教师协同育人的实践与思考［J］．学校党建与思政教育，2015（21）：70-71，77．

［2］肖香龙，朱珠．“大思政”格局下课程思政的探索与实践［J］．思想理论教育导刊，2018（10）：133-135．

［3］闫玉，黄佳．协同效应下高校思想政治教育联动模式［J］．思想理论教育导刊，2018（7）：135-138．

［4］胡绪明．高校思政课教师与辅导员协同育人的功能定位及实施对策［J］．学术论坛，2018，41（4）：174-180．

［5］李朋波．高校专业课与思政课实现融合的路径研究［J］．教育现代化，2019，6（70）：275-278．

［6］夏建国．办好高校思政课重在协同效应［N］．中国教育报，2019-4-1（5）．

［7］韩靖雯．深度协同方能画好同心圆［N］．中国教育报，2019-5-21（6）．

［8］陈松川．大学专业课课程思政建设的特色、创新与成效探析［J］．教育现代化，2019，6（82）：319-320．

本文原载于《教育现代化》2020年第29期。

习近平新时代中国特色社会主义思想融入公共经济学“课程思政”的思考

王作宝

摘要：公共经济学作为研究公共部门经济行为及规律的课程，具有的鲜明的公共属性和强烈的现实关怀，决定了其也能够在课程教学中融入习近平新时代中国特色社会主义思想。公共经济学课程思政可以通过公共选择理论的分析，帮助学生充分认识“社会主义协商民主是中国特色社会主义民主政治的特有形式和独特优势”，通过公共物品理论的分析，帮助学生正确理解保障民生要做到“既尽力而为，又量力而行”，通过宏观调控理论的分析，帮助学生科学把握“使市场在资源配置中起决定性作用，更好发挥政府作用”。

关键词：习近平新时代中国特色社会主义思想；公共经济学；课程思政

高等学校肩负着培养社会主义合格建设者和可靠接班人的光荣使命，应该把习近平新时代中国特色社会主义思想融入立德树人全过程，这是思政课和思政课教师乃至每一位高校教师的任务与使命。正如习近平总书记在学校思想政治理论课教师座谈会上的重要讲话中要求的，“要坚持显性教育和隐性教育相统一，挖掘其他课程和教学方式中蕴含的思想政治教育资源，实现全员全程全方位育人。”[1] 事实上，作为贯穿辩证唯物主义和历史唯物主义立场、观点、方法的认识论和方法论，习近平新时代中国特色社会主义思想在任何一门课程教学中都具有不可替代的指导价值和科学意义。

公共经济学是一门以经济人假设为基础，探讨公共部门经济行为及其规律，尤其是政府为什么及如何干预经济生活的经济科学，关注的主要是现实的公共问题。鲜明的公共属性与强烈的现实关怀决定了能够在公共经济学课程教学中融入习近平新时代中国特色社会主义思想，并将其宣传好、研究好、阐释好，帮助学生充分认识习近平新时代中国特色社会主义思想的真理性和科学性，做到内化于心，外化于行，扣好人生“第一粒扣子”。

结合公共经济学教学实践，可以从以下三个方面将习近平新时代中国特色社会主义思想融入课程教学，探索公共经济学课程思政的可行路径。

一、充分认识“社会主义协商民主是我国社会主义民主政治的特有形式和独特优势”

长期以来，一些反华势力在高校推销西方价值观，宣扬西式民主与自由，并将其视作评价政治是否民主、制度是否先进的唯一标准，在一定程度上影响着大学生的价值选择，导致部分大学生对西式民主产生了盲目的、非理性的崇拜，某种程度上动摇了大学生对国家、民族和文化的认同[2]。习近平总书记指出，“思政课与国家意识形态安全密切相关，与国家和民族的前途命运密切相关。”这是对高校所有课程的期许与要求。实际上，通过公共经济学的理论分析，可以有效地揭露西式民主的缺陷。

（一）西式民主“多数决”原则可能导致“多数人暴政”

“多数决”是民主决策的一种机制，这种机制虽然能够实现多数人的权利，但却可能导致“多数人暴政”，即多数人借助民主制度工具性的一面，以集体的力量去压制少数人的正当利益[3]。例如，雅各宾派的恐怖政策、美国的奴隶制、希特勒上台及屠杀犹太人都是经过了所谓的民主投票。并且，这种暴政由于披上了“多数决”的民主外衣而变得合法。正如托克维尔在《论美国的民主》中所写到的，“当这个权力的面前没有任何障碍可以阻止它前进和使它延迟前进时，自由就要遭到破坏。”[4]可见，民主是一种决策机制，能否发挥好其在整合民意方面的作用，取决于在何种程度上、以何种形式运用民主机制。对此，中国共产党探索建立了民主集中制，创造性地在看似互相矛盾的“民主”和“集中”这两种决策机制间实现了“互相加成”，较好地发挥了汇聚民意、科学决策的作用。

（二）西式民主会出现“投票交易”现象

根据公共选择理论，投票中可能会出现“投票悖论”“循环投票”等无法进行有效决策的现象。此时，为了实现各自的利益，就可能出现互投赞成票的投票交易行为。这种情况下，参与投票交易的各方的利益得到保障，而没有参与投票交易的则要承担损失。例如，在西式选举中，经常会出现单个政党无法获得足够支持不能单独组阁或方案不能获得通过的现象。此时，该政党为了得到其他党派的支持，获得组阁的机会，就会与其他党派进行投票交易，通过向这些党派许诺一些职位或支持他们的方案，换得这些党派对本党提名的候选人或议案的支持。至于这一候选人是否真的称职，这一方案是否真的利国利民，则并不在进行交易的各党派的考虑范围之内。一旦党派利益得不到满足，便会“愤而退出”联盟，他们不管这种“退群”是否会导致称职的人下台，或于国有利的方案流产。可以说，这完全是罔顾社会公益，以“国家公器”交换“政党私利”的行为。然而，可笑的是，这种本应上不了台面、见不得阳光的交易却因为有了“民主”的“加持”变得“正大光明”“大行其道”。

（三）西式民主下的恶性竞争会造成政策“短视”

按照公共选择理论，西式民主实际上是候选人以其政策方案交换选民的选票。双方都是理性的经济人，遵从市场规则进行交易。交易能否达成的关键在于候选人提供的

“政策商品”能否打动选民，使其愿意支付自己的“选票货币”。在这种模式下，候选人为了销售自己的“政策商品”，会不断“加码”承诺，拼命地讨好选民，无论这种承诺是否可行、是否有利于经济社会健康可持续发展；选民则希望利用自己掌握的有限的“选票货币”换得最多的利益。无论政党、政客还是选民关心的都只是自身的而非国家的、短期的而非长远的利益，最终演变成政党间恶性竞争，政策“短视”。例如，面对人口老龄化的压力，即便认识到了现行养老保险制度的不可持续，个体也不愿意降低自己的待遇水平，导致西方国家的政党不愿意触碰这一议题，即便尝试进行改革也会遭遇抗议。最终的结果就是试图改革社会福利的政党下台，讨好选民的政党上台。政党轮换如“走马灯”，政策制定如“过家家”，完全失去了“选贤任能，唯才是举”和“国之大事，不可不察”应有的严肃与担当，更遑论制定和实施放眼长远的政策。

中国的社会主义协商民主是在中国共产党领导下，人民内部各方面围绕改革发展稳定重大问题和涉及群众切身利益的实际问题，在决策之前和决策实施之中开展广泛协商，努力形成共识的重要民主形式。“是我国社会主义民主政治的特有形式和独特优势”[5]，既能够广泛汇聚社会公众的意见，又避免了忽略甚至侵害少数人利益；既能够选拔出合格的公职人员，又避免了投票交易、恶性竞争；既考虑到不同主体的个人利益，又整合了全社会的共同利益；既能保障眼前利益，又不会损害长远利益。完全避免了西式民主多数人暴政、投票交易、恶性竞争与政策短视的问题，具有无比的优越性，真正做到了习近平总书记要求的“一张蓝图绘到底”“一茬接着一茬干”。

二、正确理解保障民生要做到“既尽力而为，又量力而行”

习近平总书记指出，人民对美好生活的向往，就是我们的奋斗目标，强调要针对群众最关心、最直接、最现实的利益问题，统筹做好教育、就业、收入分配、社会保障、医疗卫生等方面的工作，让群众得到实惠[6]。近些年，中国持续加大民生投入力度，社会保障、各类公共服务水平得到了极大提升。然而，一些大学生还存在脱离实际、盲目羡慕国外所谓的高福利生活的错误认识。对此，可以基于公共物品理论加以解释和宣导。

（一）政府负有提供公共物品或服务的责任

就纯公共物品而言，其效用的不可分割性、消费的非竞争性和非排他性决定了无法采用市场交易方式进行提供，如国防、治安、环保等，只能由政府提供。每一位社会成员并不直接支付公共物品的成本，而是通过缴纳税费的形式来承担。就准公共物品而言，主要包括具有利益外溢性的产品和拥挤性公共产品。根据公共物品理论，具有利益外溢性的产品如教育、医疗卫生服务等，由于具有正外部性，使得社会边际收益大于私人边际收益。然而，作为“经济人”的个体在做出消费行为选择时，考虑的是个体的而非社会的成本与收益。此时，如果政府不进行补贴，每一个社会成员基于私人边际收益和私人边际成本的比较所做出的消费选择会少于社会最优消费量，社会消费不能达到最优规模，存在社会福利损失。因而，政府应该承担供给准公共产品的部分责任，而不应完全由个人承担成本。

（二）准公共产品的供给不应完全由政府负担

首先，准公共产品之所以不是纯公共产品，原因在于其具有效用的可分割性，以及消费的部分竞争性和部分排他性。实际消费这一产品的个体确实从其消费行为中获益了，并且这种获益是可以测量、分割的。按照谁受益谁负担的原则，理应由个人承担一部分成本，否则如果以公共财政来承担，对于那些没有消费这些产品却纳税的社会成员是不公的。

其次，准公共产品如果完全由政府免费供给会导致消费过剩。以拥挤性公共产品如桥梁、收费公路为例，如果完全由政府免费提供，经济理性会驱使每个人选择消费，结果是全社会消费量超过通过能力线，产生拥挤成本。全社会消费这一产品的边际成本大于边际收益，造成社会福利损失。再如，利益外溢性产品，存在着一个社会最优消费量，超过这一规模，社会从消费这一产品中获得的边际收益低于边际成本，同样会损害全社会福利。

对于所谓的西方福利国家，有一些学生有不切实际和非理性的羡慕与推崇。然而，事实上这些国家面临的福利陷阱已经成为影响社会进步与经济发展的巨大负担，成为西方社会一个严重的社会问题，并为一些有远见的学者所担忧。以法国为例，为了维持福利水平（为了选票，任一政党都不愿也不能降低福利水平），法国政府被迫大规模举债，财政赤字占GDP的比重在2011年一度达到5.2%，远超欧盟规定的3%，给经济社会发展和财政收支稳定埋下了巨大隐患。

正如习近平总书记指出的，民生工作要做到“既尽力而为，又量力而行”[7]，既要不断加大对民生保障的投入，提供更多更高质量的公共物品和公共服务，不断满足人民群众对美好生活的需求，又要立足经济社会发展实际，充分平衡个人福利与社会福利、当代人利益与后代人利益，提供符合当前发展阶段的公共产品和服务，避免过度福利导致的不可持续问题。

三、把握“使市场在资源配置中起决定性作用，更好发挥政府作用”

习近平总书记在中共十九大报告中提出“要使市场在资源配置中起决定性作用，更好发挥政府作用”[5]。这是在充分认识与科学把握当前中国经济社会发展特征和任务的基础上提出的科学论断，对于更好发挥政府的宏观调控作用，实现经济高质量发展、可持续发展具有重要的指导意义。从公共经济学中同样可以找到对这一科学论断的解释与支撑。

（一）市场机制是配置资源最有效率的方式

在市场上，各类市场主体作为理性的“经济人”会根据自己的收益与成本做出选择，各类资源要素会流向利润回报高的行业领域，消费者会选择消费质优价廉的商品或服务，最终达成资源的最有效配置。然而，如果存在行业垄断、地方保护、进入壁垒，生产与消费行为就会被非市场因素所限制，消费者不得不高价购买劣质产品，部分企业无法进入有市场需求的领域，最终是劣币驱逐良币。在垄断保护、地方保护下的资源享受着特殊保护带来的高额利润，却降低了资源配置效率，损害了全社会的福利。

（二）市场并不是万能的

完全由市场来配置资源会出现“市场失灵”问题，如负外部性的存在使得企业罔顾污染给社会福利造成的损失而扩大产量，超过社会最优产量；收入差距拉大造成内需不足、社会不公；面对国际贸易环境变化和经济下行压力，单个企业难以应付；医疗卫生行业存在的严重信息不对称造成药品价格过高等。这些都是在市场机制发挥作用的过程中出现的失灵问题，单单依靠市场机制是无法克服的。因此，需要政府更好发挥作用加以调控。

（三）政府应该利用市场机制进行宏观调控

根据公共经济学理论体系，政府对经济的调控应该是在尊重市场规则的基础上，利用市场机制进行调控，而不应以行政手段取代市场规则。例如，通过税收政策调控市场主体的预期与生产消费行为，通过财政收支调控社会总供给或总需求，以期实现供求平衡。否则，通过行政手段进行干预可能会影响市场主体的预期及成本收益评价，导致低效率市场行为。并且，过多的行政干预还会给设租寻租行为创造机会，不仅会直接降低资源配置效率，造成社会资源的浪费[8]，还会滋生腐败。正如习近平总书记指出的“更好发挥政府作用，不是简单下达行政命令，而是要在尊重市场规律的基础上，用改革激发市场活力，用政策引导市场预期，用规划明确投资方向，用法治规范市场行为。”[9]

理解了公共经济学关于市场角色与政府宏观调控的知识点，领会了习近平总书记关于政府与市场作用的科学论断，就能够准确把握当前中国政府在应对市场失灵中所采取的一系列政策措施。例如，面对经济下行压力，大规模减轻企业税费，使得边际成本曲线下移，部分甚至完全对冲由于经济环境变化导致的边际收益曲线下移，避免了经济剧烈波动。再如，面对复杂多变的国际贸易环境，着眼于扩大内需，通过增加民生支出，提高养老保险给付标准，提高社会救助水平，推进脱贫攻坚，提高群众尤其是低收入群体的收入水平，扩大了社会总需求，维持了经济增长的动力。又如，药品行业存在着严重信息不对称，病人不得不“自愿消费”，导致药价过高，加重了人民群众的负担。针对这一问题，充分利用市场机制试点“带量采购”，通过政府集中采购，以规模换得药厂降价，既减轻了群众的看病负担又没有降低药厂的利润，实现了多赢。在这些调控政策中，政府并没有采取行政手段强制改变市场主体的行为，而是通过减税改变企业的成本收益曲线，引导企业增加投资，通过提高居民收入引导居民扩大消费，通过集中采购引导企业自愿降价，充分尊重和利用了市场规则，是发挥市场在资源配置中的决定性作用与更好发挥政府作用的完美结合，取得了良好效果。

立德树人是高等教育的根本任务和时代使命，立德树人就是要以习近平新时代中国特色社会主义思想为指导，培养德才兼备的合格建设者与可靠接班人。高校教师应该自觉将习近平新时代中国特色社会主义思想融入专业课程教学，做到专业教学与“课程思政”的融合，做到习近平总书记要求的“显性教育和隐性教育相统一”“全程、全方位育人”[1]。

参考文献

［1］习近平主持召开学校思想政治理论课教师座谈会强调：用新时代中国特色社会主义思想铸魂育人贯彻党的教育方针落实立德树人根本任务［N］. 人民日报，2019-03-19（1）.

［2］寇翔. 高校意识形态教育面临的挑战及其应对［J］. 学校党建与思想教育，2018（8）：27-28，31.

［3］程凯. 多数人暴政的内在逻辑及成因分析［J］. 山东行政学院学报，2013（5）：33-35.

［4］托克维尔. 论美国的民主［M］. 董果良，译. 北京：商务印书馆，1988：289-290，299-300.

［5］习近平在庆祝中国人民政治协商会议成立65周年大会上的讲话［N］. 人民日报，2014-09-21（2）.

［6］中共中央宣传部. 习近平新时代中国特色社会主义思想三十讲［M］. 北京：学习出版社，2018：146，225.

［7］习近平. 习近平谈治国理政［M］. 北京：外文出版社，2014：97.

［8］陈建华. 供给侧结构性改革的核心是处理好政府与市场的关系［J］. 毛泽东邓小平理论研究，2017（6）：57-63，108-109.

［9］中共中央文献研究室. 习近平关于社会主义经济建设论述摘编［M］. 北京：中央文献出版社，2017：69-70.

本文原载于《中国冶金教育》2020年第2期。

矿井通风与安全“课程思政”探索与实践

姜元勇　曹建立

摘要：为了充分发挥采矿工程专业课程矿井通风与安全的思政作用，从课程定位、课程理论、课程实践三个方面进行了“课程思政”的探索与实践。通过深入发掘思政元素，使思政教育与知识传授有机融合，提升了专业课教师的思政教育水平，夯实了学生的思政基础。专业“课程思政”建设使社会主义核心价值观全面渗透到教育教学全过程，实现了教育教学的价值引领功能。

关键词：课程思政；矿井通风与安全；专业课程；探索与实践

一、“课程思政”的由来

“课程思政”是习近平总书记2016年在全国高校思想政治工作会议上提出的，“要坚持把立德树人作为中心环节，把思想政治工作贯穿教育教学全过程，实现全程育人、全方位育人，努力开创我国高等教育事业发展新局面。”[1]。所谓的“思”是指指导思想，即马克思列宁主义、毛泽东思想、邓小平理论、“三个代表”重要思想、科学发展观、习近平新时代中国特色社会主义思想。所谓的“政”是指政治体制，即人民代表大会制度。大学生是国家的未来和民族的希望，大学阶段是他们人生观、世界观、价值观形成的关键时期，只有充分发挥好“课程思政”的育人作用，才能真正解决好“培养什么人、怎样培养人、为谁培养人”这一根本问题。“思政课程”是思想政治理论教育的“雷”，“课程思政”就是思想政治理论教育的“雨”，“思政课程”和“课程思政”有机融合，同向同行，互为补充，为增强“四个意识”、坚定“四个自信”、做到“两个维护”奠定基础。要实现专业课程的思政教育，必须针对专业特点，找到切入点，深入发掘思政元素；同时，以专业知识为载体，将思政元素引入课堂，融入专业课的教学和学习中，最终实现教与学思政、思与行思政[2, 3]。

二、课程定位思政

矿井通风与安全是采矿工程专业的一门核心专业课程，是必修课和考试课。该课程主要内容包括：通风动力（通风机械）、通风阻力、通风网路、通风安全等。通过该课程的学习，使学生掌握矿井通风系统设计方法、通风状况测试方法、通风安全的监测和管理方法等。作为工科的课程，知识点的讲解一般分为三部分，即是什么？如何测量和计算？如何使用？该课程重点在服务矿产资源安全高效开采和为工人创造安全舒适的劳动条件。一方面，矿产资源的开采为国家基础建设提供必不可少的支撑，是实现中国梦的最根本保障之一，是“课程思政”的一个重要切入点；另一方面，工人劳动环境的安全舒适是以人为本的重要体现，切实体现了科学发展观的精神，是“课程思政”的另一个重要切入点。课程定位是“课程思政”的指挥棒，能有效实现“课程思政”的全局谋划。

三、课程理论思政

矿井通风与安全课程以工程流体力学和工程热力学为理论基础，以金属矿床地下开采为专业依托，理论思政元素丰富。在课程理论讲解过程中，抓住关键问题和关键环节，将思政元素和理论讲解进行有机融合，达到润物无声的效果[4, 5]。

在讲解“矿井通风发展史”知识点时，古代通风技术发展阶段涉及我国古代矿井采用竹筒排出矿内有毒有害气体的方法，此方法记载于宋朝科学家宋应星编著的《天工开物》一书的“潘石”章。通过讲解《天工开物》在我国和世界科学发展史上的重要影响，使学生对我国的科技发展史有了更深入的了解，对我国古代劳动人民对世界科技发展做出的卓越贡献有了更深层次的认识，增强了民族自豪感，提升了学生们的文化自信。现代通风技术发展阶段，涉及我国矿井通风领域的先行者，如关绍宗、汪泰葵、侯运广等。这些先行者们的生平履历都非常丰富，他们不怕苦不怕累，坚持在生产一线搞科研，扎根中国大地做研究，坚持把论文写在祖国大地上，真正践行着“从群众中来，到群众中去”的工作方式。这些事例的讲解，鲜活生动，引领作用极强，使学生们对于课程的理解更加深入，也更加坚定了学生们“不忘初心、牢记使命”的决心。

在讲解“矿井通风历史警示”知识点时，通过大量的灾害伤亡数据资料展示和事故发生原因分析，让学生们切身体会矿井通风不良造成灾害的严重后果——人民的生命和国家的财产安全得不到应有的保障，企业停产，工人停工，对经济发展和社会稳定都造成一定的影响。再从历史时期看，中华人民共和国成立前，人民生活在水深火热之中，矿山的安全保障措施严重缺失，矿工们的健康没有保障，灾害发生频率高和单次灾害死亡人数多。中华人民共和国成立初期，人民当家做主的地位得到了体现，人民的劳动积极性很高，但是限于当时国内的科技发展水平，部分仪器设备无法配备，造成个别工人得了矽肺。改革开放以后，国家经济发展迅速，矿山开采力度加大，为了提产增效，部分矿山的通风系统亟须改进和优化，国家先后出台多项矿山安全方面的法律和法规，确保最高限度降低矿井灾害发生的频率。

党的十八大以来，国家基础建设推进速度进一步加快，矿产资源的需求量激增，矿山企业的机械化程度不断提高，矿产资源开采强度进一步提高，安全生产任务更加繁重。国家对安全生产提出了更明确和具体的要求：第一，强化红线意识，实施安全发展战略；第二，抓紧建立健全安全生产责任体系；第三，强化企业主体责任落实；第四，加快安全监管方面改革创新；第五，全面构建长效机制；第六，领导干部要敢于担当。习近平总书记指出“人命关天，发展决不能以牺牲人的生命为代价。这必须作为一条不可逾越的红线。”通过讲解，学生们对我国矿山企业的安全现状有了更深入的了解，对我国矿山企业安全法规有了更深刻的认识。学生们真正感受和认可了我们党的初心和使命——“为中国人民谋幸福，为中华民族谋复兴”，同时也增强了学生们的制度自信。

在讲解“矿内风流的运动规律”知识点时，必然需要讲解空气动力学的相关知识，此时便可以自然而然地引入我国流体力学领域的著名专家和学者的事迹介绍。如两弹一星元勋钱学森，在中华人民共和国刚成立百废待兴的关键时刻，冲破重重阻挠回到中国，利用自己所学的空气动力学知识为我国的国防建设做出了杰出贡献。钱学森为了国家建设，甘愿放弃国外优越的生活和科研条件，回国后呕心沥血，全身心投入人才培养和科学研究中，这种爱国主义情怀和无私奉献的精神，给学生们留下了深刻的印象，使他们的思想得到了升华。再如两弹一星元勋郭永怀，也同样放弃了国外的优厚待遇，为了尽快回国参加社会主义革命和建设，忍痛烧毁了十几年写成的书稿。回国后立刻投入国防研究工作，在执行任务的过程中，飞机不幸坠毁。在生死攸关时，他和警卫员用身体将科研成果成功保存。郭永怀烈士为国家为人民，敢于吃苦、敢于牺牲的精神，在当代依然值得大学生们学习。共和国勋章获得者，核潜艇之父黄旭华也是流体力学领域的著名专家。他隐姓埋名三十载，默默无闻，为我国的国防事业做出了巨大的贡献。习近平总书记指出“人才是第一资源”，通过将这些流体力学领域的专家事迹引入课堂，使枯燥的理论变得有血有肉，使学生对空气动力学理论有了感情，明确了学习目标，增强了学习的热情。同时，这些鲜活的、富有感染力的专家事迹，让同学们感受到了巨大的人格魅力，鼓舞着他们树立正确的世界观、人生观和价值观。为进行社会主义革命和建设而学习，为谋求人民的幸福生活而奋斗。

在讲解“矿用风机及其应用”知识点时，必然要讲解矿用风机的制造问题，此时引入我国机械制造的现状介绍。机械制造是国家工业化的基础，是支柱型行业，为国家发展提供重要保障。机械制造涉及领域广泛，从与人民生活息息相关的日用家电，到关系国防安全的万吨航母，机械制造无不发挥着不可替代的作用。在矿山设备中，为了提高产能，大型设备在矿山被广泛使用，如矿用卡车、矿用铲运机、矿用凿岩台车、矿用风机等。这些大型设备的使用，提高了矿山的机械化水平，降低了人的体力劳动强度，增加了矿山的生产效率，使矿产资源的采产出速度和采出量显著提升。然而，这些大型设备通常都是进口设备，价格昂贵，后期的维护和维修成本很高，很多矿山企业望而却步，或者仅能勉强购买数量有限的设备。此外，这些大型矿用设备自动化程度较高，对操作人员的知识水平要求较高，国内矿山企业的一线工作人员整体知识水平短时间内难以满足要求。习近平总书记指出“一定要把我国制造业搞上去”，通过讲解我国机械制造业的现状，进而过渡到矿山机械的现状，让学生们了解到，我国是制造大国，但不是制造强国。矿山机械化程度的进一步提升有很大的潜力，需要同学们努力学习科学文化知识，为我国矿山机械化水平的提升贡献力量，为我国早日成为制造业强国而努力奋斗，为实现我国“两个一百年”奋斗目标奠定基础。

四、课程实践思政

矿井通风与安全是一门实践性很强的专业课程，安排有室内实验、现场实验和课程设计等实践教学环节，实践思政元素发掘潜力巨大。在实践课的进行过程中，将思政教育与动手能力培养相结合，达到了言传和身教相统一，在彰显了师德师风的同时也激发了学生们的创新创业热情。

室内实验一般包括：空气成分测定、大气压力测定、模拟巷道阻力测定、风筒断面流场系数测定和风机性能曲线测定等。实验过程中，由实验指导老师先讲解实验目的、实验仪器设备、实验步骤和实验数据处理方法等。在实验仪器设备的介绍过程中，将设备的研发历程告诉同学们。如东北大学的矿井通风实验设备是由本校史文举老师独立研发的专利产品，目前已经在全国很多矿业高校使用，很好地满足了矿业工程类学生的通风实验要求。设备的构成，各部分的尺寸，测试仪表的搭配，无一不饱含着研发者的心血和汗水。通过介绍实验设备的研发历程，学生们面对眼前的实验设备肃然起敬，同时也激发出他们的创新精神和创业意识。指导老师亲自演示仪器设备的正确使用方法和实验数据的正确读取方法，使学生们真正体会到要想做好室内实验必须一丝不苟、认认真真，全身心地投入。实验室的重要性再强调也不会显得过分[6]，一流实验室是一流大学的重要支撑，实验设备不仅体现出技术创新，更饱含了一代代采矿实验人员的文化沉淀和人文情怀。

现场实验一般包括：矿内温度、湿度、压力测定，矿内空气成分测定，主要巷道通风阻力测定，主风机性能曲线测定等。习近平总书记勉励大学生“志存高远，脚踏实地。”学生们通过深入矿区，实地测量，真正体会到“绿水青山就是金山银山”科学论断的正确性，发自内心地支持和拥护党和国家的相关政策和法规。现场实验过程中，同学们按照老师的要求分组协作，充分发扬团结、互助、合作的精神。在井下，环境相对较差，温度高、湿度大、粉尘多、空气含氧量低，巷道周边凹凸不平，巷道底部坑坑洼洼，经常有积水、淤泥和石块。此时，共产党员和积极分子的先锋模范带头作用，教师关心爱护学生的示范作用，都能得到很好的体现。通过克服许多在地面上想象不到的困难，发扬不怕苦不怕累的采矿人精神，科学严谨地获得第一手实地测定资料，为矿山安全高效生产提供保障，为工人提供安全舒适的工作环境奠定基础。真正践行“学有所用，学以致用”，真正做到“志存高远，脚踏实地”。

课程设计过程中，学生接受老师分配的设计任务，根据给定的矿山资料，设计矿井的通风系统。要求学生综合运用所学的矿井通风知识和采矿方法知识，确定通风方式，计算通风阻力，选择风机，通过技术和经济比较优选通风方案。习近平总书记指出“治大国如烹小鲜”，在课程设计过程中，学生们对总书记的话深有感触。对一个矿井的通风系统进行设计，需要了解很多矿上甚至矿区的细节情况，如矿区年平均气温，常年主导风向，矿区周围村庄、道路、河流的分布情况等。设计的每一步都有“如履薄冰，如临深渊”的感觉，因为一个小小的失误，或者一个因素未考虑周全，就很可能导致整个通风系统设计的整体失败。同学们也真正体会到了作为一名矿山设计人员的责任和担当，每一个参数必须认真查实，每一个数据必须仔细计算。在确保通风系统技术可行的基础上，还要力争实现经济最优。这样，才能实现矿山企业的可持续发展，为国家多提供优质的矿产资源，为矿山工作人员创造安全舒适的工作环境。统筹规划，集中力量办大事，这充分体现了中国特色社会主义道路、制度、理论的优越性，进一步夯实了同学们的道路自信、理论自信、制度自信和文化自信。

五、结束语

矿井通风与安全的“课程思政”探索和实践，从“课程定位思政”“课程理论思政”和“课程实践思政”三方面发掘了工科院校专业课程的思政元素，有效地发挥了专业课教师课程育人的主体作用，实现了知识传授和思想理念教育的有机统一、能力培养与政治体系教育的有机结合。高校“课程思政”是坚持中国特色社会主义教育发展道路的有力支撑，是培养德智体美劳全面发展的社会主义建设者和接班人的根本保障。

参考文献

[1] 习近平在全国高校思想政治工作会议上强调：把思想政治工作贯穿教育教学全过程，开创我国高等教育事业发展新局面［N］. 人民日报，2016-12-09（1）.

[2] 蒋红雨. 课程思政的教与学［J］. 黑龙江教育（理论与实践），2019（6）：6-8.

[3] 王秋. 课程思政的思与行［J］. 黑龙江教育（理论与实践），2019（6）：9-10.

[4] 高燕. 课程思政建设的关键问题与解决路径［J］. 中国高等教育，2017（15）：11-14.

[5] 李国娟. 课程思政建设必须牢牢把握五个关键环节［J］. 中国高等教育，2017（15）：28-29.

[6] 冯瑞. 谈谈有关实验室的一些问题［J］. 实验技术与管理，1986（1）：1-2.

本文原载于《高教学刊》2020年第22期。

吹响向深部采矿进军的号角
——井巷工程“课程思政”

赵兴东　陈　松

摘要：采矿是国家基础行业，对国家经济发展具有重要意义，新时代采矿人应在国家现代化建设中担负重要责任和使命。本文简明介绍了井巷工程建设古代发展简史与现代发展历程。结合当代井巷工程建设现状及采矿人的历史使命要求，提出井巷工程“课程思政”建设与课程改革的内容，结合专业特色，将采矿发展史、英模先锋和新时代发展理念的学习融入课堂，着重增强学生责任意识、担当意识和历史使命感，落实立德树人根本任务，实现由专业技能教育到专业素养教育的重要提升。

关键词：课程思政；井巷工程；立德树人；深部采矿

一、引言

2016年12月，习近平总书记在全国高校思想政治工作会议上明确指出“要坚持把立德树人作为中心环节，把思想政治工作贯穿教育教学全过程”“要用好课堂教学这个主渠道，各类课程都要与思想政治理论课同向同行，形成协同效应”。矿业是国民经济的重要支柱产业之一，为国家经济建设提供了能源和原材料，涉及国家资源安全。矿业是艰苦行业，社会上和高校内普遍存在“矿业是夕阳产业”“高危行业，工资低”的错误思想。大学生处在青少年阶段，是人生的“拔节孕穗期”，最需要精心引导和栽培。在“大思政”背景下，充分发挥课堂教学在育人中的主渠道、主阵地作用，充分发掘井巷工程“课程思政”元素，运用“课程思政”教育转变青年学生以及社会人士对采矿行业的模糊、错误认识，厘清思想、立德树人，充分认识到矿业开发是持续研究和不断探索的过程，敢于创新，开发矿山开采的核心理论与技术，为我国矿业可持续发展贡献力量[1, 2]。

“地下采矿，井巷先行”，井巷工程为地下矿产资源开发提供“咽喉”通道，同时井巷开拓与地下采矿协同依存，“以掘保采，以采促掘，采掘并举，掘进先行”，井巷工程为地下开采提供采准条件。可见，井巷工程是地下开采的“采矿先锋”，是缩短矿山基建周期、保证三级矿量平衡、实现矿山稳产高产的重要先决条件的关键[3]。

二、井巷工程发展简史

我国采矿历史悠久，至少有5000年的矿山开采史。原始人类采集石料打磨成工具，采集陶土制陶，是采矿的萌芽时期。辽宁抚顺煤田发现新石器时代的玉石雕刻，经测定距今大约6000年；商代（公元前16—公元前11世纪）广泛使用青铜器皿；在《山海经》中记载（公元前3—公元前1世纪），周朝时期我国有了完善的采矿组织，金属矿床开采已相当发展，并开始了地下采煤；2200多年前的西汉时期已有规模颇大的煤矿[4]。对于井巷工程的认识，从湖北大冶铜绿山古铜矿遗址出土的用于采掘、装载、提升、排水、照明等的铜、铁、木、竹、石制的多种生产工具，以及陶器、铜锭、铜兵器等物，证实春秋时期（公元前770年—公元前476年）已经使用了立井、斜井、平巷联合开拓，初步形成了地下开采系统。在唐代，发明了黑色火药，公元810年，开采银、铜、锡、铁等的矿坑已有百余处。北宋（公元10世纪）已开始在坚硬岩石中用火焚、泽水的办法凿井。元代（公元1200年）已有了250米以上的深盐井。至明代（公元1400年），采煤时不仅有了勘查和开采技术，而且有了通风、支护和提升方法。清初时期，通过经验积累，我国形成了自有的找矿、采矿理论体系。《天工开物》《颜山杂记》《地镜图》《博物志》和《本草纲目》等书籍都记载了古人找矿采矿的方法[5]，至今仍有参考价值。17世纪末，随着矿业的发展，井巷工程量增多，我国劳动人民最早发明的火药也渐渐地应用到采矿和井巷工程中，同时在凿井工具方面也有很大的进步。可见，当时的采矿工程已经达到了相当高的水平。在漫长的历史时期里，我国在矿业方面发展远远走在世界其他各国的前面，既反映出我国古代人的勤劳智慧，也体现了我国采矿技术的积累过程[6]。

图1 《天工开物》一书中记载的“铅铜取穴”

自1860年鸦片战争结束以来，西方科学和技术已经极大地影响了中国采矿业的发展。铁成为了国防必需的原材料，现代地质调查工作也是在这个时期开始的。但由于我国此时已长期陷入帝国主义、官僚资本主义和封建主义的统治，一直到抗日战争结束，我国很多矿山都是由外国人开发、经营的。那时矿工们受到了非人的待遇和剥削，祖国的大好宝藏被任意掠夺和糟蹋。统治者们为了追求最大的利润，不顾矿工们的生命安全，采用最落后的技术进行井巷掘进，所有繁重工作几乎全靠人力完成，井巷工程处于极端落后的状态[7]。为扭转采矿颓废的局面，1909年焦作路矿学院创办了我国第一个采矿工程专业，1926年东北大学创办了国内第一个黑色金属矿山采矿工程专业。根据当时几个较大煤矿的统计资料来看，1940—1949年，岩石巷道掘进平均月进尺仅20余米，竖井开凿平均月进尺仅5~10米。但从鸦片战争开始以后，我国长期陷入帝国主义、官僚资本主义和封建主义的统治，矿业发展受到严重阻碍，因而远远落后于其他各国。

三、井巷工程现代发展历程

1949年新中国成立后，劳动人民翻身做了主人，在党中央的正确领导下，国民经济得到了空前迅速的发展，我国残破贫困的面貌有了根本性的变化，奠定了我国社会主义工业化的初步基础。采矿工业也得到了很大的发展。井巷掘进工作已经基本上实现了主要掘进过程的机械化，工人已从繁重的体力劳动中解放出来，同时还采取了一系列新的技术和安全措施，改善了工作环境。

马万水同志和与共和国同龄的马万水英雄集体，为共和国冶金工业发展呕心沥血、无私奉献。1951年6月，在抗美援朝运动的高潮中，马万水带领小组在巷道掘进中采用风钻打眼，人工装车运输，月进51米，创全国黑色金属矿山掘进新纪录。1952年他用水式风钻取代了干式风钻。1953年又总结出龟裂爆破法和空心爆破法等先进技术，并在全矿推广。1954年，开凿1080平峒时，松散的沙石岩层使他们难以前进，他们创造了“超前支架密集棚子开口法”；开凿1850平峒时，遇到了“流沙大断层”，他们又创造了“打撞楔法”“深坑作业法”等方法。在平巷掘进方面，1956年张家山平巷掘进创造了月进尺192.6米的记录。1958年马万水掘进队在破碎的花岗岩中掘进断面为10.64平方米的石门，创造了月进尺429.7米的记录。夹皮沟矿101青年掘进队采用多工作面作业法，在人力装岩的条件下，创造了岩石平巷月进尺966.5米的记录。

图2　记载马万水工程队光荣事迹的图书

马万水“干劲加技术、石头变豆腐”勇攀高峰的经验激励学生们不断开拓创新，不负青春。加快矿山建设，光靠拼体力是不行的，必须把苦干、实干与巧干结合起来，冲天的干劲加上先进的技术，才是马万水人等人多年来不断创造新纪录的宝贵经验。1965

年马万水工程队继承和发扬马万水艰苦创业、勇于拼搏的精神，连续20次创造全国黑色金属矿山掘进新纪录，被原冶金部命名为“英雄矿山掘进队”，是全国冶金战线的一面红旗，是新中国成立以来传承至今的一面红旗。他们艰苦奋斗和忘我创业的拼搏奉献精神，体现了采矿人的优良品质，成为冶金人宝贵的精神财富。马万水“站在排头不让，把住红旗不放”的精神，是激励井巷掘进人前进的不竭动力和力量源泉。马万水工程队的旗帜作用让新中国采矿事业突飞猛进。图3为近现代主要产煤国的产量变化图。

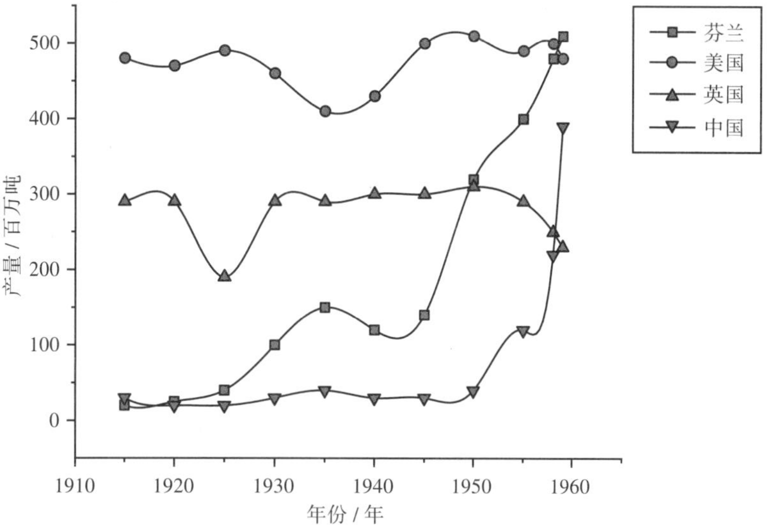

图3　近现代主要产煤国产量情况

四、当代深部井巷建设现状

深部矿产资源开发已成为未来世界采矿工业发展的必然趋势，为了安全、高效地开发深部矿产资源，需从地表向深部矿体开凿深竖井。目前，在国际上开采深度超过1000米的矿山已达到200多座，开采深度超过2000米的矿山主要集中在南非、加拿大、俄罗斯等国家，其中，南非有14个矿区开采深度超过2000米，部分矿山开采深度超过3000米。部分深部矿井建设已接近3000米，如2012年南非的South Deep矿建成2995米通风井；美国的Resolution铜矿10#竖井建设深度为2117米；美国的Lucky Friday锌矿4#竖井建设深度为2922米；加拿大的Kidd Creek矿竖井深度为3014米等[8]。

我国金属矿山在建和拟建矿井深度超过1000米的矿井达到45条。其中，本溪思山岭铁矿矿体埋深达到2000米以上，其铁矿石储量为24.87亿吨，共设计7条竖井进行开拓，包含2条主井（1505米）、1条副井（1503米）、1条进风井（1150米）、1条措施井（1320米）、2条回风井（1条1400米、1条1120米）；辽宁大台沟铁矿在1号坑建1250米深探矿井；云南会泽铅锌矿探矿3#明竖井建成井深1526米措施井；辽宁抚顺红透山铜矿七系统探矿工程，由-827米中段以下新开拓至-1253米中段，盲竖井井底深度已达1600米；山东黄金集团新城金矿建成1527米深新主井；中金集团沙岭金矿在建主井深度为1598.5米，副井深度为1633.5米；贵州道坨锰矿拟建1500米深竖井；2020年三山岛金矿西岭矿区拟建2006米超深竖井；会泽铅锌矿拟建2500米超深竖井[10]。

2016年5月，习近平总书记在全国科技创新大会上明确提出“向地球深部进军是我们必须解决的战略科技问题”。从上述我国深竖井建设现状可以看出，向深部采矿进军的号角已经吹响——深竖井建设是深部采矿的“先锋军”。深部采矿是新时代矿业科技革命的第二个春天，作为新时代采矿人应该时不我待，扑在深部采矿科技一线，为深部矿业开发贡献应尽的力量。

五、井巷工程课程思政

在科学范畴内，人类总是不断发展的，自然界也总是发展的，矿业同样如此。时至今日，我们应该清醒地意识到，采矿不是无事可做，矿业不是夕阳产业，矿业还有很长的路要走。尽管我国建井深度将达到2000米且已经取得了诸多成果，但与矿业发达国家竖井建设深度3000米相比，还有一定的差距，仍有很多科技“卡脖子”难题待解决。特别是在“三高一扰动”条件下，深部采动岩体结构失稳机理尚不清楚，差异性采动地压迁移规律尚未掌握，尚无成熟的针对性采动灾害防控技术装备。且当前我国深部采矿工程实践远超前于基础理论研究，仍沿用浅部经验类比法指导深部采矿生产，导致深部采掘活动普遍存在盲目性、低效性和不确定性，严重制约深部矿产资源的安全高效开采。

井巷工程是采矿专业本科生教学的核心课程之一，是采矿工程专业本科生学位必修课，是一门实践性很强的课程，实践教学是井巷工程课程教学的重要组成部分。目前，井巷工程教学最突出的问题之一是一味地采用单一教学手段“灌课”，导致学生学习主动性差、对课程理解肤浅。学生不思进取、盲目跟课，不能发挥学习的主观能动性。需要充分运用新时代的社会主义核心价值观，去锻炼和培养攻坚克难敢打硬仗的新时代矿业科技人才，砥砺前行，研究并解决深部井巷难题。

井巷工程教学应以“课程思政”教育为主导，转变采矿学生专业课程学习态度，增强学生社会担当意识和历史使命感，有规划地进行井巷工程教学课程改革，主要包括以下内容：① 立德树人、“课程思政”。以素质教育为核心，结合井巷工程课程特色，将马万水劳动模范先锋事迹与新时代发展理念相结合，继承和发扬“五四煤”精神，增强学生责任意识、担当意识和历史使命感，实现专业教育向专业素质教育的转变。② 教材内容持续更新。以课程改革为核心，针对井巷工程教材内容一些知识点存在“繁、偏、旧”的问题，及时动态更新成熟井巷工程科技成果方面内容。③ 以强化培养学生自主学习能力为核心，通过井巷工程慕课建设，实现课前预习；依据现场实习影像资料，制作系统的井巷工程课程知识点介绍PPT，弥补学生理论学习和实习过程中对井巷工程细部知识点认识的不足。④ 分组讨论式课堂教学。转变课堂“灌课”教学思路，将井巷工程课程内容模块化，以小组为单位，对井巷工程知识点进行分析、讨论和评价，理清知识要点，培养学生协作精神，引导学生共同归纳总结，实现理论知识与能力并重的教学目标。⑤ “理论+模型+实践”三段式教学方法。坚持课内、课外结合，课内注意问题牵引、案例示范与生产实践相结合，理论知识点与模型和现场实习视频相结合，使学生更好地感受、理解知识的产生、发展过程，让枯燥的理论知识教学变得形象生动、易于理解。⑥ 增加“井巷设计+模型制作”实训教学。强化井巷工程教学实训基础，丰富案例实训教学内容，增加井巷设计和物理模型制作教学环节，启发创新思维。⑦ 强化实践教学。在实习环节，带领学生到国内深井采矿前沿矿山进行实习，掌握深部井巷工程建设所需解决的关键技术问题。⑧ 校外行业专家进课堂。聘请校外研究院、设计院和矿山企业专家进课堂，为学生介绍井巷工程研究、设计和施工最新进展和学习关键。

六、结语

教育强则国家强，人才兴则民族兴。要把立德树人作为井巷工程课程教学改革中心环节，把思想政治工作贯穿井巷工程教学全过程，抓住深部采矿、井巷先行的时代背景，以马万水坚韧不拔、勇攀高峰的精神作为激励，推动井巷工程“课程思政”建设，凝聚采矿人不畏困难的民族气概，培养学生吃苦耐劳、艰苦创业的品质，提升学生的时代担当意识和历史使命感。

参考文献

[1] 赵兴东．井巷工程［M］．北京：冶金工业出版社，2014．

[2] 赵兴东，陈松，徐世达，等．采矿工程专业实习创新模式研究：以东北大学采矿工程创新实验班生产实习为例［J］．高教学刊，2020（14）：35-39．

[3] 陈松，邱鑫，周尔康．VR技术下的地下金属矿山交互式学习模型［J］．现代矿业，2019，35（5）：41-44．

[4] 李明明．中国采矿史简析［J］．地球，2013（10）：78-81．

[5] 中国古代先进的采矿技术［J］．西部资源，2012（6）：37．

[6] 东北工学院，北京矿业学院等合编．井巷工程［M］．北京：煤炭工业出版社，1960．

[7] 赵兴东．超深竖井建设基础理论与发展趋势［J］．金属矿山，2018（4）：1-10

[8] 赵兴东．深部硬岩矿床采动地压与控制［M］．北京：冶金工业出版社，2019．

本文原载于《高教学刊》2020年第26期。

“课程思政”的价值本源与实践进路

赵　浚　高宝珠

摘要：“课程思政”是新时代思想政治工作的创新，其本质上是将思想政治教育寓于所有课程之中，把所有课程上出“思政味”，让思想政治教育润物细无声地浸润学生心灵，形成全员、全过程、全方位的“课程思政”新格局。“课程思政”体现了立德树人的根本要求，不断探索各学科间的优化统筹，提高“课程思政”育人质量。针对当前传统思维惯性化、思政元素碎片化、教师队伍剥离化等影响因素，明确“课程思政”建设的制度保障，深化高校课程改革的重要着力点；加强专业课教师的意识培养，发挥教师的积极性；挖掘课程的思想政治教育资源，与思想政治理论课形成课程教育合力。

关键词：课程思政；价值本源；现实困境；实践进路

习近平总书记在全国高校思想政治工作会议上指出：“要用好课堂教学这个主渠道，思想政治理论课要坚持在改进中加强，提升思想政治教育亲和力和针对性，满足学生成长发展需求和期待，其他各门课程都要守好一段渠、种好责任田，使各类课程与思想政治理论课同向同行，形成协同效应[1]”。可见，“课程思政”是新时代对高校思想政治工作提出的新要求，各项课程中承担着思想政治教育内容，思想政治教育文化内涵也寓于各门类学科课程建设之中。所以，充分理解新时代“课程思政”的价值本源，深刻把握“课程思政”的现实困境，规划探索“课程思政”的实践进路，有利于各门类课程与思想政治理论课形成同向同行、协同育人的“大思政”格局，同时也为高校培养德智体美劳全面发展的时代新人提供理论参考价值。

一、“课程思政”的价值本源

“课程思政”是新时代思想政治工作的创新，其本质是将思想政治教育寓于所有课程中，把所有课程上出“思政味”，让思想政治教育润物细无声地浸润学生心灵，形成全员、全过程、全方位的“课程思政”新格局。高校的根本任务是培养人才，在习近平新时代中国特色社会主义思想指引下，实施“课程思政”，必须要体现立德树人的根本要求，不断探索各学科间的优化统筹，坚持育人导向原则，强化育人理念，提高“课程思政”育人质量。

（一）体现立德树人的根本要求

习近平总书记在北大师生座谈会上指出：“要把立德树人的成效作为检验学校一切工作的根本标准，真正做到以文化人、以德育人，不断提高学生思想水平、政治觉悟、道德品质、文化素养，做到明大德、守公德、严私德。”[2] 立德树人是习近平新时代中国特色社会主义高校的立身之本。思想政治教育承担着育德功能，专业课程教育承担着育才功能，只有将两者统一起来，才能真正体现“课程思政”的根本要求。“才者，德之资也；德者，才之帅也。”高校在注重育才的过程中，也要着眼于学生的全面发展，培养出德才兼备者才能最终达到高校培养人才的目标。

进入新时代，在习近平新时代中国特色社会主义思想的引领下，社会主义核心价值观凝聚了广大师生的道德认同和价值共识。“课程思政”是高校立德树人工程的新时代创新理念和实践，它以立德树人为根本目标，在传授各类课程知识的同时加强学生的思想政治教育素养。“课程思政”的提出实质上是将立德树人的理念在实施过程中进行具体阐释，建设出有中国特色的课程。在课程目标上提出大学培养什么人、为谁培养人的根本问题，体现出课程价值的主体性；在课程实施过程中，“课程思政”将社会主义核心价值观融入课程和教学的探索中；在课程内容方面，将思政元素灌输于各类课程中，实现知识体系与价值体系的有机统一。“课程思政”的价值体现为将传统文化、优秀传统美德和民族理想与责任浸润于课程教学中，满足学生成长过程中精神文化的需求。“课程思政”将大学生社会主义核心价值观教育融入各类课程设计和建设过程中，培养锻炼学生的逻辑思维方法和能力，学会用正确的立场观点分析处理问题，深入学生心灵，对大学生起到价值引领作用，促进大学生整体素质的提升。

“自强不息”“知行合一”是东北大学的办学传统和精神理念，始终贯穿于学校办学的全过程，浸润到东大人的血液中。这种使命和担当成为东北大学思政教育的基本理念和重要原点。长期以来，学校始终坚持为国家培养有担当的建设者和接班人，并结合自身办学传统，以现代化科技信息技术为依托，实现思想政治理论课与各类课程的相互融合、相互连通，课堂教学主渠道与“第二课堂”相协同，形成具有东北大学特色的“课程思政”育人体系。“课程思政”的根本要求不仅体现了对广大师生的价值引领和个体成长的精神引领，也凸显出遵循国家主流价值观要求的精神旨归，有助于进一步落实立德树人的根本任务。

（二）探索各学科间的优化统筹

“课程思政”体现在各类课程教学和建设过程中，挖掘其中的思想政治教育元素，体现课程的人文素养。各类课程的教学从根本上来说都是教书育人，“课程思政”只是将课程中隐化了的人文精神教育深度挖掘，最终呈现出来。各类课程中的思政元素未必全部是指思想政治教育理论知识，也可能是某种价值追求和精神寄托。一方面，坚持马克思主义的基本观点。以马克思主义为思想引领，坚持社会主义的办学方向，用马克思主义理论的实践性、科学性等特征指导课程内容和组织教学，及时将新时代下的马克思主义中国化成果融入课程，使学生们入脑入心，始终坚持为发展中国特色社会主义制度服务，形成具有中国特色的课程体系。另一方面，挖掘课程中的思想政治教育元素。尊重学生成长过程中的思想行为特点，在把握不同学科、专业的特殊性基础上，遵循教育规律，提炼课程中蕴含的价值范式和文化基因，找准思想政治教育教学的切入点，发挥其他课程通过知识传授和能力培养实现价值教育的载体功能。

由于课程设置的影响，各学科间在内容、方法、目标等方面呈现出不同的学科发展规律，主要表现为人才培养方案导向之下知识体系、教学方式的差异，这就使得不同学科的课程具有一定的多样性和独特性。从全方位育人角度审视不同学科间的“课程思政”建设，就要在尊重彼此差异性、特殊性的前提下，遵循协同育人的理念，贯彻培养社会主义建设者和接班人的价值塑造，实现不同学科、不同课程之间的优化统筹。探索各学科课程间的优化统筹，旨在实现显性教育与隐性教育相结合，营造全员、全过程、全方位的育人环境体系，拓展以思想政治理论课为主渠道的课程建构体系，有效融入思想政治教育意蕴，打造多维立体的学科育人空间。

二、“课程思政”的现实困境

“课程思政”改革将高校思想政治教育融入课程教学的各个环节，发挥所有课程的育人价值，构建以思想政治理论课为主渠道、其他学科课程辅助的高校“课程思政”体系。但对“课程思政”中的一些深层次问题和难点问题还需要去一一突破，理性审视现实问题，把握分析这些难点问题是有效开展“课程思政”建设的前提。

（一）传统的惯性思维阻碍“课程思政”

目前，由于我国大学的“课程思政”建设体系还不够完善，评价制度还不健全，主要以学生对教师的课程教育评价和自身学习效果评价的单一评价体系为主。有些教师片面地将“课程思政”理解为加强思想政治理论课的量化，忽略了学生精神成长的主观性、内隐性特征。“课程思政”是在精神层面体现学科课程的育人价值，在实施过程中需要将课程教学评价和学生学习效果评价延伸至社会主义核心价值观、社会责任感、家国情怀等精神追求维度，结合大学课程的过程性评价、期末评价和主观评价、客观评价等教学评价方式，逐步完善课程评价制度，健全课程评价体系。

学科专业知识教育的侧重点在于“真知识”，而思想政治教育侧重于培养正确的价值取向和人文素养，如何突破传统思维，将专业知识与思想政治教育相互融合，是研究“课程思政”建设的首要问题。传统的学科专业知识教育过程中继承了理性主义的客观性倾向，追求“求真”“求理”的行为规范，过于重视理性，也认为在思想政治教育教学中，定会知行合一，忽略了大学生的主观性和内在情感产生的影响。思想政治教育课程也出现同样的问题，传统思维下预设了只要加强思想政治教育授课，学生就会形成正确的价值取向，提升思想道德素养。但事实并非如此，大学生的思想政治教育并非线性发展，而是一个波浪式前进的过程。针对学生的成长特点，需要制定相应的教育教学目标和方案，调整教育方法，突破传统思维的认识，在“课程思政”体系指导下，促进学科知识与思想政治教育相互融合。

（二）思政元素碎片化弱化“课程思政”

思政元素碎片化主要体现在将社会主义核心价值观教育、理想信念教育、社会主义先进文化教育等随机的思政元素碎片植入课程教学中，缺乏系统性的课程设计，没有找准思想政治教育切入点，盲目生硬地搬入学科课程教学中。这种碎片化的思想政治教育元素并没有促进对学生思想道德品质的培养，反而起到无感、抵触厌烦的副作用，不符合“课程思政”建设的初衷，无法达到“课程思政”的要求和目标，更加不利于形成完整的“课程思政”育人体系。“课程思政”是在各学科课程中挖掘其所蕴含的思政元素，并运用到课程教学过程中，从具体融入内容来看，社会主义核心价值观的融入为整个社会凝心聚力，集中凸显了价值引领的特点。但在实际的操作过程中，由于“课程思政”对思政元素的选择标准不同，要求我们思考聚焦：学科专业知识中有哪些是思想政治教育理论课无法涵盖的？对于这些无法涵盖的知识我们应该怎样挖掘？挖掘出这些思政元素是否符合大学生思想政治工作的根本遵循？只有进行深刻的反思和研究判断，由浅入深，才能保证“课程思政”的育人化效果。因此，要坚持思政元素的系统性、完整性，打破思政元素碎片化和学生思维碎片化局面，谋求专业课程与思政元素的协同发展，以顶层设计指导实践实施，形成系统化的“课程思政”格局，展现其应有的价值。

（三）教师队伍剥离化影响“课程思政”

教师队伍在“课程思政”建设中发挥关键纽带作用，这要求课程教师除掌握专业课知识外，还需掌握专业知识所蕴含的社会价值。“要坚持教育者先受教育，让教师更好地担当起学生健康成长指导者和引路人的责任。”[3] 在知识传播过程中，教师队伍出现思想政治教育与专业课程教学“两张皮”现象，主要表现为思政课教师有专业的理论知识，但对学生的思想动态、专业结合有所欠缺，教育方式不够接地气，依旧是灌输式地开展思政课程；专业课教师的思想政治教育底蕴欠缺，在上好专业课的基础上，社会价值挖掘不够深刻，理论解析水平有限。

“课程思政”改革的关键点在教师。教师作为“课程思政”改革的排头兵和行动者，对“课程思政”体系建构具有推动作用。当前，在高校课程教学中常见的教学思维依旧是单向灌输、表层教学，将思想政治教育固化为背诵等单向记忆形式，这种教学方式下所传输的思想政治教育必将是空中楼阁，学生无法内化文化内涵。基于“课程思政”改革的教学理念，教师队伍要将真实的“课程思政”引入课堂，这就要求教师转变传统的教育思维，将知识传递与品德养成相结合作为课程教学的内在要求，揭示课程知识所蕴含的文化素养和精神追求，实现课程涵养学生精神成长的文化价值。

三、“课程思政”的实践进路

“课程思政”是贯彻落实全国思想政治工作会议精神的实践和探索。为有效推进落实“课程思政”教育体系，更好地发挥“课程思政”在高校思想政治教育中的重要作用，要明确“课程思政”建设的制度保障，深化高校课程改革的重要着力点；加强专业课教师的意识培养，发挥教师的积极性；挖掘课程的思想政治教育资源，与思想政治理论课形成课程教育合力。

（一）明确“课程思政”建设的制度保障

课堂教学是育人的主渠道，要进一步增强思政元素在其他课程中的体现，发挥课堂教学的教育价值，实现知识传授和价值引领相统一，明确“课程思政”体系建设的制度保障，深化高校课程改革的重要着力点。

一是将社会主义核心价值观融入“课程思政”的全过程。通过课程目标、课程内容、课程评价等多个环节，完善立德树人机制建设。全国教育大会中指出，教育既是国之大计，更是党之大计，学校必须围绕促进人的全面发展，实施德智体美劳全面发展的教育方针，形成“五育并举”的教育格局。在课程目标建设方面以立德树人为根本目标，加强德育教育，培养大学生的社会责任感；在课程内容上注重对学生的精神教化，发挥课程教育教学的育人作用，在立足专业课程自身特点的基础上，挖掘其中蕴藏的科学精神，统筹推进“课程思政”建设；在课程评价方面注重学生的精神成长和主观性，改善单方面的课程评价体系。

二是思想政治理论课应承担起传授马克思主义理论知识的重要任务。习近平总书记指出：“我国高等教育肩负着培养德智体美全面发展的社会主义事业建设者和接班人的重大任务，必须坚持正确政治方向。”[1] 提高马克思主义思想觉悟，培养与主流思想相一致的思想政治意识，牢牢把握高校思想政治教育的主阵地。以思想政治理论课为核心的思政课程要随着时代的进步不断创新，借助大数据技术手段，变革授课方式方法，以学生喜闻乐见的方式增加思想政治理论课的亲和力和感染力。树立积极健康的价值观，促进大学生成长成才，明确历史使命，把握好思想政治教育这个最大增量。

三是完善“课程思政”教学体系。“课程思政”教学体系包含思想政治教育理论课、其他专业课程、综合素养课程等，统筹知识传授、价值塑造、能力培养为一体的“课程思政”教学目标，围绕正确的立场观点和思维方式，进行系统梳理概括，完善各学科教学大纲设计，融入思想政治教育内容，逐步构建“课程思政”教学体系。在教学体系中，一方面强化思想政治理论课的显性育人功能，另一方面深化专业课程和综合素养课程的隐性育人功能。针对学生思想实际与接受程度，用接地气、易理解的知识传授和阐释，真正做到以学生为中心。健全课堂管理办法，在做好“课程思政”教学管理和服务工作的同时，落实学校、学院领导听课监督制度，建立以组织、监督、执行、评价、反馈为一体的“课程思政”管理办法，在这样一个完整的体系下，稳步推进“课程思政”改革，为实现三全育人、五育并举提供相应的条件。

（二）加强专业课教师的意识培养

“课程思政”的践行结果取决于教师，这要求教师在把握自身专业知识体系的同时，还要发挥专业课程教师的主体动力，把握学生的变化特征，在原有的知识体系下，创新教育教学方法，加强意识培养，完善教学评价制度，充分发挥教师的积极性。

加强意识培养。专业课教师要秉持学生本位思想，在专业课程教学中启发学生、引导学生思考，通过自我思考寻找解决问题的办法，克服对教师说教性灌输的依赖。通过课堂互动、启发讲授，激发学生的学习兴趣，让学生正确认识所学专业与社会发展的关系和对社会的未来价值，逐步深入价值引导，推动学生形成正确的政治立场和价值判断。与此同时，专业课教师也要多了解学生的精神世界，在教学过程中多关注学生的所思所想。在对学生的关注点进行分析时不能简单敷衍，而是寻找问题背后蕴藏的价值观，引导他们更深层次的思考。专业课教师加强对“课程思政”的理解，牢固树立主体责任意识，针对当前课程教学所出现的困境和问题及时进行反思、解决，定期开展对政策性文件的学习，树立终身学习意识，梳理和挖掘专业学科知识中的思政元素、人文精神，完善课程内容的设计。

创新课程教育教学方式。“课程思政”改革背景下，专业课教师要转化思维方式，创新教学方法，以准确的理性分析引导学生，将马克思主义中国化最新成果带入课堂，指导学生进行深度思考，使课堂教育既有学术味又有深度。细化教学目标，组织教育教学策略，在兼顾课程教学理论性、实践性、前沿性的同时，深化思想政治教育涵养。随着专业课程内涵的发展，思想政治教育元素和人文精神追求也在发生着变化，专业课教师需要具备更高水平的教育教学能力和方法，才能满足学生的学习发展需要。构筑具有自身特色的“课程思政”教育教学方法，在提高自己专业功底和教学技能的情况下，增强思想政治教育工作能力，让教师在教书育人的过程中获得自身的使命感。成为学生成长路上的引路人。在教学方式选择上，可以多采用研讨式教学，注重与学生的双向互动，使学生在思辨的基础上内化思想政治教育，形成育人特色。

完善教学评价制度。教学评价是“课程思政”改革中的重要环节，从课程育人理念和根本目标出发，按照一定的标准，通过对正在开展或者已经完成的教学工作进行评价分析，发现教学过程中的困难与不足，及时给出调整方案，做出正确合理的判断，推进“课程思政”建设的规范性，把握“课程思政”的前进方向。将“课程思政”建设与课程考核挂钩，在教师的教研活动、支部学习等活动中，组织教师研讨课程改革和“课程思政”，推动“课程思政”理念在教师群体中全覆盖。完善责任落实机制，在期中和期末的课程考核细则中对专业课教师进行评估，对评价高、表现好的教师进行宣传鼓励，助力“课程思政”的持续推进，促进“课程思政”的优化升级。关注学生对教师课程的评价反馈，与学生的日常思想政治教育相互融通，完善“课程思政”改革渠道，改进工作方式方法，树立社会价值与自我价值相统一的价值观念，增强学生对“课程思政”改革的认同感和参与感。

（三）挖掘课程的思想政治教育资源

其一，注重“课程思政”的立体化渗透。专业课教学要注重教书与育人的协同统一，应对思政元素碎片化和生硬植入等不利因素，深度挖掘专业课程中的思想政治教育资源。将思想政治教育浸润到人才培养方案、课程内容和教学过程中，寻找课程所蕴藏的人文精神和精神追求。调整现有的教学策略，利用学科知识素材，将“课程思政”落到实处，以专业课程中的知识为切入点，将提炼出来的人文精神和价值追求进行比较，提升课程教学的思想性，使学生深刻领会专业知识的本质，明确教育的目的。发掘学生的内在需求动力，结合日常管理和学习生活，增强学生思想政治教育获得感，提升课程教育亲和力，让学生参与到课程改革建设中来。共同为“课程思政”体系建设出谋划策，满足学生对高质量的课程建设的要求，打通“课程思政”与思想政治教育理论课同向同行、协同育人的“最后一公里”。

其二，借助大数据技术。大数据信息技术对社会各个领域的发展都产生了重大影响，“课程思政”也要立时代潮头，与大数据技术融合发展。大数据使“课程思政”从现实世界逐渐转移到网络世界，实现对学生工作、生活的全覆盖，教师可以根据学生不同情况因材施教。利用大数据网络平台和资源，将课堂教学延伸至校园教学，以第二课堂对学生思想政治教育和实践教育的独特优势，实现师生之间交流的畅通无阻。守好校园阵地，从战略高度构筑“课程思政”改革体系，教师的言传与身教相统一，增强对学生的指导，构建学科课程改革新范式，以校园文化等资源整合引领学生健康成长。

其三，其他学科课程应着力挖掘思想政治教育元素。其他专业课程在我国教育体系中也是传授知识、培养大学生成为专业人才的主要课程。全面贯彻落实习近平总书记提出的“三全育人”要求，种好自己的“责任田”，专业课程也要进行相应的课程改革。中共中央办公厅、国务院办公厅印发的《关于深化新时代学校思想政治理论课改革创新的若干意见》中强调，要“深度挖掘各学科门类专业课程蕴含的思想政治教育资源，解决好各类课程与思政课相互配合的问题。”2016年，时任教育部部长陈宝生指出：“教育系统有两个生产过程：一个是思想的生产过程，即理论知识的生产过程；另一个是人的生产过程。两个生产过程交织在教育战线。第一个生产过程影响现在、塑造未来；第二个生产过程直接培养未来的接班人、建设者。”[4]专业课程要在思想上时刻与党和国家保持一致，在传授专业知识的同时承担育人的使命，发挥自身资源的独特性，充分利用专业课课程教育资源，与思想政治理论课形成课程教育合力。

“课程思政”将知识传授、能力培养与价值追求有机结合，实现三位一体，以协同育人为总的出发点和落脚点，塑造学生的精神世界，引导学生永葆精神动力，将实现民族复兴的大任熔铸在“课程思政”中，使学生成长为有担当、有信仰的时代新人。

参考文献

［1］习近平在全国高校思想政治工作会议上强调：把思想政治工作贯穿教育教学全过程，开创我国高等教育事业发展新局面［N］. 人民日报，2016-12-09（1）.

［2］习近平在北京大学师生座谈会上的讲话［N］. 人民日报，2018-05-03（2）.

［3］习近平在北京大学考察时强调：抓住培养社会主义建设者和接班人根本任务努力建设中国特色世界一流大学［N］. 人民日报，2018-05-03.

［4］陈宝生. 切实加强党对教育系统意识形态工作的领导［J］. 紫光阁，2016（12）：32.

本文原载于《湖南第一师范学院学报》2020年第4期。

思业互融共促学习共同体建设探索与实践

徐　林　林明秀　潘　峰

摘要：本文以东北大学自动化专业教学团队建设为背景，创新研究与实践“思业互融共促”学习共同体建设，以顶层设计为引领，构建科学的团队建设机制，以队伍建设为核心提升教学队伍整体水平，以课程建设为抓手建设高水平课程教学队伍，以创新创业教育为平台建设高水平实践教学队伍，以科研成果反哺教学提升专业教学水平，以“课程思政”为契机打造立德树人育人平台，建设结构合理、师德高尚、业务精湛、作风过硬、具有创新精神和发展意识的高素质专业化创新型的教学团队，实现思想政治教育与专业教育的互融共促，提高教师家国情怀和责任意识，提升教师专业水平和教学技能，助力“双一流”建设。

关键词：学习共同体；团队建设；自动化；课程思政

一、引言

“师者，传道授业解惑者也。”在新的历史时期教师在人才培养、科学研究、社会服务与文化传承等方面的责任愈加重大。大学教师身份发生多元化变化，在课堂上是知识的传授者，在科学研究中是科技工作者、学者，在项目化学习中是成长教练，在职业生涯规划指导中是咨询师，在同事之间的交流中又是学习者。科技的快速发展、交叉学科的融合、身份的多元化、立德树人的职业目标都要求当代的大学教师具备终身学习的能力。而教师的个人成长和职业发展愈发需要一种实现终身学习的途径和机制。自动化专业向智能化转型升级以及专业教育与思想政治教育的融合都对自动化专业教师综合能力提出了更高的要求，也给教学团队的建设带来巨大的挑战。本文从学习共同体的视角，以思业互融共促为目标，介绍东北大学自动化专业思业互融共促学习共同体建设探索与实践。

二、思业互融共促学习共同体建设的必要性

教育大计，教师为本，兴国必先强师。当今世界正处在大发展、大变革、大调整之中，新一轮科技和工业革命正在孕育，新的增长动能不断积聚。中国特色社会主义进入了新时代，开启了全面建设社会主义现代化国家的新征程[1]。面对新方位、新征程、新

使命，教师队伍建设还不能完全适应，部分教师素质能力难以适应新时代人才培养需要，思想政治素质和师德水平需要提升。这些问题制约着高等学校的发展和人才培养质量的提高，亟待解决。社会学中“学习共同体”的概念为高校专业教师团队建设提供了有效的参考。学习共同体强调以知识分享反思为核心，在共同愿景的指引下，共同为某一主题投入热情，通过持续不断地相互作用而共同发展和促进专业成长[2]。在学习共同体的视角下教师是团队的组织者、参与者、学习者、合作者，共同体有利于营造信任、创新、和谐的文化氛围，教师遵守协同的原则，围绕教育教学中真实存在的问题，整合资源、协同学习、团队合作、互助协作并创造性地达到解决问题的目的，最终使所有成员都得到充分的发展。学习共同体的建设是全面提升教师素质，促进终身学习的有效机制。

专业教育与思想政治教育内部存在必然的联系。在把立德树人作为教育中心环节，把思想政治工作贯穿教育教学全过程，实现全程育人、全方位育人的高等教育事业发展新时期，自动化专业教师不仅要立足国家重大战略需求，瞄准国际技术前沿，基于多学科交叉特色课程群、优质教材、金课、名师、创新竞赛等多层次立体化的教学途径培植自动化类人才，还要坚持德育为先，培育和践行社会主义核心价值观，在专业育人过程中推进课程思政改革，形成以德修身、以德服众、以德育才、德才兼备的育人理念，着力培养具有中华文化底蕴、中国特色社会主义共同理想和国际视野的德智体美全面发展的高素质复合型人才。思业互融共促学习共同体以立德树人、传承文化为共同目标，在相互学习、共同促进、同步发展的过程中教书育人、创造价值。思业互融共促学习共同体是实现全程育人、全方位育人的有力保障，教师不再被动地服务教育和学生，而是要在育人的过程中更好地提升自己。

2017年以来，教育部积极推进新工科建设，形成“复旦共识”“天大行动”和“北京指南”，发布了《关于开展新工科研究与实践的通知》，正在积极探索中国高等工程教育模式[3]。自动化学科正面临重大变革，自动化向智能化转变，人工智能成为时代发展潮流，交叉学科不断融合，成果转化加速推进，大数据和海量资讯涌现，社会进步对自动化专业学生的综合素养标准提高，自动化专业教学团队面临严峻考验。学科作为大学的基本单元，是大学教育职能的直接承担者。思业互融共促学习共同体成员在学科的背景下更容易在长期的知识实践、探索、研究、发展的基础上提炼形成学科领域内特有的精神力量和价值导向，思业互融共促学习共同体建构信任、创新、和谐的文化氛围，鼓励团队教师攻坚克难、提高自主创新意识，是建设高水平本科教育，推动本科专业教学改革的核心关键。

三、思业互融共促学习共同体建设机制

以东北大学自动化专业为背景，思业互融共促学习共同体的建设旨在打造结构合理、师德高尚、业务精湛、作风过硬、具有创新精神和发展意识的高素质专业化创新型教育教学研究共同体。

本着“以人为本，德才兼备”的原则召集全院关爱学生、潜心教学、甘于奉献的老中青教师成立自动化类新工科教育研究与发展中心。团队既有教学经验丰富的国家级精品课、国家级精品资源共享课负责人，也有刚刚完成入职培训的青年教师；有资深的博导教授也有初出茅庐的博士讲师；有热衷于科学研究的学者专家，也有热爱教育事业的教学名师。建立“抱团成长，合作共赢”的学习机制，在学习共同体内部开展全方位的学习交流，加强师德师风建设、建立传帮带机制；致力于自动化专业建设，在自动化专业升级、新工科建设、学科评估和工程教育专业认证等工作中发挥示范和引导作用，助力学校学院“双一流”建设；探索“目标驱动，成果激励”的发展方式，以学习共同体为依托，提高教师家国情怀和责任意识，提升教师专业水平和教学技能，着力打造一支热爱教学、精心教学、创新教学的高水平教学团队。

四、思业互融共促学习共同体建设目标

（一）以顶层设计为引领构建科学的团队建设机制

教学团队建设是一项系统工程，需要顶层设计的引领，首先，明确在“培养什么样的人，如何培养人以及为谁培养人”问题上的价值观。其次，顶层设计需要团队负责人从人才强国战略的高度给团队成员制定发展愿景，赋予其使命和责任，使团队具有明确的建设规划与研究方向。教学团队不是行政组织，没有经济契约，不能采用科层制的管理手段，在基于学习共同体的高水平团队协同发展模式下，团队可以建立心理契约[4]作为联系团队成员之间以及成员与学校组织之间的心理纽带，这样有助于打造信任、尊重、关怀和互相支持的团队氛围，能够较好地处理协作与竞争的关系，有助于增强组织的凝聚力和向心力。

（二）以队伍建设为核心提升教学队伍整体水平

教学团队需要不同学缘结构、学历背景的人的参与，以便从不同的角度、学科背景来提高教学效果、提升教学质量。选择和培养优秀的团队领导，吸引出色的团队成员是队伍建设的基础；建立传帮带机制，加强中青年教师培养是团队建设的关键。加强中青年教师师德师风教育，培养他们树立热爱学生、热爱教学、热爱教育事业的思想，把讲课作为一门艺术，把讲课受到学生好评当作最大乐趣。坚持老教师言传身教，为青年教师配备导师，适时安排青年教师助课、试讲、参与答疑、指导实验等基本教学环节；鼓励并带动中青年教师参加各类科研课题，重点培养有明显学术优势和发展潜力的青年学术骨干，有计划地安排中青年教师出国学习、进修和学术交流。

（三）以课程建设为抓手建设高水平课程教学队伍

教师是人才培养的根本要素，是课程建设的设计者、执行者。课程建设包括课程的教学计划、教学大纲、教材、课件、实验项目设计、网站、现代教育技术等各类课程资源建设。为了保证每门课程都以建成精品为目标，保持高水平和可持续建设，充分借鉴国家级自动化专业主干课教学团队、省级人工智能课程教学团队建设的成功经验，探索学习共同体建设的理论基础，构建“首席教授—责任教授—主讲教师”的师资队伍结

构，建立健全学习共同体的运行机制，倡导集体智慧来建设每一门课程，打造最优的教学效果。

（四）以创新创业教育为平台建设高水平实践教学队伍

创新能力和创业精神培养已经成为大学生综合素质培养中非常重要的一环。自动化专业学生在“大学生创新创业训练计划”“互联网创新创业大赛”“大学生数学建模大赛”“Robocon亚太大学生机器人竞赛”“全国大学生智能汽车竞赛”“挑战杯全国大学生课外学术科技作品竞赛”等科技竞赛中参与度比较高，要求指导教师团队在创新思维和创业精神方面具有较高的指导能力，同时尝试从资源优化利用与科研成果转化等角度，建立科研工作与创新实践活动之间的联系，从而达到提升本科生创新实践活动的科技含量，培养本科生科研潜力的目的。学习共同体的建设依托国家工科基础课程电工电子教学基地、国家级电子实验教学示范中心以及多个校企共建联合实验室、在学校学生创新中心的支持，面向自动化专业学生创新创业活动采用专题培训、经验交流、交叉合作等方式打造具有奉献精神和创新能力的高水平实践教学团队。

（五）以科研成果反哺教学和提升专业教学水平

创新是一个民族进步的灵魂，是一个国家兴旺发达的不竭动力。习近平总书记在2018年中国科学院第十九次院士大会上指出，“实践反复告诉我们，关键核心技术是要不来、买不来、讨不来的”。学习共同体通过规范团队的教学活动，鼓励成员关注学科前沿发展动态，聚焦国家重大需求和经济社会发展需要，发现并提炼科学问题，再通过科学研究解决问题，反哺教学，提升教学水平，创新的科研成果可以进一步丰富教学内涵和手段。

（六）以“课程思政”为契机打造立德树人的育人平台

落实立德树人根本任务，遵循教育规律和教师成长发展规律，“思业互融共促”是建设高水平本科教育，推动本科专业教学改革的核心关键。专业知识教育与思想政治教育深度融合，在坚持自身学科的特殊视野、理论和方法的同时，注重融入思政元素，实现课程的知识传授、能力提升与价值引导的有机统一，围绕激发学生学习兴趣和潜能深化教学改革，能够全面提高学生的社会责任感、创新精神和实践能力，交给学生打开未来之门的“金钥匙”，让他们能够敏锐地洞悉未来、自信地拥抱并引领未来。

五、自动化专业教学团队建设的成效

东北大学自动化专业教师团队以思业互融共促学习共同体为载体，在专业建设、工程认证、教学改革、竞赛活动等方面进行了不懈的努力和探索，取得了一系列重要的理论与实践成果，为自动化专业的建设工作做出了突出贡献。在顶层设计的引导下，团队于2018年6月完成了东北大学自动化专业工程教育专业认证复评工作，按照OBE理念全面修订了2018级新版培养方案。在新的培养体系中综合考虑国内外技术发展趋势，设置了控制工程、系统工程和人工智能三个专业方向。同时为加强学生的工程能力，增加了相应的课程设计环节，并且对专业实习环节进行了改革，实施多样化的实习模式。

团队承担了多项国家及省级教学改革项目，已拥有控制系统仿真与CAD、计算机控制系统和自动控制原理3门国家级精品课、计算机控制系统1门国家级精品资源共享课、国家级精品教材1部、辽宁省精品教材2部、国家十一五规划教材5部、英文教材7部，2部教材获得辽宁省自然科学学术成果一等奖。团队获得1个国家级教学团队、获国家级教学成果一等奖1项、二等奖2项，团队成员指导科技竞赛获得国际级/国家级奖项40余项。

驽马十驾，功在不舍，基于思业互融共促学习共同体的教学团队建设还需要更多的实践与经验积累，自动化专业教师团队建设面对新时期新问题也有更长的路要走，我们将不断探索与实践，力争完善学习共同体建设的机制，打造一支以“思业互融共促”为指导方针、以自动化专业本科生为服务对象、以致力教育事业的专业教师为主体的结构合理、师德高尚、业务精湛、作风过硬、具有创新精神和发展意识的高素质专业化创新型专业课程教学团队，为全面提高教师思想政治素质、提升教师专业能力起到示范和引导作用。

参考文献

［1］中共中央国务院关于全面深化新时代教师队伍建设改革的意见［N］. 人民日报，2018-2-1（1）.

［2］张兆芹，刘紫馨. 学校教师学习共同体研究热点和趋势预判研究［J］. 教育理论与实践，2018，38（23）：28-30.

［3］曹海莹，武崇福，王立伟. 解决传统工科教学团队建设困境的策略研究［J］. 教育教学论坛，2019（16）：6-9.

［4］李小燕，查道林. 制度与机制：一流教学和科研团队建设的抓手［J］. 中国高等教育，2018（14）：58-59.

本文原载于《教育教学论坛》2020年9月第39期。

融入思政元素的新T型人才培养模式的创新与实践

郭 军

摘要： 大学培养的“新T型人才”，是指不但具有传统T型人才既宽且深的知识和技能，而且要有奉献精神、变革精神和合作精神。对新T型人才的培养模式进行了创新与实践，构建了一个学生乐于接受、乐于参与的实践能力培养平台，吸引学生主动进行自我超越；将优质的社会资源有机融合到这个实践能力培养的平台中来，在一个联合创新的环境里丰富新T型人才的视野；将思政元素融入学生创新实践的培养过程中，引导学生主动进行自我超越，提升变革精神、奉献精神和合作精神，高度契合企业与社会对新T型人才的需求。

关键词： 新T型人才；PBL；思政

一、引言

“T型人才”的概念由哈佛商学院教授多萝西・巴顿首先提出。字母“T”用来表示这类人才的知识结构特点，“—”表示具有宽泛的知识面，“|”表示具有深入的专业知识和技能，即一专多能的复合型人才。随着人工智能、物联网、大数据等新技术的不断发展，企业对T型人才的需求越来越高。而产业转型升级所需要的转型人才，可称为“新T型人才”（因“转型”英文首字母为T而得名），他们一方面要具有传统T型人才的知识和技能，另一方面还要有奉献精神和社会担当，更要具备变革的意愿、意识和能力，甚至要主动承担起领导变革的使命，具备谦虚谨慎、善于协作、甘于奉献、不怕吃苦、勇于创新、不惧挫折等素质。前者我们可以称之为外在能力，后者则称之为内在能力。外在能力可以通过大学课堂进行培养，但学生的内在能力却更多地需要在实践中进行培养。在大学教学过程中，我们发现学生能够快速掌握和应用专业知识，但在变革、奉献和协作方面做得很不够，需要更长的时间、更多的实践环境进行培养。一方面，从学生视角看，这和他们生长的“顺境”有关，绝大多数的学生都是独生子女，家庭条件较好，缺乏奉献社会的经历和相互协作的环境，并且把创新得过程考虑得比较简单，常常希望短平快地获得成功；另一方面，从大学视角看，大学教育善于培养学生的专业知识，这是大学的专长，但在内在能力的培养方面却显得不足。我们需要解决三个问题：

如何构建一个学生乐于接受、乐于参与的实践能力培养平台，从而吸引学生主动进行自我超越？如何将社会资源有机融合到这个实践能力培养平台中来，从而在一个联合创新的环境里开扩新T型人才的视野？如何把变革、奉献和协作等元素融入实践平台，从而同步提升学生的外在能力和内在素质？

当今时代在“互联网+”理念影响下，教育目标、教学方式及组织形式正在悄然发生变化，一个新的教育时代正在到来[1]。应根据学生专业学习的阶梯式成长特征，系统设计德育递进教学路径[2]，构建思想政治理论课、综合素养课程、专业课程三位一体的高校思想政治教育课程体系[3]。发掘实践项目中的精神元素，将其融入教学方法，形成教学策略，并落实与实践教学过程，完成教学成效评价。创新实践平台需要与时俱进，从校企联合、校外基地、创新创业项目、线上线下混合式教学等不同角度，综合设计和实施更系统、更具前瞻性和可操作性的实践教学建设方案，同步培养学生的外在能力和内在能力，做到内外兼修。

二、新T型人才培养的创新实践平台

创新实践平台是新T型人才培养的重要沃土。应打破传统的以单一目标为导向的实验课程建设，构建基于T型人才培养模式的体验式实验课程体系[4]。2019年，在东北大学软件学院、创新学院、团委、研究生院和科研院的支持下，我们成立了奇点俱乐部，以乡村教育和智慧健康等市场需求为输入、以边缘计算和人工智能等创新成果为输出，采用“云组织”[5]架构模式，通过构建“教师参谋化、学生创客化、成员长期化、成果产品化”的大学师生深度融合的创新载梦工厂、校企合作高度活跃的创新生态平台，来组织师生面向产品构建全生命周期开展创建图景、规划路径、设计原型、研发产品、演化价值等双创活动，如图1所示。团队自2019年3月开始组建，成员超过百人，包括指导老师、本科生、硕士生、企业专家等。

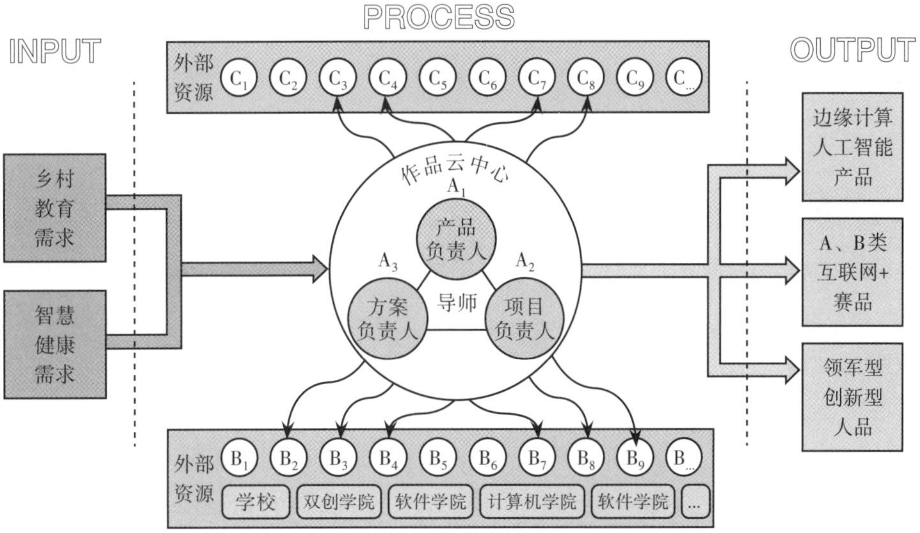

图1　奇点俱乐部的IPO（输入、处理和输出）

为了提高创新实践平台的实践效果，我们紧密结合用户需求、强化产学研用合作，构建了如图2所示的产学研用有机融合的思政教育新载体——彰武县科技成果转化基地。平台和北部战区总医院、辽宁彰武县中医院、帝信人工智能研究院有限公司合作，成立了彰武县科技成果转化基地，形成了产学研用联合创新的生态环境，是科研、教育、生产、应用等不同社会分工在功能与资源优势上的协同与集成化，是技术创新上、中、下游的对接与耦合。

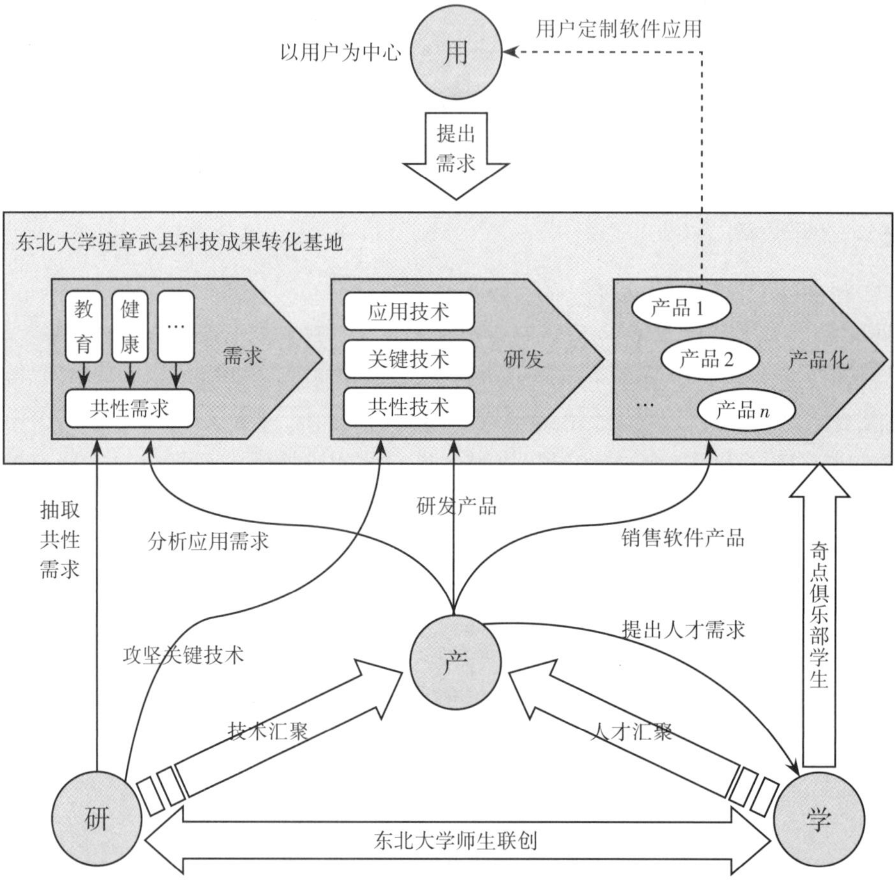

图2　产学研用有机融合的彰武县科技成果转化基地

三、融入思政元素的实践项目

培养新T型人才的一个重要思路是引入“课程思政”。中央和教育部文件中提出的“思想政治教育资源”或“元素”是指专业知识中可用于解决学生思想问题的相关内容，要求教师通过讲授专业知识来说明做人做事的道理。用这种方法做学生的思想工作，效果比空洞的说教好得多，学生更易接受。建立思政课堂显性教育与其他课堂隐性教育的协同育人工作理念，打造思政教师与其他课教师全程、全方位的协同育人主体，构建思想政治理论课与各类课程同向同行的协同育人工作机制，旨在提高思想政治教育工作的科学性与有效性，对于培养社会主义事业的建设者和接班人具有重要的理论意义和实践价值[6]。在教学体系中，融入思政要素，通过思政理念引领新T型人才培养，这给我们提供了一个全新思路。我们提出了思政理念引领的T型人才培养模式，致力于培养内外兼修的高端软件人才，在如何吸引学生、如何开拓视野、如何升华能力等关键教学问题上做了深入研究。

社会实践是环境影响与思政教育形成教育合力的桥梁，它通过创设“人造环境”，把思政教育与环境影响导向相互促进，避免相互弱化，有效地解决了思政教育理论与现实社会环境相分离的问题，促进学生认识自我、发展自我，为学生正确处理“遭遇”奠定基础[7]。“课程思政”的资源挖掘是先决条件[8]。针对学生在变革、奉献和协作能力方面不足的现状，将创新实践平台的思政元素分别聚焦于“变革精神”“奉献精神”和“合作精神”。我们将这3个思政元素有机地融入我们的创新实践项目中，如：

儿童高血压数据分析系统：学生们和北部战区总医院医生一起到彰武县调研，发现当地儿童高血压人群比例是全国比例的2倍。为什么会产生这种情况？如何改变这种状况？首先，学生们在东北大学发动150余名志愿者，历时一个半月对2万多份纸质的儿童高血压检测材料进行数据录入。其次，进行了详尽的数据分析，之后为当地百姓开发了一款普及高血压知识和预测高血压趋势的手机应用程序。

智能视力检测系统：学生们发现彰武县疾控中心在做学生视力检查时，需要3~5名医生，拿着庞大的检测设备一所所学校（包括边远山区的中小学）去轮测，遍历所有中小学大约需要4个月的时间。这样做不但成本高、周期长，而且数据利用率低，没有真正起到帮助学生保持视力的作用。于是，学生们想到采用终端设备和云计算技术，开发了一款基于手势和语音混合识别的自动化视力检测系统，通过创新解决这些问题。

面向留守儿童和贫困儿童的健康成长陪伴平台：学生们在彰武县农村调研时，发现留守儿童和贫困儿童较多，这些儿童缺乏关爱，疏于照顾，心理健康状况堪忧。同时，现有的学习类软件收费较高，且不具备心理疏导功能。于是学生们决定开发一个以大学生陪伴和开放教育资源为主要内容的儿童健康成长陪伴平台，立志解决儿童缺乏关爱以及教育资源不平衡等社会问题。

上肢康复系统：学生们在彰武县中医院调研时，发现贫困地区患者的上肢康复训练成本较高，并且缺乏专业医生的指导。学生们决定开发一款基于体感交互和虚拟现实的上肢康复训练产品，该产品融合人工智能、计算机图形学、大数据分析、Kinect体感交互技术等信息化手段，提供家庭版和医院版两种方案，患者可以通过体感交互或复健球两种方式进行康复训练。

四、结语

把思政的“盐”撒到新T型人才培养的“菜”里，收到了良好的教学效果。在“变革精神”方面，学生们不但知行合一，而且真正领会了产品变革创新的深刻含义，成为主动变革的实践者；在奉献精神方面，学生们在潜移默化中增强了社会使命感和责任感，践行了东北大学校歌中所倡导的爱校、爱乡、爱国、爱人类的大爱情怀；在合作精神方面，通过团队协作，培养了学生们适应变化、不畏困难、共同协作的团结拼搏精神。将思政元素融入学生创新实践的培养过程中，引导学生主动进行自我超越，提升变革精神、奉献精神和合作精神，这高度契合了企业与社会对新T型人才的需求。

参考文献

[1] 菅建伟. “互联网+”理念下思政课教学模式转变的路径探究［J］. 知识经济，2018（9）：120，122.

[2] 高燕. 课程思政：课程思政建设的关键问题与解决路径［J］. 中国高等教育，2017（15）：11-14.

[3] 孙杰，常静. 高校加强“课程思政”建设现实路径选择［J］. 中国高等教育，2018（23）15-17.

[4] 张森悦，吴景泰，荆浩. 基于“T”型人才培养模式的体验式实验课程体系建设［J］. 中小企业管理与科技（上月刊），2020（1）：76-77.

[5] 穆胜. 云组织［M］. 北京：电子工业出版社，2015.

[6] 滕跃民，韩锋. 高校课程思政协同育人机制构建路径及策略分析［J］. 山西能源学院学报，2018，31（6）：45-47.

[7] 童志坚，王晓. 高校思政教育的社会实践探讨［J］. 教育与职业，2013（12）：49-51.

[8] 邱伟光. 课程思政的价值意蕴与生成路径［J］. 思想理论教育，2017（7）：10-14.

本文原载于《辽宁教育行政学院学报》2020年第5期。

论高校“课程思政”的建构策略

李　晨

摘要：高校“课程思政”建设是落实立德树人根本任务的必然要求和构建“全员、全程、全方位”育人体系的关键举措，要通过教育理念的转换、教育方式的创新和教育方法的变革，构建起思政课程与“课程思政”同向同行的思想政治教育共同体，实现知识传授与价值引领、显性教育与隐性教育、教学之道与教学之术的有机统一，实现思想政治教育的效果最大化、效益最优化。

关键词：高校；课程思政；建构策略

习近平总书记指出：“做好高校思想政治工作，要用好课堂教学这个主渠道，思想政治理论课要坚持在改进中加强，其他各门课都要守好一段渠、种好责任田，使各类课程与思想政治理论课同向同行，形成协同效应。”[1] 课堂是高校思想政治工作的主渠道，高校要将思想政治工作贯穿教育教学全过程，形成思政课程与“课程思政”相互补充、相互促进、相得益彰的高校思想政治教育课程体系，构建起思政课程与“课程思政”同向同行的思想政治教育共同体，实现思想政治教育的效果最大化、效益最优化。

当前，高校“课程思政”建设如火如荼，但不同程度地存在着“形式大于内容，结构大于功能”的问题。究其原因，是对“课程思政”建构策略缺乏科学认知和方法支撑。高校“课程思政”建设是落实立德树人根本任务的必然要求和构建“全员、全程、全方位”育人体系的关键举措，要通过教育理念的转换、教育方式的创新和教育方法的变革，实现知识传授与价值引领、显性教育与隐性教育、教学之道与教学之术的有机统一。

一、教育理念：知识传授与价值引领的统一

习近平总书记指出：“人才培养一定是育人和育才相统一的过程，而育人是本。”[2] 课程思政教育理念正是聚焦“育人和育才相统一”这一人才培养的核心问题，实现课程育人从“知识传授”的单向度转变为“知识传授与价值引领相统一”的双向度。

教师是课堂教学的实施者、建设者，居于主导地位。坚持知识传授与价值引领相统一的教育理念，需要高校教师充分认识“课程思政”建设的必要性。长期以来，高校教师普遍存在这样一种认识：思想政治教育是思政课教师的责任，由思想政治理论课承

担，专业课、公共课和通识课等各类课程主要承担知识传授、能力培养职能，思想政治教育职能不在专业课教师职责范围之内。这种情况导致了高校思想政治工作一度被边缘化、空泛化、标签化，陷入“孤岛”困境。“课程思政”教育理念的提出正是着眼于这一突出问题。“课程思政”强调“思政在课程”，这里的“在”指思想政治教育的“在场性”，即将思想政治教育融入教育教学的各环节、各方面，实现课程中见思政、以思政塑课程，实现育才与育人的有机统一。这就要求高校教师从“培养什么人、怎么培养人、为谁培养人”的高度充分认识“课程思政”的必要性，着力破解专业教育与思政教育“两张皮”的问题、教书和育人相背离的问题，构建“一体化”育人体系，回归育人初心使命、回归教育本真。

“课程思政”具有必要性，那么，课程何以思政，知识传授与价值塑造能否实现统一？“课程思政”的可行性问题是高校教师普遍关注的核心问题。事实上，“教育并非一个价值中立的事业，就教育制度的本质而言，无论教育工作者是否意识得到，他们已经被卷入了一项政治活动。”[3] 由此可见，课堂教学不存在价值中立，也不能做到价值中立。在知识传授过程中总是留有意识形态的痕迹，知识体系背后总是隐藏着思想观念、政治观点、道德规范等价值预设，进而表现为一种价值取向和价值追求。换句话说，科学理性与价值理性始终如影随形、和谐共存。由此可见，课堂教学正是一个科学理性与价值理性有机统一的过程，“每一门学科的发展都反映着勇于追求真理的探索精神，每一个科学发现都反映着敢于质疑权威的创新精神，每一项技术发明都反映着推动社会发展进步的责任意识”[4]，这都充分说明知识传授与价值引领相统一是符合教育教学规律和人才培养规律的。

二、教育方式：显性教育与隐性教育的统一

习近平总书记指出：“要坚持显性教育和隐性教育相统一，挖掘其他课程和教学方式中蕴含的思想政治教育资源。”其中，显性教育强调显性思政，指思想政治理论课；隐性教育强调隐性思政，指专业课、公共课和通识课等各类课程。“在教育教学中，既要注重在价值传播中凝聚知识底蕴，又要注重在知识传播中强调价值引领，突出显性教育和隐性教育相融通，实现从思政课程向‘课程思政’创造性转化。”[5]

作为隐性教育的“课程思政”如何承担思想政治教育职能？这需要辨析“课程思政”与思政课程二者之间的关系。与“思政在课程”的“课程思政”不同，思政课程强调“思政的课程”，即以思想政治教育为主要内容和主要目标的课程，其根本属性是意识形态性。就高校而言，思政课程包括思想道德修养与法律基础、中国近现代史纲要、马克思主义基本原理概论、毛泽东思想和中国特色社会主义理论体系概论以及形势与政策等课程。在这些课程中，授课内容既是反映人类社会发展规律的科学知识体系，也是具有意识形态属性的价值体系，“既是作为一种认知的解释系统，又是作为一种提供价值的符号系统”[6]。由此可见，对思政课程和“课程思政”而言，“思政”的含义具有差异性。思政课程中的“思政”如同一只看得见的手，在知识传授过程中实然地体现为价

值引领，进而实现知识体系与价值体系相统一。而“课程思政”中的“思政”如同一只看不见的手，特别是自然科学方面的课程，在知识传授过程中并不完全实然地显现为价值引领，而需要授课教师将思政元素融入知识体系中，进而实现知识体系与价值体系相统一。因此，从课程的教育目标和价值取向上看，“课程思政”“并不是‘隐’去思想政治教育的意识形态属性，‘过滤’掉思想政治教育的阶级性”[7]，而是对思政课程的拓展延伸，在这个意义上，二者遥相呼应、步调一致。

作为隐性教育，“课程思政”究竟“隐”在何处？这个“隐”强调隐思政之“形”而得思政之“意”，达到遗貌取神的功效。隐思政之“形”强调专业课、公共课、通识课等各类课程不能“思政化”，不能遮蔽原有课程的固有属性和教学规律。也就是说，既不能将思政课内容直接搬上专业课堂，将专业课打造为冠以专业课名称的思政课，也不能将思政教育元素与专业知识体系简单嫁接和生硬拼凑。得思政之“意”强调在课程原有知识体系基础上，将思政元素融入其中。这如同盐融入水中，化有形为无形，不见思政之形，却能品思政之“味”，在潜移默化、润物无声中达到思政育人的效果。

三、教育方法：教学之道与教学之术的统一

“课程思政”付诸实践最终体现在教育方法上。“课程思政”的教育方法是一个教学之道与教学之术的统一体，其中，道是术的根本，术是道的支撑，二者共同实现专业教育与思政教育同频共振，达到“课程思政”从应然标准走向实然效果。

教学之道强调高校教师要遵循思想政治教育规律、教书育人规律和大学生成长规律，不断提升人格修养、政治素养和知识涵养。人格修养是高校教师有效开展“课程思政”的根本素养。教学活动是一种以“场”的形式进行的育人活动，其中，教师的学识水平、思想觉悟、道德品质、价值追求以及外化出来的言传身教潜移默化着学生，是一个学识与人格双重塑造的过程。因此，高校教师要不断提升人格素养，坚持立己德而树人德，真正成为塑造学生品格、品行、品味的“大先生”。思政素养是高校教师有效开展“课程思政”建设的关键素养。高校教师要不断提升思想政治教育能力，善于从马克思主义立场、观点、看法去分析问题，熟练掌握马克思主义、毛泽东思想、中国特色社会主义理论体系这一脉相承又与时俱进的科学理论体系，认真学习党和国家的路线、方针、政策，以扎实过硬的思政素养为“课程思政”建设提供坚实保障。知识涵养是高校教师有效开展“课程思政”建设的基础素养。高校教师要广泛涉猎，不断汲取新知识，不断提升人文素养和科学素养；要聚焦现实，在认识世界、读懂中国中把握时代脉搏、紧跟时代节拍、聆听时代声音，为课堂教学提供源源不断的知识供给。

教学之术强调高校教师要具备驾驭“课程思政”的技巧与艺术。要注重思政元素的积累，提升思政元素的开发能力和抓取能力，将各类课程内容中蕴含的思政元素挖掘出来，不断丰富思政元素的资源储备。要注重思政元素的运用，在有效结合课程内容特点的基础上，科学处理思政元素与专业知识的关系。不能将思政元素任意地嵌入和碎片化地植入专业知识之中，而要找准切入点、把握落脚点，实现思政元素和专业知识的无缝

对接和有机互融。要注重话语方式的转化，灵活运用政治话语、学术话语和生活话语，不断增强话语的思想力、说服力和亲和力，不断增强学生的认同感、获得感和满足感。

参考文献

［1］习近平在全国高校思想政治工作会议上强调：把思想政治工作贯穿教育教学全过程开创我国高等教育事业发展新局面［N］. 人民日报，2016-12-09（1）.

［2］习近平在北京大学师生座谈会上的讲话［N］. 人民日报，2018-05-03（2）.

［3］迈克尔·W·阿普尔. 意识形态与课程［M］. 黄忠敬，译. 上海：华东师范大学出版社，2001：1.

［4］丁义浩. “课程思政”建设须打破三个误区［N］. 光明日报，2020-01-13（2）.

［5］高德毅，宗爱东. 从思政课程到课程思政：从战略高度构建高校思想政治教育课程体系［J］. 中国高等教育，2017（1）：44.

［6］朱兆中. 意识形态的传播与接受问题研究：兼论中国马克思主义的传播与接受［J］. 上海行政学院学报，2007（4）：15.

［7］巩茹敏，林铁松. 课程思政：隐性思想政治教育的新形态［J］. 教学与研究，2019（6）：47.

本文原载于《辽宁教育行政学院学报》2020年第5期。

基于“课程思政”的数值分析教学探究

邵新慧　冯　男　史大涛

摘要：“课程思政”是当前形势下高校教育教学改革的新理念和新思想，也是教育发展的必然要求。本文从大学数学基础课程在大学生学习中所处的地位入手，强调了对大学数学基础课程进行“课程思政”的重要意义和其所具有的能够进行实施的得天独厚条件，以数值分析课程为例提出了实施大学数学“课程思政”的策略、具体方案及教学案例，为高校数学基础课程在思想政治教育中发挥作用提供了新经验和新思路。

关键词：课程思政；教学探究；数值分析；教学案例

一、“课程思政”的背景和意义

教育强则国家强，人才兴则民族兴。毋庸置疑，高等教育肩负着为国家发展和民族振兴培养人才的重任，但是培养什么样的人、如何培养人、为谁培养人，这是高等教育工作者必须思考的问题。习近平总书记在全国高校思想政治工作会议中特别强调了教育需要思考的这个根本问题，并强调一定要坚持把立德树人作为中心环节，把思想政治工作贯穿教育教学全过程，实现全程育人、全方位育人。同时进一步强调，要利用好课堂教学这个主渠道，深入发掘各类课程的思想政治理论教育资源，发挥所有课程的育人功能，落实所有教师的育人职责。让各类课程都要与思想政治理论课同向同行，使学校各方力量、各种资源、各类课程都能发挥育人功能，形成“协同效应”，为做好新形势下高校思想政治工作、发展高等教育事业指明了行动方向，为当今高校思想政治工作构建了“课程思政”的全新教育方式。正确教育、引导大学生，这将关系一代甚至是几代人发展，更关系到国家和民族的发展。如何准确地把握在校大学生的思想脉搏，关心他们身心的健康成长，需要每一位任课教师利用好课堂这个主要渠道，把对学生的思想道德情操的教育融入科学知识的传授之中，让学生在不知不觉中获得引导和教育，以是中国人为荣，以祖国建设发展为己任，这是高等教育工作者义不容辞的责任与义务[1-3]。

二、大学数学基础课“课程思政”建设现状

美国数学家、教育家克莱因说：“数学一直是一种重要的文化力量，具有极重要的实用价值，在使人赏心悦目和提供审美价值方面，至少可以与其他任何一种文化门类媲

美”。为此，大学学习阶段，学生们需要学习一些数学基础课程，提升学生的数学素养，这些课程包括高等数学、线性代数、概率论与数理统计、数值分析和复变函数与积分变换等一系列数学基础课程，这些课程贯穿大学理工科各个专业学生几乎两年的大学学习阶段。正是由于这些课程开课时间长、影响大、教学受众面广、学习时间连贯，为开展思政教育提供了一个良好的平台，使“德育教育”与“知识传授”得到共同发展，从而实现全方位育人。但当前大学数学基础课“课程思政”的现状堪忧，教师实施“课程思政”过程中存在若干误区，主要体现在以下三个方面。

一是很多数学任课教师思想政治教育意识不足，认为大学生思想政治教育是与政治相关的一些课程的任课教师的工作，学生思想工作是辅导员的工作，跟专业课任课教师没有任何关系；有的老师甚至质疑，“数学课里进行‘课程思政’？这两者之间有联系吗?”“数学课教师只要把数学理论知识传授清楚就行”，等等。

二是在当前数学课授课过程中进行的“课程思政”，很多已等同于“思政课程”，在课程讲解中或在课程结束后突然硬性加入思政内容，使得受众一脸茫然；或是在数学课程中大量植入思政内容，造成喧宾夺主之势。

三是好多教师做“课程思政”不能做到持之以恒。开始时满腔热血，做到中途偃旗息鼓，到了最后，“课程思政”早已消失得无影无踪。没有持续性、完整性的“课程思政”，必然导致其效果大打折扣。

三、“课程思政”元素在讲授数值分析课程中的融入和挖掘

数值分析是研究用计算机求解各种数学问题的数值方法及其理论的一门学科，是现代数学在计算机上应用的重要基础工具，数值分析课程是继续学习和掌握其他常用算法的基础课程，同时也是高等院校理工科类中很多专业的学生都必须掌握的一门基础课程，例如数学与应用数学、信息与计算科学、应用统计、力学、物理、自动化、计算机、软件工程、机器人、物流工程等专业。与此同时，这门课程也是各大理工类专业研究生开设的为数不多的几门数学基础课程之一。正因如此，涉及面比较广泛，具备了一个便于开展“课程思政”的授课平台。

数值分析课程最主要的特色便是理论与实践相结合，数学理论指导算法设计和误差分析，数值运行结果验证理论推导的正确性；课程中需要应用高等数学、线性代数等先修课程知识，而该课程的研究结果既能直接应用于一些工程中的实际问题，也是学习偏微分方程数值解法等后续课程和从事专业技术工作必需的基础。因此任课教师可以通过对常用和典型数值方法的介绍，让学生掌握和了解这些方法的基本思想与理论依据，使学生学会在计算机上使用这些方法解决实际问题，并进行相应的误差分析和收敛性分析。能为学生在理论学习方面以及利用计算机解决实际问题等方面打下良好的基础，而且课程中介绍的诸多数值算法特别适合培养各个专业学生的数学逻辑思维能力和提高学生的数学推理能力。

数值分析课程教学团队在数学专业知识学习过程中巧妙融入思想政治教育元素，实

现思政上的引申和靠拢，达到了“润思政”而细无声，自然融合的效果。结合所讲授数值分析课程的具体特点，因势利导，借题发挥，抓好切入点，自然地将该课程的教学目的和思政进行有机结合。我们通过查阅和学习一些相关文献，对目前高校“课程思政”育人体系的研究进行梳理，并结合专业特色进行了教学改革和尝试，获得了一些经验和观点，希望能为新时代思想政治教育实践提供一点可以借鉴的经验，供广大高校数学任课教师参考。

数值分析授课中“课程思政”元素融入的建设思路，如图1所示。

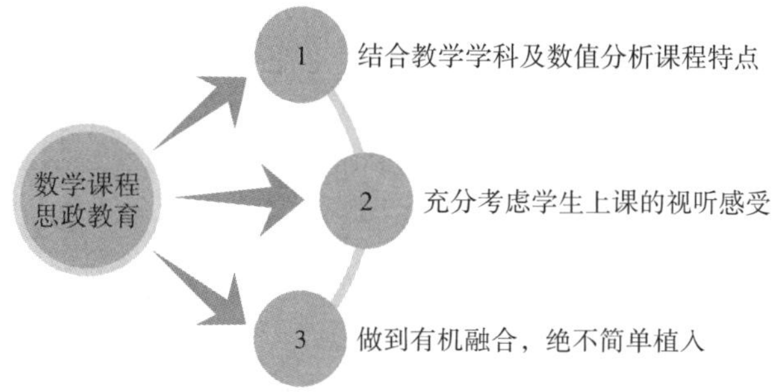

图1 数值分析授课中“课程思政”元素融入的建设思路图

具体思政元素挖掘及教学内容设计，如图2所示。

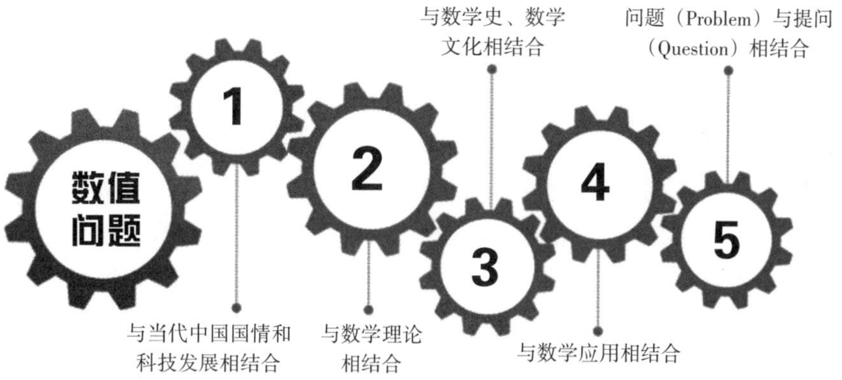

图2 具体思政元素挖掘及教学内容设计图

下面将结合具体事例展开分析。

（一）与当代中国科技发展相结合，培养学生使命感和责任感

在绪论内容讲述中，我们会为同学们播放数值分析在中国大学MOOC网站上的课程介绍短片，通过短片，学生了解到数值分析课程学习的内容可以用来解决科学工程领域中的数学问题。然后，我们又选择播放大约4分钟的视频片段——“厉害了，我的国”之时代先锋篇，短短几分钟的视频为同学们介绍了奋战在第一线的各类科技人才的感人事迹，从而触动学生的心灵，激起他们对生活在新时代以及有我们强大的祖国为后盾的自豪感。以这些精英为榜样，努力学习，为将来服务于祖国打下扎实的基础，增加为祖国奋斗的使命感和责任感如图3所示。

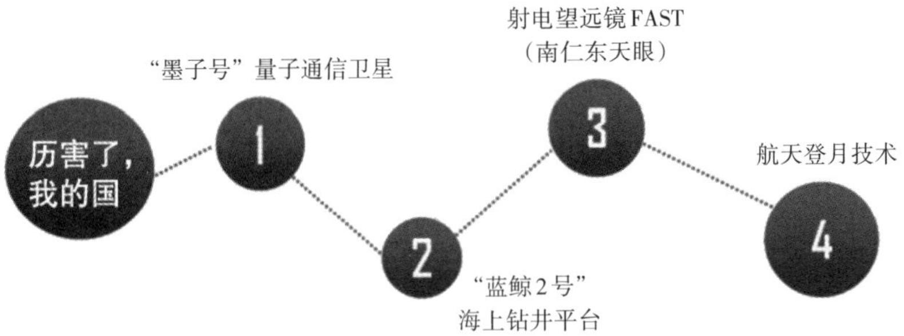

图3　介绍当代中国科技的教学内容设计图

（二）与数学基本理论应用案例结合，培养学生的爱国情怀和法治观念

在给学生讲解误差概念时，播放截取的短视频《科学重器，失之毫厘，谬以千里——一秒之差竟然影响这么大》以及《我和我的祖国》“回归”小节。让学生从实际应用案例中切实体会误差在生产生活中的影响，有时甚至涉及国家的主权，从而逐渐培养学生严谨求实的科研精神和珍惜大好时光、不负美好青春、报效祖国的积极情怀。

在介绍稳定性和算法安全的概念时，告诫同学们在科研过程中一定要牢固树立国家安全意识，注意不要在朋友圈发涉密等相关信息。引导学生明确国家安全问题与每个青年学子的生活息息相关，并非遥不可及。

（三）与数学史及数学文化相结合，培养学生民族自豪感和文化自信

数学史教育是厚植爱国主义情怀的重要一环，在数值分析课程教学中，融入数学史和老一辈数学家追求真理、攻坚克难的励志故事，融入数学的美育价值，促进科学素质教育与人文素质教育有机结合，引导学生扎根中国土地，激发学生树立做出世界一流科技成果的豪情壮志。

在提到多项式计算的秦九韶算法时，重点介绍我国古代杰出数学家秦九韶，以增强学生的文化自信。秦九韶是我国古代数学家的杰出代表之一，他的《数书九章》概括了宋元时期中国传统数学的主要成就，尤其是系统总结和发展了高次方程的数值解法与一次同余问题的解法，提出了相当完备的“正负开方术”和“大衍求一术”。在讲授数值积分的梯形公式和Simpson公式时，为同学们介绍华罗庚先生写的一本书——《数值积分及其应用》，突出介绍华罗庚先生与王元教授合作在数值积分方法与应用领域的研究成果，并同时介绍华罗庚先生的生平事迹，特别是他放弃美国优越生活条件和良好的科研环境，克服重重困难回到祖国怀抱，投身我国数学科研事业，为中国数学事业发展做出了杰出的贡献，被誉为“人民的数学家”。秦九韶和华罗庚的故事，弘扬了中华古今数学文化，点燃了学生们的爱国热情，也给当代学子树立了强大的文化自信和民族自信。

在学习欧拉公式的时候，引入欧拉的事迹：欧拉是18世纪伟大的数学家和力学家，15岁毕业于巴塞尔大学，16岁获硕士学位。他对科学有孜孜不倦的追求，在各种艰苦的条件下都能超强专注地工作和学习，一生有惊人的学术成就，即使在他双目失明后的几十年里，仍凭借惊人的毅力发表了数百篇高水平论文。这些与数学密切相关的人和事，给正在攀登科学高峰的学生们照亮了前进的道路。

四、结束语

大学阶段数学基础课程进行“课程思政”，目的是通过教师挖掘相关数学课程的思想政治资源，在数学基础课的讲述过程中，通过对知识点分析和典型案例教学，对大学生们进行思政教育。一方面，能够帮助学生形成正确的世界观、人生观和价值观；另一方面也能让大学生们通过数学家的成功故事、数学里一些重要研究成果的发展历程，发现数学的美以及数学对于自然科学、社会科学和工程技术领域发展起到的重要作用。

参考文献

[1] 李洁坤，陈璟. 大学数学“课程思政”教育教学改革的研究与实践［J］. 教育教学论坛，2019（52）：120-121.

[2] 王宝军，大学理科专业课程思政的特点和教学设计［J］. 中国大学教学，2019（10）：37-40.

[3] 赵鹤玲，新时代高校“课程思政”建设的现状及对策分析［J］. 湖北师范大学学报（哲学社会科学版），2020，40（1）：108-110.

本文原载于《辽宁教育行政学院学报》2020年第5期。

关于创新创业教育的“课程思政”改革探索与实践——以东北大学创客启蒙课程为例

黄晓颖　孙秋野

摘要：创新创业教育与思政教育在教育对象、目标、内容等方面具有高度一致性，将社会责任等思政元素有效融入创新创业教育，促使两者有机结合、协同发展，实现立德树人、润物无声的作用，具有十分重要的理论意义和实践价值。面向低年级学生群体开设的创新创业类通识课程，创客启蒙从德育、智育、体育、美育、劳育五个方面融入思政教育元素，在知识传授过程中实现价值观的引领和传播，实现显性教育和隐性教育的融合，引领学生成为符合新时代中国特色社会主义发展需要的建设者和接班人。

关键词：创新创业教育；创客启蒙；思政教育

习近平总书记在全国高校思想政治工作座谈会上指出，做好高校思想政治工作，要用好课堂教学这个主渠道，其他各门课都要守好一段渠、种好责任田，使各类课程与思想政治理论课同向同行，形成协同效应[1]。创新创业教育是高等教育中极具时代特色的重要一环，挖掘思想政治教育元素，弘扬和彰显立德树人的时代价值，构筑协同育人的教育合力，使学生从中汲取智慧、坚定理想信念、夯实价值基础，坚持以学生为本，积极探索教育在实现人的全面发展中的重要路径。本文以东北大学入选教育部“三全育人”首批试点高校并全面开展“三全育人”建设工作为契机，探讨创新创业教育教学中融入思政元素的必要性和方法。

一、创新创业教育与思政教育的内在联系

高校思想政治教育是高校运用一定“思想观念、政治观点、道德规范对师生进行有目的、有计划、有组织的影响，使他们形成社会所要求的思想品德的社会实践活动”。[2]思政教育通过端正思想态度，激发行为动机，帮助大学生在创新创业学习和实践过程中树立信念，提升品格，并为其提供更加持久的精神动力。创新创业教育是思政教育有实效、接地气的载体，能推动社会主义核心价值观落实落细。创新创业教育与思政教育作为高校育人系统的重要组成部分，有着天然的内在契合点。一致性的教育对象与教育目标，融合性的教育内容为其相互渗透、同向同行提供了前提条件。

（一）一致性的教育对象

创新创业教育与思政教育都以全体大学生为教育对象，都注重学生综合素质的提升。创新创业教育是一种面向全体大学生开展的“广谱式”教育，在尊重学生个性、想法和能力差异化的基础上，力争惠及每一个学生，培养学生的创新精神、创业意识和创新创业能力。思政教育引导学生坚定理想信念和形成良好道德品性。

（二）一致性的教育目标

高校思想政治教育的目标是培养又红又专、德才兼备、全面发展的中国特色社会主义合格建设者和可靠接班人。[3] 创新创业教育的目标是学生创新精神、创业意识和创新创业能力明显增强。在“大众创业、万众创新”的浪潮中，高校教育引导学生响应国家号召，承担社会责任，将个人理想与历史使命相结合，通过自身的专业知识和聪明智慧将创新创业梦想变成现实，这体现了思政教育的内容。创新创业教育与思政教育的教育目标都是提升学生的思想意识与实践能力，德智体美劳全面发展的新时代大学生是中国特色社会主义事业建设和发展的人才储备。

（三）融合性的教育内容

创新创业教育内容包括意识培养、理论学习、知识传授、技能训练、能力提升以及创新精神的继承和创业精神的弘扬。其中，意识培养与精神继承和弘扬是创新创业教育的灵魂，理论课程和实践活动是创新创业教育开展的主要路径，正能量和主旋律的创新创业文化是滋养高校创客不可缺少的养分。思想政治教育内容包括马克思主义基本理论教育，共产主义理想信念教育，中国特色社会主义国情教育，正确的世界观、人生观和价值观教育等多方面。[4] 可见，双创教育与思政教育都涵盖了对大学生理想信念、价值引领、行为选择等方面的正向教育，并且都与大学生的健康成长和全面发展密切相关。创新创业教育作为高层次的素质教育，为思想政治教育提供了理论与实践相结合的契合点，增强了思政教育的时代感召力。

二、创新创业教育教学中融入思政元素的必要性

（一）创新创业教育的教育功能要求其融入思政元素

创新创业教育承担新时代赋予的历史使命，不仅积极促进大学生就业创业，更主要的是结合国家战略政策，结合市场需求，结合区域经济发展，把大学生塑造为推动经济发展的动力源泉，为国家创新驱动战略提供人才支撑与智力保障。思政教育引领创新创业教育的发展方向，端正创新创业教育的价值取向。

（二）知行合一的素质教育，要求思政理论与双创实践相融合

现代素质教育提倡知行合一，思政教育注重“知”，注重理论学习，创新创业教育注重“行”，注重实践训练，二者之间存在着紧密的联系，高校思想政治教育与创新创业教育有机结合是实现素质教育知行合一的有效途径。

三、创新创业教育中蕴含的思政元素

在创新创业教育中融入思想政治教育元素，通过知识传授和能力培养，实现价值教育的载体功能。其中，可挖掘的思政元素有爱国情怀、国际视野、创新精神、团队精神、社会担当、人文素养等。

（一）爱国情怀

爱国情怀是对国家和人民所表现出来的深情大爱。2014年李克强提出了“大众创业、万众创新”的号召，高校毕业生是实施创新驱动发展战略和推进“大众创业、万众创新”的主力军，国家从国务院、部委、省级以及学校4个层面相继出台多种政策及措施支持毕业生投入创业的时代浪潮。通过对政策背景及时事热点的讲解与讨论，可以培养学生的爱国情怀，使学生关注世界发展，关心祖国未来，为民族创新，为祖国创业，为人民谋幸福。

（二）国际视野

国际视野是指人们能从世界的高度了解历史和认识社会，从全球的角度认识本国所处的地位和所发挥的作用，并在国际交往中有恰当的态度与行为。创新创业教育改革是中国高等教育改革的重要抓手，是高校进入世界一流大学和一流学科的突破口之一，其改革本身就带有国际化色彩。另外，高质量的创新创业教育必须与区域定位、科技水平和行业发展密切结合，而区域定位、科技水平和行业发展要在国际视野中才有实际意义，这也赋予了创新创业教育国际视野。

（三）创新精神

创新精神是指能够综合运用已有的知识、信息、技能和方法，提出新方法、新观点的思维能力和进行发明创造、改革、革新的意志、信心、勇气和智慧。创新精神是一个国家和民族发展的不竭动力，创新精神培养是创新创业教育的核心内容。

（四）团队精神

团队精神指整体配合精神。创新创业课程中团队意识、团队创建、团队管理是实践的重要内容。团队精神的培养，有利于提高协作能力，形成奉献、进取、团结的作风，有利于塑造良好的品格，有利于提高个人能力和心理素质。

（五）社会担当

社会担当是指对社会应负的责任。一个组织应以一种有利于社会的方式进行运行和管理。社会担当通常是指组织担当的高于组织自己目标的社会义务。它超越了经济与法律对组织要求的义务，是道德层面的要求，完全是组织出于义务的自愿行为。

（六）人文素养

人文素养是人类的自我关怀，表现为对人类遗留下来的精神文化和物质文化的欣赏和珍视，对理想人格的肯定和追求。在创新创业教育中注入人文素养，有助于培养仁爱之心，有助于青年更好地发现和关注社会痛点，有助于点燃大学生的创新创业热情，有助于调适心态、完善人格，成为一个有责任心的时代创客。

四、创新创业教育与思政教育的融合路径

在创新创业教育与思政教育的融合过程中，充分挖掘创新创业教育的思政元素，把价值引领、能力培养、知识传授贯穿于日常教学活动中，让学生在潜移默化中深受教育浸染，实现创新创业教育与思想政治教育的有机融合，把学生培养成德智体美劳全面发展的社会主义合格建设者和可靠接班人。

东北大学创客启蒙是由创新创业学院牵头，艺术学院、工程训练中心、东创空间（国家级众创空间）协作开设的，面向高校低年级学生群体的创新创业类通识课程。课程注重思想启迪与实践操作，从德育、智育、体育、美育、劳育五个方面融入爱国情怀、国际视野、创新精神、团队精神、社会担当、人文素养等思政教育元素。通过社会担当和文化传承意识的提升开展德育教育，通过设计能力、生产能力、组织能力、销售能力的提升开展智育教育，通过市场调研、市场营销等执行力和抗挫力的提升，锻炼百折不屈的品性与体魄，通过艺术鉴赏和艺术设计提高感受美、创造美、分享美、传递美的能力，通过工程技术学习与实训提高劳动技能与能力。课程基于创新思维训练、文化产品设计与开发、产品生产与销售、销售利润反哺社会等环节，要求学生在充分欣赏国内外特色文创产品的基础上，完成文创产品的设计、制作、营销等全链条实践，最终将销售盈利捐赠给学校对口扶贫县的中小学。对于有市场潜力的产品，可在与贫困县合作的基础上进行后续生产，促进当地营收。课程将理论学习、文化感悟、实际生产、市场验证、公益实践融为一体，并鼓励学生将实践过程充分展示，让学生感受美、创造美、分享美、传递美。真正在知识传授过程中实现价值引领和传播，实现显性教育和隐性教育的融合，实现立德树人、润物无声，引导大学生成为符合新时代中国特色社会主义发展需要的合格建设者和可靠接班人。

表1　创客启蒙课程思政教学内容设计

章节	课程内容	融入路径	思政教学内容	负责单位	五育内容
第一章 课程绪论	1.1 课程概述及考核方案公布 1.2 文创产品及市场概述 1.3 课程分组及讨论	案例分析 文献查阅 小组讨论 教师引领	爱国情怀 国际视野 创新精神 团队精神 社会担当 人文素养	创新创业学院	德育 智育 体育 美育 劳育
第二章 课程参观	2.1 参观校史馆 2.2 参观文创产品店 2.3 参观工程训练中心 2.4 参观艺术学院展室 2.5 参观东创空间	参观考察 社会调研	爱国情怀 创新精神 社会担当 人文素养	创新创业学院 艺术学院 工程训练中心 东创空间	德育 美育

表1（续）

章节	课程内容	融入路径	思政教学内容	负责单位	五育内容
第三章 设计基础	3.1 设计理论概述 3.2 设计类软件举例 3.3 艺术作品案例赏析	案例赏析 教师引领	创新精神 人文素养	艺术学院	智育 美育
第四章 生产实践	4.1 工程训练类课程 4.2 用料与选材课程 4.3 设计生产加工操作	案例赏析 教师引领 实践操作	国际视野 创新精神 人文素养	工程训练中心	智育 劳育
第五章 市场及市场营销	5.1 项目书撰写 5.2 财务报表绘制 5.3 市场销售案例分析 5.4 创业团队管理	案例赏析 教师引领 团队训练	创新精神 团队精神 社会担当	工商管理学院	智育
第六章 沙盘演练	6.1 创业模拟沙盘演练课	实践操作	创新精神 团队精神	工商管理学院	智育
第七章 市场验证	7.1 七天销售挑战赛	实践操作	创新精神 团队精神	东创空间	智育 体育 劳育
第八章 课程展示	8.1 数据总结分析 8.2 项目组答辩	实践操作 综合展示	创新精神 团队精神 人文素养	创新创业学院 艺术学院 工程训练中心 东创空间	德育 智育 体育 美育
第九章 公益创业	9.1 扶贫对接	实践训练	爱国情怀 团队精神 社会担当	创新创业学院	德育 体育 劳育

五、结语

立德树人是教育事业的根本任务，高校要坚持在全员、全过程、全方位育人的指导原则之下，使创新创业教育与思政教育协同发展、同向同行，努力培养出符合中国特色社会主义建设和发展需要的创新创业人才。

参考文献

［1］习近平在全国高校思想政治工作会议上强调：把思想政治工作贯穿教育教学全过程开创我国高等教育事业发展新局面［N］．人民日报，2016-12-09（1）．

［2］张耀灿．思想政治教育学原理［M］．北京：高等教育出版社，2015：11．

［3］中共中央国务院印发《关于加强和改进新形势下高校思想政治工作的意见》［N］．人民日报，2017-2-28（1）．

[4] 高德毅，宗爱东. 从思政课程到课程思政：从战略高度构建高校思想政治教育课程体系 [J]. 中国高等教育，2017（1）：43-46.

本文原载于《辽宁教育行政学院学报》2020年第5期。

“课程思政”建设面临的现实问题及其优化策略

王　刚

摘要：“课程思政”不仅是加强和改进高校思想政治工作的重要着力点，更是引导中国特色社会主义教育回归本原的崭新命题。加强“课程思政”建设，对于解决课程育人功能不足、思政教育乏力等问题具有重要意义；要清晰认识和重视建设过程中“课程思政”内涵认知机械化、内容设计标签化、实践过程显性化的现实问题，通过系统构建育人体系、精准把握工作原则、优势聚合资源保障确保“课程思政”建设工作提质增效。

关键词：课程思政；高校；现实问题；策略

习近平在全国高校思想政治工作会议上强调：“把思想政治工作贯穿教育教学全过程”“要用好课堂教学这个主渠道……使各类课程与思想政治理论课同向同行，形成协同效应。”[1] 教育部印发了《高校思想政治工作质量提升工程实施纲要》，将“课程思政”建设作为课程育人质量提升的攻关重点。至此之后，全国众多高校及专家学者纷纷聚焦“课程思政”建设这一新命题和新任务，在理论研究和实践探索上取得了大量有益成果。但新生事物都有其发展的必然规律，这就要求我们要立足“课程思政”发展现状，坚持问题导向，不断增强对其现实价值的认知深化，不断推进其实践路径构建的优化。

一、高校“课程思政”建设的现实价值

（一）解决专业课程中存在知识体系教育和价值体系教育相脱节的问题

专业课教师作为“课程思政”实施主体，“其对课程思政的认识与实践程度，直接关系着课程思政的实施成效。”[2] 当前高校专业课程教育主要在认知上存在两方面的偏差，有部分师生认为承担思政教育功能的课程应该是专门的思政课，其他的专业课程不具备思政教育功能；还有部分师生认为知识应该是“绝对客观”“价值中立”的，专业课程中不应该融入思政教育内容。以上两种认知偏差的根源都是将课程中的知识体系教育和价值体系教育割裂开来，这一状况的存在也是长期且普遍的，在相当程度上困扰着我们全程、全方位目标的实现。“课程思政”正是直面这一现实挑战、解决这一现实问

题的有效举措，能够实现对知识体系教育和价值体系教育关系的正本清源，推进高校站稳守好课堂这一思政工作的主阵地，引导高校教师和专业课程回归教育的“初心”。

（二）解决针对教师群体的思政教育工作一定程度上存在方法不多、成效不足的问题

教师“承载着传播知识、传播思想、传播真理，塑造灵魂、塑造生命、塑造新人的时代重任。”[3] 教师的知识能力、思想态度、行为举止对学生的成长、发展有着巨大且深远的影响。但因在学历背景、知识结构、思想认知、个性特征等方面存在诸多差异，针对高校教师的思政教育工作往往存在好办法不多、吸引力不够、接受度不高等问题，这也是高校思政工作环节中较为薄弱和短缺的部分。“课程思政”恰好为解决这一问题提供了可行性方案。“课程思政”必然推进教师群体自发自觉地去学习思政知识、掌握思政方法，从而推动教师对思政教育的接受由被动转变为主动、从表层走向深层，最终实现“教育者先受教育”的目标，从而更加稳固地掌握高校思政工作的“制高点”。

（三）解决面向学生群体的思政教育工作一定程度上存在简单化、形式化的问题

马克思指出：“问题就是时代的口号，是它表现自己精神状态的最实际的呼声。”[4] 受世界政治、经济、文化等多方面发展的影响，各种思想文化交流、交融、交锋的态势和思想意识多元、多样、多变的冲击在高校学生群体中有着鲜明的反映，高校的意识形态安全承担着越来越重的压力，面向学生的思政教育工作也面临越来越大的挑战。但是部分高校在对学生开展日常思政教育的过程中不同程度地存在着简单化、形式化的问题，造成学生“貌恭而不心服”，甚至进行各种消极对抗。课程思政具有隐性的思政教育特质，通过“融盐于水”的途径，潜移默化地在全部课程中实现对学生的思政教育，是在遵循思想政治工作规律、教书育人规律、学生成长规律的基础上作出的科学设计，能够有力地助推面向学生群体的思政教育工作不断走向深入、增强实效。

二、当前高校“课程思政”建设工作存在的主要问题

（一）“课程思政”内涵认知的机械化

部分高校教师在开展课程思政建设工作中，没有对“课程思政”的内涵进行深入的理解剖析，而是片面地认为“课程思政”等于思政课程+专业课程，从而在教学设计上陷入“5+45”的错误模式，即5分钟讲思政内容，45分钟讲专业内容。还有部分高校教师把思政元素简单地理解为思政课专业知识点，从而在授课内容上仅限于将现成的、简单的思政课知识点生硬地嵌入、迁移进课堂中，造成授课内容“接触不良”，频频“跳闸断电”。更有部分高校教师对“课程思政”的认知极端化，在授课过程中过度侧重思政内容的讲解，压缩了专业知识的传授，完全偏离了“课程思政”建设的正常轨道。以上认知偏差不仅仅反映出当前部分高校教师对“课程思政”本身的研究不足，也暴露出对思政教育内容、规律、方法的把握仍有相当程度的欠缺。

（二）“课程思政”内容设计的标签化

“课程思政”既是思政工作的重点和难点，也是教学改革的重点和难点，需要我们

有攻坚克难的准备，也要有久久为功的韧劲。当前部分高校在“课程思政”建设工作中采用“另起炉灶”的方式，以“课程新增”代替“课程建设”，通过开设新的人文选修课等方式作为建设举措。还有部分高校在“课程思政”建设工作中采用“打擦边球”的方式，以“课程选择”代替“课程建设”，将专业课程中的概论课或者课程中的绪论部分这些思政元素丰富的部分作为建设的重点内容。另有部分高校采用“泛而化之”的方式，以“课程泛化”代替“课程建设”，把“课程思政”建设工作的主体和平台无限延展到各种论坛、讲座、报告会。以上情况的出现都是“课程思政”建设内容标签化、表面化的反映，缺乏对“课程思政”目标对象的精准聚焦，缺乏对“课程思政”深度攻关的工作设计。

（三）“课程思政”建设过程的显性化

隐性化是“课程思政”能够取得实效的一个根本特质，其教育内容是“溶盐于水”的，其教育方式是“不言而喻”的，其教育是潜移默化的。部分高校在教学组织管理过程中对学生的思想特点和心理特征考量不足，相关部分的管理工作人员在和学生群体的交流沟通过程中没能采用更有艺术性的工作技巧，工作方式过于直白简单，极易造成学生群体的错误解读甚至拒绝排斥。部分授课教师在授课过程中对自身开展“课程思政”工作的成效估计不足，为了更好地应对可能出现的各种考核考察，通过口头强调或者课件留痕等各种方式明确告知学生课程中进行了相应的思政教育，极大地消解了“课程思政”的严肃性。这些将“课程思政”显性化的做法可能是无心之举，但是也在一定程度上反映出了部分高校和高校教师对待教育责任感不强、过度功利化的状况。

三、高校“课程思政”建设工作的路径优化策略

当前高校“课程思政”建设工作中存在的偏差在相当程度上制约了“课程思政”建设工作的有效推进，这些偏差既有学校顶层设计层面的问题，也有个别教师自身工作落实方面的问题，需要我们进行整体的梳理完善，进一步优化“课程思政”建设工作的路径。

（一）系统构建“课程思政”建设的工作体系

“课程思政”建设工作是一项庞大的、复杂的工作，高校是“主战场”，院系是“最前线”，必须要在学校层面建立“参谋部”，“动员所有的教学、科研、党务、行政、后勤等力量，努力构建‘三全育人’（即全员、全程、全方位）的思想政治教育格局”[5]；在院系层面建立“指挥部”，构建起各负其责、上下联动的工作体系。高校应该把“课程思政”作为“一把手”工程，成立由“一把手”担任组长的工作领导小组，有条件的高校应该成立专门的教学研究中心、组建专门的专家委员会，保证“课程思政”建设工作组织有力、指导到位、进展有效。院系应该把“课程思政”作为各项工作的“主干线”，设计专项工作规划、组织专门工作队伍，集中优势资源在一线工作实践中进行深度攻关，从纵向上由课程建设向专业建设、学科建设不断延展，从横向上由课程改革向思政改革、教学改革、教材改革、师资改革不断扩展，构建起以点带面、全面突破的工

作格局。

（二）精准把握“课程思政”建设的科学原则

“课程思政”建设工作是一项长期性、系统性的工作，必须要明确工作原则，保证相关工作有章可循、科学有序。要坚持整体性推进原则，统筹好学校、学院、学科各方面协同联动，统筹好主体、客体、载体各要素的互通共进。要坚持个性化实施的原则，深入分析各个学科、各个专业、各门课程的具体情况，分类指导、精准施策，采用有针对性的实施办法。要坚持渐进性开展的原则，在遵循思想政治工作规律、学生成长规律、教育教学规律的基础上，通过试点建设总结经验，分批次、分阶段开展推广和拓建工作。要坚持动态化调整的原则，强化工作的督导评价，引入第三方评价和退出增补机制，对建设成效进行动态评估和及时调整。

（三）优势聚合“课程思政”建设的资源保障

“课程思政”建设工作是一项创新性、创造性工作，必须从各个方面提供专门的保障举措和激励举措，充分释放各级教育教学组织特别是教师主体的工作积极性和主动性。在保障工作方面，要提供专项资金支持各级组织和各位教师开展教学改革、教材建设、理论研究，同时要组织不同层级、不同范围内的示范课观摩、辅导培训、工作研讨。在激励工作方面，要研究更多的激励手段，通过增加课时的相应工作量比率、倾斜发展考核政策、提高评奖评优优先级等方式进行物质激励，同时通过对“课程思政”建设过程中涌现出的典型个人、先进集体、创新做法、有效经验进行全方位、立体式的内外宣传报道，以增强获得感和荣誉感的方式进行精神激励。

参考文献

［1］习近平在全国高校思想政治工作会议上强调：把思想政治工作贯穿教育教学全过程开创我国高等教育事业发展新局面［N］. 人民日报，2016-12-09（1）.

［2］罗仲尤，段丽，陈辉. 高校专业课教师推进课程思政的实践逻辑［J］. 思想理论教育导刊，2019（11）：138-143.

［3］习近平在全国教育大会上强调：坚持中国特色社会主义教育发展道路培养德智体美劳全面发展的社会主义建设者和接班人［N］. 人民日报，2018-09-11（1）.

［4］中共中央马克思恩格思列宁斯大林著作编译局. 马克思恩格斯全集第40卷［M］. 北京：人民出版社，1982：289.

［5］王景云. 论“思政课程”与“课程思政”的逻辑互构［J］. 马克思主义与现实，2019（6）：186-191.

本文原载于《辽宁教育行政学院学报》2020年第5期。

基于类别思政元素的专业课“课程思政”改革与实践

康玉梅　王延邦　陈　猛

摘要：“立德树人”是中国特色社会主义教育事业的根本任务，在人才培养中要坚持价值性和知识性相统一，寓价值观引导于知识传授之中。聚焦高等教育培养什么人、怎样培养人、为谁培养人这一根本性问题，依据混凝土结构设计原理课程特点，将课程中蕴含的思想政治教育元素类别化，细分差异化内含，精准无痕融入课程教学设计，润物无声，化育无形，运用PBL教学法，将专业知识教学与思政价值引领结合起来，实现了价值塑造、能力培养和知识传授的有机统一。

关键词：课程思政；类别思政元素；专业课程；立德树人；土木工程；PBL教学法

习近平总书记在全国高校思想政治工作会议上明确指出要发挥思想政治理论课与各类课程的协同效应。[1] 在专业教学这一高校人才培养的核心环节中开展思想政治教育，是全过程全方位育人系统工程的必然要求。[2] 因此，牢牢把握住这一课程改革的核心环节，实现显性教育和隐性教育相互贯通，实现从思政课程向“课程思政”创造性转化，充分提升思想政治教育亲和力和针对性，对于破解高等院校思想政治教育的“孤岛”困境和解决思政课程“价值引领”与专业课程“知识传授”的“两张皮”问题具有重要意义。[3-5]

混凝土结构设计原理是土木工程专业必修的专业基础课，具有较强的理论性、实践性及与现行规范、规程的密切相关性，蕴含大量思政育人元素。在“大思政”育人背景下，落实立德树人根本任务，就要把培育和践行社会主义核心价值观融入教书育人全过程。本文探讨对混凝土结构设计原理教学进行“课程思政”改革，挖掘课程蕴含的思政元素，延拓思政承载力，以期将“知识传授”和“价值引领”有机统一起来。

一、正确解构“课程思政”概念设计

“课程思政”是指在全员、全程、全方位育人的“大思政”背景下，根据学科专业特点，围绕“知识传授与价值引领相结合”的课程目标，对课程内容和授课方式进行专门设计，对课程潜在的思政元素及育人效应进行充分挖掘、细化，全方位、浸润式地融入专业课程教学的各环节、各方面，[6] 依托专业课程对学生进行人格与综合素质培养，构建全课程育人格局，突显思政教育的立德树人和润物无声。因此，从概念上正确解构“课程思政”，就要认识到“课程思政”不等于思政课程，不是简单地将思政课程嵌入其他课程中，更不是用思政课程消解其他课程。“课程思政”是思政课程在不同专业领域的表现形式，是思政课程的延伸、细化和发展。[7]

二、精准挖掘专业课程类别思政元素

如何“挖掘”并应用好专业课程潜在的思政元素，激发学生在专业学习中思索“如何学、怎样学、为谁学”的热情，对于提升大学生的政治认同、家国情怀、文化素养、专业素养、道德修养等有着积极作用，有利于将知识传授的“汤”与价值引领的“盐”有机统一，达成“课程思政”的最终目标，培养德智体美劳全面发展的社会主义建设者和接班人。[8] 因此，做好“课程思政”，就要将被“遗忘”和被忽略的思政育人元素，从每一门课程、每一个章节、每一堂讲解中发掘出来，[9] 并重新构设应用场景，实现思政元素类别化，使得“课程思政”具有可复现性和推广性。以混凝土结构设计原理为例，在授课过程中，着重挖掘类别思政元素。

（一）挖掘专业历史、名人的思政元素，激发学生爱国情怀和民族自信

透过土木工程行业的发展历程，遴选行业先锋事迹及科学技术前沿，让学生了解本专业的历史意义和现实价值，引导学生站在全局的高度，看到专业对民族和国家的意义，从而标定自己在时代洪流中的位置和民族复兴中的责任和使命。

（二）挖掘典型优秀工程案例的思政元素，培养学生工程思维和科学精神

通过展示我国在土木工程技术方面取得的重大进展和突破的案例，鼓励学生通过解决实际问题将理论知识加以灵活运用，培养学生的学习兴趣、发散性思维能力和工程思维方式。通过剖析典型优秀工程案例的工程智慧，培养学生实事求是、求真务实和开拓创新的科学精神。

（三）挖掘工程事故案例的思政元素，渗透工程伦理和工匠精神

通过工程事故案例警示教育，分析工程事故与职业道德和职业素养的关系，渗透工程伦理，引导学生学习相关章程规范、工程师的权利义务与责任等，思考工程事故责任的严重性，从内心深处建立职业的敬畏感，掌握职业道德规范，树立五大发展理念，弘扬精益求精的工匠精神。

三、类别思政元素在混凝土结构设计原理课程中的应用

专业课要做到体现思政教育，实现在知识传播中发挥价值引领作用，在价值引领中凝聚知识底蕴的功能，就要将思政元素类别化，做到春风化雨，润物无声，将思想政治的“盐”溶在专业课教学的“汤”里。以混凝土结构设计原理为例，挖掘课程中的思政元素，按“爱国情怀”、“科学精神”、“工程思维”和“工程伦理”等类别精准无痕切入，让课程更具“思政味”。

（一）激发爱国情怀

在讲授混凝土结构设计原理课程时，要立足实际情况，发挥专业课程本身特色，激发爱国情怀。混凝土结构作为土木工程基本的结构形式，决定了一个国家基础设施建设的能力。无数重大理论和技术的突破，不断树立了中国基建大国的国家形象，也涌现出一大批感人的爱国事迹。在介绍土木工程专业发展史时，引入茅以升先生和钱塘江大桥的故事，茅以升等我国桥梁工程界先驱在钱塘江大桥建设中，显示出了伟大的爱国主义精神、敢为人先的科技创新精神、排除一切艰难险阻勇往直前的奋斗精神，引导学生树立为祖国的繁荣富强不懈奋斗的远大理想。通过港珠澳大桥、胡麻岭隧道、郑万铁路等一个个超级工程的案例讲解，引导学生理解土木工程专业在编织人民走向美好生活、建设强大祖国、托举起中华民族伟大复兴的中国梦中的重要地位。通过课堂讲授、课后观看“辉煌中国—圆梦工程”“大国工匠”视频等形式，让学生在全面了解我国土木工程领域发展现状的同时，不断增强爱国热情和民族自信[10]，将专业学习与国家发展联系起来，将个人发展与“实现中华民族伟大复兴的中国梦”联系起来。通过人物介绍、案例分析等宣传民族精神，激发学生的爱国主义及报效祖国的情感。

（二）弘扬科学精神

习近平总书记曾指出：“广大青年科技人才要树立科学精神、培养创新思维、挖掘创新潜能、提高创新能力，在继承前人的基础上不断超越。”[1] 因此，培养大学生的科学精神是推进高校课程思政建设的重要步骤。教育要具有实效，从专业课程角度来看，就是要实现对人才科学素质的培育。其重点是要挖掘课程、教材、课堂教学中的人文精神和科学精神，强化对学生科学态度、科学精神、创新意识和创新精神的培育，引导学生崇尚科学精神。例如，在讲授专业发展史时分享詹天佑的人生故事，从中感悟行业先驱的工程智慧和科学精神。以詹天佑的代表性交通基建工程——京张铁路“人字”段为例，在土木工程学科体系中具体分析其应对工程实际重大难题时的开创性思维，启发学生在专业基本框架中的原创意识，培养学生突破固有思维的能力。

（三）培养工程思维

在工程思维培养的教学中，一方面要注重理学基础的特点，关注学生的思维能力和想象力，养成揭示事物发展规律的思维习惯；另一方面，关注问题意识和实践能力的培养，养成勤于动手解决问题的习惯。[11] 针对理论和实践的关系，李政道先生曾经论述“物理学家两定律”：“没有实验物理学家，理论物理学家就要飘忽不定；没有理论物理学家，实验物理学家就要犹豫不决”。[12] 进行工程科学技术研究，一定要理论联系实际，更要在理论上敢于创新。在课程中，通过讲授混凝土结构设计理论与方法，让学生理解结构设计理论与技术的发展，是人类对自然规律的认识，特别是力学理论的发展与人类对自然界中客观存在的不确定性进行智慧处理的进步两者的结合。结构设计方法是从经验为主向着理性化，从粗放型向着精细化的方向发展的。而且，从新的经验向新的理性化转化的过程是加速发展的。[13] 培养学生的工程思维，有创意地应用科学定律，来系统化地解决现实问题。要让学生学会利用现有的模块来搭“乐高积木”，思维创新、突破束缚、打破惯例、勇于实践，强调学以致用，培育从实践到理论再到实践的工程思维。[11]

（四）渗透工程伦理

工程伦理是调整工程与技术、自然环境及人类社会之间关系的道德规范。[14] 工科类学生由于人生观、价值观尚未定型，容易受到各种负面消极的社会道德和文化观念的冲击，从而缺乏责任意识、担当精神、职业操守和工程伦理道德。在讲授《混凝土结构设计原理》课程过程中渗透工程伦理，使学生在专业知识学习的过程中，潜移默化地接受工程设计、实施、评估和验收中应遵循的伦理道德原则和规范，促成工程伦理观念内化为工程伦理素质。[15] 比如，在讲解混凝土结构设计时，会以“工程师之戒”（起源于加拿大魁北克大桥垮塌悲剧）、沱江大桥特大坍塌事故为案例，分析事故直接和间接原因，分别从建设、施工、工程监理、设计和地质勘察单位几个方面的原因进行分析。最后，引导学生进行工程伦理方面的分析和思考，树立责任、胜任、忠实、正直等基本伦理意识。

从工程伦理的微观向度分析，工匠精神是人类对职业精神贯古通今的追求，内涵深刻，既包括对待专业的精神、面对职业的态度，又蕴含从业者的人文情怀和生命追求。《混凝土结构设计原理》偏心受压构件承载力这一章节的学习，需要持续精细的链式反馈计算，而同时偏心受压构件在实际工程结构中存量极大，无论对于设计，还是施工，都充分体现工程严谨规范的工匠精神。在课程教学中，以PBL教学法为手段，与企业合作遴选若干适于该阶段学生学习的工程案例进行项目化教学，[2] 从结构的角度入手，着眼构件的设计，带领学生充分置身于实际背景中，从无到有，从零到一，完整地感受荷载计算、内力分析、截面设计、构造要求、施工图绘制等结构设计全过程，培养学生潜精研思的科学求证和精益求精的工匠精神。

四、结语

针对专业课程的“课程思政”改革与实践是新时代落实立德树人根本任务的必由之路，是“三全育人”的重要途径。本文以思政教育与专业教学自然融合为前提，积极探索思政教育在《混凝土结构设计原理》课程教学中的结合点，深入挖掘类别思政元素，根据课程教学内容特点合理贯穿其中，引发学生的知识共鸣、情感共鸣和价值共鸣，实现了“知识传授”和“价值引领”的有机统一，丰富和拓展了高校思想政治教育的内涵与外延，提升了教育的吸引力和感染力，彰显了“一棵树摇动另一棵树，一朵云推动另一朵云，一个灵魂唤醒另一个灵魂”的教育情怀，以情动人，以理服人，在润物无声、化育无形的过程中增强了思想政治教育实效[16]。

参考文献

［1］习近平：把思想政治工作贯穿教育教学全过程开创我国高等教育事业发展新局面［N］. 人民日报，2016-12-09（1）.

［2］刘建平，史萍．高校《混凝土结构设计原理》课程思政教育改革与实践［J］．教育现代化，2019（56）：100-101，109．

［3］葛卫华．厘定与贯连：论学科德育与课程思政的关系［J］．中国高等教育，2017（Z3）：25-27．

［4］王宇凡，孙铁斌．思想政治教育与专业教育创新融合模式探索［J］．高校辅导员，2017（6）：25-28．

［5］高德毅，宗爱东．从思政课程到课程思政：从战略高度构建高校思想政治教育课程体系［J］．中国高等教育，2017（1）：43-46．

［6］尹万东．高校思想政治教育与专业课程教学的深度融合［J］．福州大学学报（哲学社会科学版），2018（3）：103-106．

［7］丁义浩．计算机学院召开“名师下午茶”活动暨课程思政座谈会［EB/OL］（2019-09-17）［2020-06-16］．http://neunews.neu.edu.cn/2019/0916/c191a65981/page.htm.

［8］夏建文．土木类专业课程中的“思政元素”及其运用［J］．中国多媒体与网络教学学报（上旬刊），2019（7）：116-117．

［9］丁义浩．课程思政建设须打破三个误区［N］．光明日报，2020-01-13（2）．

［10］彭亚萍，胡大柱，苟小泉，等．土木工程概论课程思政教育改革与实践［J］．高教学刊，2019（2）：128-129，132．

［11］林建华．大学的改革与未来［M］．上海：东方出版中心，2018：177-183．

［12］李政道．李政道文选［M］．上海：上海科学技术出版社，2008：261-262．

［13］李杰．论第三代结构设计理论［J］．同济大学学报：自然科学版，2017（05）：5-12，20．

［14］顾剑，顾祥林．工程伦理学［M］．上海：同济大学出版社，2015：8-12．

［15］李胜俊．从汶川5·12特大地震学校建筑倒塌看我国工程伦理问题［D］，昆明：昆明理工大学，2009．

［16］丁义浩，王刚．课程思政引领教育回归“初心”和“使命”［EB/OL］（2019-12-23）［2020-06-01］．http://neunews.neu.edu.cn/2019/1223/c188a67681/page.htm．

本文原载于《辽宁省教育学报》2020年第5期。

“新工科”背景下的“课程思政”建设

朱丽颖　张梦迪

摘要：当前我国工程教育正处在改革与发展的重要关头，“新工科”人才的培养要求与“课程思政”建设有更深远意义上的融汇互通，其价值意蕴重在实现“新工科”人才培养的工具理性与价值理性相融合。在“新工科”背景下推进“课程思政”建设，要注重解决好学生积极性较低、教师队伍思想政治素养参差不齐、体制机制不完善等各种现实难题。在实践中，不仅要加强教师队伍建设，增进教师的德育意识和思想政治素养，还要加强组织领导，发挥高校党委和各部门齐抓共管合力，更要通过加强制度设计，健全课程思政制度保障和评价体系，全方位协同推进“课程思政”协同育人。

关键词：课程思政；新工科；立德树人

习近平总书记在党的十九大报告中提出“要以培养担当民族复兴大任的时代新人为着眼点”[1]，指明了新时代高校立德树人的实践方向。着力培养适应新时代需要的卓越工程人才，努力在实现中华民族伟大复兴的历史进程中作出更大贡献，是教育发展的重大战略任务。为主动应对新一轮科技革命与产业变革挑战、服务国家发展战略，构筑先发优势，2017年教育部提出建设“新工科”，旨在培养大批具备更强创新能力、实践能力，能够解决现实工程问题、还富有高度人文素养和社会责任感的工程类创新人才。2020年5月28日，《高等学校课程思政建设指导纲要》（以下简称《纲要》）提出，“课程思政建设要紧紧围绕全面提升人才培养能力这个核心点，在全国所有高校、所有学科专业全面推进”[2]。基于《纲要》的精神，“新工科”建设与“课程思政”的开展共同立足于立德树人的教育目标，对贯彻落实习近平总书记“各门课都要守好一段渠、种好责任田，使各类课程与思想政治理论课同向同行，形成协同效应”[3]的重要论述，提出了新要求和新任务。

一、“新工科”建设与“课程思政”的协同性

“新工科”建设与“课程思政”统一于立德树人的教育初心。随着人工智能、大数据、云计算等前沿科技逐步取得技术性的突破，以智能产业牵引的全球制造业转型和升级在不断加快，工程实践活动发生了巨大变化，我国工程教育站在了全新的发展平台。

“‘新工科’人才培养重在调整教育教学理念，充分挖掘学生的主体性和潜力。教育引导学生跳出工程技术本身，掌握人文社科和基础学科知识，改善思维方式和工作方式，成为全面发展的人。”[4] 落实到教育实践中，“新工科”教育则应转变“技术至上”观念，关注教育过程中对学生形成的精神层面的情感、价值和态度等的影响。“课程思政”要求所有工科课程教学都要充分发掘思政元素，既要传授专业知识也要实现价值引领，培养一代又一代德智体美劳全面发展的社会主义事业合格接班人，从而使“新工科”与“课程思政”建设在立德树人这一育人目标上同向同行。

“新工科”背景下的“课程思政”建设为实现人才培养的工具理性与价值理性有机结合提供了充分可能性。根据马克斯·韦伯的观点，人们在社会实践中的理性可以被分为价值理性和工具理性。其中，价值理性强调秉持正当的动机和初心，注重在采取行动的过程中手段是否得当，其结果成功与否并非最重要的；工具理性则看重预期目的的实现，行动结果取得的最终成效是人们所考量的最大因素，而人的精神世界和情感价值则在这个过程中被淡化和漠视。在本源意义上，这两种理性在社会实践上是共生统一的，即工具理性作为能实现主体客体化的手段，是价值理性实现的前提，同时价值理性又为工具理性提供精神动力。然而，历次工业革命推动下的工业文明从根本上改变了世界，在带来无限发展机遇的同时，也逐渐形成了工具理性占据压倒性优势的现状。“在19世纪后半叶，现代人的整个世界观唯一受实证科学的支配，并且唯一被科学所造成的‘繁荣’所迷惑，这种唯一性意味着人们以冷漠的态度避开了对真正的人性具有决定意义的问题。单纯注重事实的科学，造就单纯注重事实的人。”[5] 在这种环境下，工程教育的目的被单一化，在人才培养上不仅片面注重具体专业技能的获取，忽视教育过程中受教育者的主观体验和内心感受，而且将学生必备的人文关怀和情感疏导等不断弱化。就传统工科而言，教育被纯粹当作满足需求和实现目的的工具，传统工科教育因其固化的思维模式和单一的课程设置，在新时期弊端凸显。而“新工科”在人才培养上的理念则对传统工科教育作出了超越，意在“使培养的学生不仅具有解决工程问题的专业知识、技术能力，还具有全球视野、人文精神和创新能力。”[6] 从而使新工科人才培养在目标定位上就与“课程思政”建设形成了内在协同性，使二者能够互为推动力。

“课程思政”由于回归教育本质，打破了传统工科教育的僵局，能够改变工具理性支配下盲目注重效率、全然摒弃人与人之间情感交流的内在需求的状态。“课程思政”在融洽的互动交流中加深了对学生的情感关怀，这本身就是注重培育人才价值理性的重要体现。在“新工科”背景下，推行“课程思政”有利于融合工具理性和价值理性，既能够使工程教育更加注重过程意义，保护好学生的精神世界，尊重个体差异性，增添情感交融，又能够使工科教育不再局限于专业技能的刻板传输，更加自由和全面地培育人才，使“新工科”人才拥有健全的人格和良好而丰盈的精神世界，更好地适应社会发展需求，与为党育人、为国育才的使命要求深度契合。

二、当前工科“课程思政”建设面临的现实困境

（一）学生积极性较低，重视程度不高

“虽然相比起其他类型的教育，工科教育人才培养指向更侧重于应用，但工科教育依然属于教育的一种，其对‘育人’这一重要职能的本质认可应保持亘古不变。”[7]可以说，注重专业素养而轻视人文精神是当前工科院系普遍存在的现象。传统工科教育下，学生将全部注意力放在专业课学习上，而对人文教育了解匮乏，且由于工科教育“育人”本位的错位，学生对于推行“课程思政”存在不理解、不重视的心理是必然结果，这不仅会使“课程思政”的效用大大降低，而且会造成工科教育对学生的精神培育和价值引领乏力。能否充分激发学生的主观自觉能动性，直接关乎高校思想政治教育工作的最终成效。而在当前“课程思政”的推行中，除了学生自身重视程度不高外，教师缺乏有效的教学手段、多样的授课方式、新颖的思政浸润内容等是直接影响学生认同的主要因素。

（二）教师队伍思想政治素养参差不齐，对“课程思政”认识深度不够

教师队伍是“课程思政”的最主要建设者。然而在工科院校当中，教师队伍的思想政治素养参差不齐是不得不承认的现实，各个学科的教师在本领域内各有所长，但是其政治觉悟和思想道德水平体现出较大的个体差异性，从而无法对“新工科”背景下推行“课程思政”的缘由形成高度认同。一方面，由于对“课程思政”与专业课程同向同行的协同关系缺乏了解，部分专业课教师对“课程思政”认识不足，这些专业课教师认为“课程思政”是对专业课程教学活动的干扰，会影响课程教学效果，或认为“课程思政”仅仅是思政课教师的专属领域，与自己无关。这就导致教师对“课程思政”持事不关己甚至抵触的态度，不能发挥教学主动性，直接影响教学效果，最终使“课程思政”的理念设计与实际推行出现断层。另一方面，部分教师本身思想政治素养不够高，不能充分看到科技发展和经济社会进步背后所蕴含的我们党关于治国理政的丰富理论精神与伟大政治力量，导致这些教师在教育实践中片面注重实用性，僵化地进行专业课知识讲授，忽视提高学生人文素养。这种现象归根结底，还是高校教师选拔和管理工作不到位导致的。看不到“课程思政”的现实价值，导致专业课教师不能在“课程思政”建设中发挥应有作用。此外，许多高校教师有海外留学的背景，受过西方文化的熏陶，在教学过程中，教师在一言一行中能否正确传达文化的辩证认知，也深刻影响着青年学生的家国观念和价值选择。

（三）体制机制不完善，“课程思政”的协同育人动力不足

由于主客观因素的多重限制，目前在推行“课程思政”的实际工作中还没有形成一套具有广泛适用性的运行机制。首先，学科壁垒顽固，缺乏有效的联动平台。在传统工科教育当中，实用性和专业性特征显著，各类课程因学科属性不同，教学思路各不相同，各自履行本学科的特定育人功用。教师的教学任务局限于本学科范围内，缺乏知识融合和互动，各门课程之间没有形成有效的交叉和协同，这在无形之中形成了各类课程

之间的界限，导致“各自为政”，各学科间缺乏知识融合和信息共享的链接平台，不利于形成多学科育人合力，容易造成工科人才的片面发展。其次，考核和评价机制相对缺失。在高校教师队伍考核管理中，对思想政治水平和人文素养的相关要求和标准模糊不清，欠缺有效的评价机制，从教育者本身来说，缺乏推行“课程思政”的良好契机，尤其在工科院校中这一弱点被再度放大。最后，缺乏组织保障和制度保障。“课程思政”的推行不仅仅是思政课教师和专业课教师的工作任务，学校各部门及上级主管部门都要发挥各自作用。目前来看，“课程思政”的整体架构并不完善，缺乏强有力的协同保障机制，既没有形成权威高效的领导体系，也没有权责明确的管理体系，各项工作之间缺乏有效对接，导致“课程思政”的实际效果不尽如人意。

三、基于“新工科”的“课程思政”建设路径

（一）加强教师队伍建设，增进教师的育德意识和思想政治素养

习近平总书记指出：“合格的老师首先应该是以德施教、以德立身的楷模。师者为师亦为范，学高为师，德高为范。老师是学生道德修养的镜子。”《纲要》强调，全面推进“课程思政”建设，教师是关键。在传统工科教育下，“课程思政”很难得到专业课教师的重视，仅仅被看作思政课教师分内之责。无论是课堂教学还是实践课程，相当一部分专业课教师过分强调专业知识学习的绝对重要性，忽略在教育过程中对学生道德观念和思想情感的培育。在“新工科”的背景下，跳出工程技术本身，需要教师改善思维方式和工作方式，为教师队伍建设打开新视角。

首先，要转变观念，培养教师德育意识和责任担当。工科院校要以“壮士断腕的决心”彻底转变以往僵化的教育模式，充分认识到“课程思政”对于培育“新工科”人才的重要意义。对专业课教师群体来说，不仅要摆正自身态度，还要摆脱漠视、淡化人文教育的误区，要从根本上认识到为人师者不仅要传授专业知识，还承担着德育育人的重大任务。不能将“课程思政”看作一种负担，要摒弃工科院校偏重工具理性和实用主义的僵化思维，在课程教学中把党的理论、时政热点与专业知识结合起来，既要提高学生在专业领域的知识水平，也要培养学生作为“社会人”的必备素养，增强理性分析和辩证认知能力，为新型工科人才的未来发展打好基础。

其次，要提升素养，增强专业课教师思想政治水平和政治敏感度。对于很多工科专业课教师而言，在固化思维驱使下会将思想政治教育当作完全陌生的存在，因其不在所属研究领域内既不够重视也不够熟悉，欠缺相关理论认知和实践经验。对此，学校方面可以通过会议、讲座、宣讲等多种形式，有组织、有计划地引导教师群体学习时政、相互交流，利用好新媒体和互联网，如“学习强国APP”等平台，灵活、全面地完成对教师队伍思政素养的培训工作，增进教师对“课程思政”的认知。与此同时，教师也应当自觉提升自我，认识到“传道者自己首先要明道、信道”，主动学习马克思主义理论，了解国家大政方针，树立起高度的政治意识，自觉在教学活动中以身作则，实现正向的价值引领，使“课程思政”落到实处。

（二）加强组织领导，发挥高校党委和各部门齐抓共管合力

"课程思政"作为一项复杂的系统工程，推行"课程思政"的每一步都需要强有力的组织保障，而加强党的领导就是其中最为根本的顶层保障。"新工科"与"课程思政"相辅相成，都致力于培养德才兼备的新型人才，二者都离不开高校党委发挥"引路人"的作用。

高校党委要始终坚定社会主义办学方向在任何时候不偏移，紧紧围绕"培养什么人、怎样培养人、为谁培养人"这个根本问题，深入落实党的教育方针和相关政策，把握好高校立德树人的核心要义，坚持把人文关怀和专业知识、技能的传授作为同等重要的办学要点，推动人才培养工作形成质的飞跃。在"新工科"背景下，"课程思政"的受重视程度和工作落实程度是否能够获得有效提升，与高校党委的组织领导能力密切相关。党委要把握好"新工科"带来的机遇和改变，在学科壁垒逐渐弱化的趋势中跟上"课程思政"建设的潮流，制定好总体规划，全力打造协同育人新局面。

工科院校要建立起党委领导、各部门共同参与的协同办学机制，为立德树人提供良好督导及后勤保障。高校党委要充分认识到自身在实际工作中的重要职责，切实以党和国家的重要方针政策作为办学根本指导，加大对"课程思政"工作的落实力度。此外，高校有关教学部门应当在课程体系革新上有所作为，把握课程改革大趋势，及时调整本校课程评估机制；后勤部门则应加强服务意识，提供更舒适、美观的教学环境和更加完备的教学设备；其他部门也应当找准定位，协同发力。

（三）加强制度设计，健全"课程思政"制度保障和评价体系

习近平总书记指出，"要增强制度意识，善于在制度轨道上推进各项事业。"[8]"新工科课程思政"工作的推进同样需要有效的制度体系作为保障。以"新工科"教育理念改革为全新契机，要更加重视制度设计。高校要健全教学体系，制定科学有据的培养计划，完善教学制度；要健全教师队伍选拔和考核制度，更加注重对教师政治态度和职业道德的考核，把握教师的思想走向，使"课程思政"在教师群体当中具有制度权威意义；要完善教学组织管理制度，普及教学督导，增设公开示范课，使"课程思政"真正成为影响教学质量评估的重要因素；或可将思政教育纳入奖惩制度当中，用以激励和督促工科专业课教师对于"课程思政"的重视，以此为"新工科"和"课程思政"建设提供特殊支持。

（四）加强"课程思政"内容体系建设，挖掘新工科专业"课程思政"内容

针对工科专业的特点，推行"课程思政"要更加注重内容的实用性和途径的创新性，有效利用好"新工科"条件下各专业课程可挖掘的思政元素，注重发挥思想政治教育的隐性教育功能。通过充实和整合思想政治教育资源，构建系统完备的"课程思政"内容体系，在引导学生进行专业知识、技能学习的同时，潜移默化地实现知识传授与价值引领的有机统一，以达到德智并举的育人效果。如东北大学作为一所以理工科为主的综合类院校，在推进"新工科课程思政"建设的过程中，紧紧围绕"成为塑造学生品格、品行、品味的'大先生'"和"培养德智体美劳全面发展的社会主义建设者和接班人”的目标，采用案例讲述、典型塑造、寓情于理等方式，构建“专业知识+工程伦理+科学精神+人文素养+劳动教育+……”的深层次、立体化、特色化的“课程思政”内容体系，以国情教育和主流价值引领为基点，弘扬爱国主义光荣传统的文化底蕴，着力培养专业技能卓越、家国情怀深厚、自觉创新奉献的“新工科”人才，充分彰显“新工科”立德树人的教育本质。

参考文献

[1] 习近平. 决胜全面建成小康社会夺取新时代中国特色社会主义伟大胜利：在中国共产党第十九次全国代表大会上的报告［M］. 北京：人民出版社，2017：42.

[2] 教育部. 关于印发《高等学校课程思政建设指导纲要》的通知［EB/OL］.（2020-06-01）［2020-07-22］. http//www.moe.gov.cn/srcsite/A08/s7056/202006/t20200603_462437.html.

[3] 习近平. 把思想政治工作贯穿教育教学全过程［EB/OL］.（2016-12-08）［2020-07-22］. http://www.xinhuanet.com//politics/2016-12/08/c_1120082577.htm.

[4] 邱叶. “新工科”背景下应用型地方高校工程人才课程思政育人模式研究［J］. 改革与开放，2019（3）：92-96.

[5] 胡塞尔. 欧洲科学的危机与超越论的现象学［M］. 王炳文，译. 北京：商务印书馆，2001：18.

[6] 李华，胡娜，游振声. 新工科：形态、内涵与方向［J］. 高等工程教育研究，2017（4）：16-19，57.

[7] 姜晓坤，朱泓，李志义. 面向新工业革命的新工科人才素质结构及培养［J］. 中国大学教学，2017（12）：13-17，23.

[8] 习近平. 坚持、完善和发展中国特色社会主义国家制度与法律制度［J］. 求知，2020（1）：4-6.

材料物理实验教学中"课程思政"的探索

张艳辉

摘要：在实验课的"课程思政"建设中，以《高等学校课程思政建设指导纲要》为导向，明晰实验课"课程思政"建设的方向，强化实验教师思政教育的主导性和学生的主体性。以材料物理实验课程为例，修订涵盖思政教育目标的教学大纲，整合实验内容，挖掘思政教育元素，结合思政内容，运用传统讲授法与PBL教学法，既传授了专业知识又实现了价值引领的作用，从而构建有特色的实验教学"课程思政"的教学模式，实现了引导学生做到学思结合、知行合一，增强学生勇于探索的创新精神、善于解决问题的实践能力。

关键词：课程思政；实验教学；材料物理实验；PBL教学法

2016年召开的全国高校思想政治工作会议提出"要坚持把立德树人作为中心环节，把思想政治工作贯穿教育教学全过程，实现全程育人、全方位育人"，科学地回答了高校培养什么样的人、如何培养人以及为谁培养人这一根本问题。并指出"要用好课堂教学这个主渠道，各门课都要守好一段渠、种好责任田，使各类课程与思想政治理论课同向同行，形成协同效应"[1]。教育部印发的《高等学校课程思政建设指导纲要》明确指出要结合专业特点分类推进"课程思政"建设，科学设计公共基础课程、专业教育课程和实践类课程的思政教学体系[2]。

实验教学是培养学生实践动手能力及创新能力的重要教学环节，是高校培养学生不可缺少的一部分，也是一种非常有效的教学手段。实验教学的好坏直接关系到整个学科的教学质量。在目前高校"大思政"教育模式探索的背景下，实验课教师应积极挖掘课程中所蕴含的潜在思想政治教育资源，探索构建实验教学"课程思政"的教学模式，使学生做到学思结合、知行合一，增强学生勇于探索的创新精神、善于解决问题的实践能力。

一、实验课的"课程思政"建设应主要着眼于独立设课的实验课，兼顾课程实验课

要想做好实验课的"课程思政"建设，首先需要明确实验课的分类，分析不同类别实验课的特点，以便采取相应的措施进行"课程思政"建设。

高校中设立的实验课大致分独立设课实验和课程实验两类。所谓独立设课实验是指

把原附属于某一门或几门理论课的实验部分分离出来组成一门在教学计划中单独设立的实验课程[3]。独立设课的优点是使实验教学由附属于理论教学的从属地位转变为相对独立的地位，可以按照对学生进行完整、系统的实验理论、方法和技能训练的要求，对课内各实验单元进行整体优化设计、组合，使课程单元功能和目标与课程总体功能与目标达到最佳组合，并有利于实验教学与科学研究相结合。课程实验是指在理论课程中根据课程需要设置的实验，实验内容围绕理论课程内容，可以是理论的验证或理论的应用。由于课程实验从属于某一门理论课，所以其教学目标、教学方案等需服从于该门理论课的总体目标。因此实验课的“课程思政”建设应主要着眼于独立设课的实验课，兼顾课程实验课。

二、实验课“课程思政”建设需要教师强化“课程思政”建设意识、提高思政教育能力

课堂教学需要教师去实施，教师在推进“课程思政”建设的过程中起着主导性作用，教师也是“课程思政”能否达到预期效果的关键，要强化实验课教师“课程思政”建设的意识和提高“课程思政”的教学能力。

在“课程思政”概念明确提出之前，非思政课课堂教学中的思政内容并非一片空白，尤其是课程内容与实际应用有着密切联系的实验课，很多实验课教师在上课期间往往会自发地结合课程内容对学生进行德育教育。但这种自发进行的德育教育缺乏设计、不具备系统性，且由于并未纳入教学目标，从内容到具体的实施都具有不固定性。因此，实验课教师首先需明确当前实践类课程的培养目标，处理好专业知识传授和价值引领之间的关系；其次，需强化课堂教学中思政内容的设计，以及将思政内容固化到课堂教学过程中的意识。

目前高校中担任实验教学任务的有教师岗教师和实验岗教师。由于工作性质不同，通常教师岗教师专业理论基础扎实，实验岗教师实验技术过硬，但在思政教育方面，大多数非思政课程教师会存在经验不足和在教学过程中容易出现思政元素“嫁接”“植入”生硬的问题。为了提高实验课教师思政教育能力，可通过培训加强实验教师对思想政治教育精髓的理解和把握，定期开展思政进课堂的交流讨论和示范教学展示等活动，以便将思政教育有机融入专业知识传授过程中。

三、实验课“课程思政”建设要充分考虑到学生的主体性

课堂教学中知识传播的受体是学生，“课程思政”的成效也需由学生体现出来。因此，实验课“课程思政”建设过程需充分考虑学生对思政内容的接受程度，结合学生特点，选取思政案例，选定教学方法，充分调动学生的积极性，体现学生在“课程思政”教育过程中的主体性。

21世纪出生的学生是受网络影响较大的一代，互联网中充斥着各类信息，这些信息会影响他们的价值观、人生观等，简单的思政说教势必影响教育效果。实验课的授课

模式基本是4~6人一组进行实验，因此“以学生为中心，以问题为基础”的PBL教学法[4]更容易实施。可以在课堂设计时，让学生通过小组讨论的形式设计实验方案，分析总结观点，在完成实验任务的同时完成受体与主体角色的转化。当实验课中涉及多个实验时，充分考虑学生特点，可选择部分实验结合思政内容，不必面面俱到，刻意求全，才不致引起学生的反感，影响教学效果。

四、实验教学中“课程思政”教育的探索

《高等学校课程思政建设指导纲要》明确指出高等学校人才培养是育人和育才相统一的过程，同时明确指出专业实验实践课程，要注重学思结合、知行合一，增强学生勇于探索的创新精神、善于解决问题的实践能力[2]。因此在进行“课程思政”改革过程中，需修改教学大纲，制定新的教学目标；深入挖掘实验中的思政元素；精心设计课堂教学，对教案进行修订。

下面以材料物理实验为例进行分析。材料物理实验是一门独立设课的实验课，主要包括材料的物理性能、力学性能和核技术应用等方面的多个实验内容。在此次教学改革中，做了以下改进。

（一）修订教学大纲，制定新的教学目标

在满足人才培养目标的前提下，结合实验课开课前期的先修课程，重新调整实验内容，在保留原有大部分实验的基础上，根据科技发展增补新的实验项目，如材料吸波性能测试实验、紫外激光打标实验等，剔除或合并实验内容简单的实验，选用合适的教学方法，重新设计教案。

根据实验内容有机融入思政元素，在原教学目标的基础上，进一步培养学生学思结合、知行合一，树立科技报国的信念，担负起社会责任。

（二）挖掘思政元素，找准思政内容在教学过程中的切入点

思政入课堂，要做到因势利导，育人无痕，避免思政内容和专业知识形成“两层皮”。因此，需深入挖掘课程中的思政元素，并找准思政内容在实验课教学过程中的切入点。

实验物理学家丁肇中曾说：“自然科学理论不能离开实验室的基础，特别是物理学，它是从实验开始的。”理论课中的概念、规律等都是以实验为基础的。每个概念、规律等的发现及应用的过程都离不开科学家们的努力。物理实验方法的发展在很大程度上取决于新的实验仪器装置的制成。实验仪器装置的更新和发展，是推动现代物理实验方法和现代物理学研究发展的重要一环。严格的实验操作和最终实验数据的分析直接关系到实验的成败。因此，可以将实验现象的发现过程、发现实验现象的科学家、该类实验现象能解决哪些问题、利用该实验仪器曾做出哪些突出贡献、实验所用样品等作为思政元素。同时，作为实践类课程，材料物理实验的课程内容与实际应用有着密切的联系，因此在思政元素的挖掘上，注重与实际应用相结合、与当代科技相结合、与国内的科研发展和现状相结合，将思政与科技发展、科研成果相结合，在点滴间潜移默化学生，实现

“课程思政”与思政课程同向而行。

结合实验现象的发现过程、发现实验现象的科学家，突出科学家勇于探索的精神等。例如，讲授正电子湮没寿命谱实验时通过赵忠尧发现正电子的过程以及赵忠尧为中国核事业做出贡献的事例，使学生更好地理解正电子湮没过程以及科学家勇于探索的精神和爱国情怀；在非晶合金晶化的穆斯堡尔谱分析实验中，通过介绍德国物理学家穆斯堡尔发现原子核对 *g* 射线的无反冲共振吸收过程，使学生能更好地理解穆斯堡尔效应原理，并深刻体会科学家追求真理的科学精神和勇于探索的创新精神。

思考结合实验现象能解决哪些科学问题，并引导学生学思结合、知行合一。例如，在材料相变示差法热分析实验中，介绍卢柯在研究非晶态金属晶化动力学的基础上，提出了大量制备纳米合金的新方法——非晶完全晶化法，使我国纳米晶体研究领域进入国际先进行列，使学生了解热分析方法在非晶纳米晶化研究领域应用的重要性，并学习科学家的创新精神和学思结合的优秀品质；在材料相变膨胀法分析实验中，介绍王国栋院士通过轧制与冷却过程控制固态相变过程改善钢材的性能，使我国在桥梁钢、管线钢、高层建筑用钢以及航母等大国重器用的高端钢材上，真正摆脱了“卡脖子”状态，学生从这个事例中了解了固态相变研究在钢铁研究领域的重要性，以及热膨胀法在研究固态相变中起到的作用，并学习科学家知行合一的品质。

在激发学生科技报国的爱国情怀和使命担当教育上，选用紫外激光打标实验和材料吸波性能测试两个实验。在紫外激光打标实验中，介绍目前国内对紫外激光光源使用的高端元件的材料、加工、镀膜等环节的研究现状，使学生了解国内与国际先进水平之间的差距。在材料吸波性能测试实验中，介绍世界上第一款完全以隐形技术设计的F-117飞机在战争中的表现，使学生明白“落后就要挨打”的道理。这两个事例为材料学科的学生指明在该领域中的奋斗方向，激发学生科技报国的使命担当。

（三）多种教学方法相结合，充分体现学生在“课程思政”建设过程中的主体性

材料物理实验课程涉及多门理论课相关的多个实验，通过对某些实验的联合运用，可解决某一特定科技问题，对这部分实验内容可设计运用新的教学法。因此，除部分实验仍运用传统的讲授法外，根据实验内容进行设计，结合PBL教学法，充分调动学生的积极性，使学生在“课程思政”建设过程中完成受体和主体的角色转化，既传授了专业知识又实现了价值引领的作用，从而构建有特色的实验教学“课程思政”的教学模式。

PBL教学法[4]注重以学生为中心、以问题为导向，学生以小组讨论合作的方式共同解决问题。在材料物理实验授课过程中，可以将几个实验结合在一起，在讲授实验原理的同时提出一系列问题，学生以小组形式查阅资料、互相讨论、设计实验方案，在解决问题的过程中完成实验任务。例如，在制备纳米合金时提出，什么是非晶晶化法？如何实现非晶晶化？如何检测非晶是否晶化？非晶纳米晶化后其性能如何等问题？就上述一系列问题，学生通过查阅文献明晰卢柯提出的非晶完全晶化法的含义，通过材料相变示差法热分析实验测出非晶合金初始晶化温度，学生小组讨论确定非晶合金的退火条件，进一步通过非晶合金晶化规律的穆斯堡尔谱分析实验和物理性能实验数据计算机处理实验测试，分析出是否实现非晶合金完全晶化，并利用材料磁性测量实验与材料吸波性能测试实验对晶化后合金性能进行测量分析，通过一系列实验明确非晶完全晶化法提出的重要意义，引导学生做到学思结合，树立科技报国的信念。

五、结语

实验教学是高校培养学生的重要教学环节，实验课“课程思政”建设直接关系到高校培养什么样的人、如何培养人以及为谁培养人这一根本问题。在实验课“课程思政”建设过程中，需厘清课程建设的方向，明晰实验课教师的主导性和学生的主体性，深入挖掘课程中蕴含的潜在思政教育资源，将讲授法与PBL教学方法相结合，精心设计课堂教学，构建实验教学“课程思政”的教学模式，使学生做到学思结合、知行合一，增强学生勇于探索的创新精神、善于解决问题的实践能力。

参考文献

［1］习近平在全国高校思想政治工作会议上强调：把思想政治工作贯穿教育教学全过程，开创我国高等教育事业发展新局面［N］．人民日报，2016-12-09（1）．

［2］光明日报评论员．课程与思政交融，教书和育人互促［J］．新教育，2020（20）：1．

［3］池加敏，实验独立设课的优势与原则［J］．高等农业教育，1999（10）：70-72．

［4］华硕，张天懿．基于PBL的新型大学物理实验教学模式探索［J］．大学物理实验，2019，32（3）：135-138．

本文原载于《新教育时代》2020年第42期。

文化管理学“课程思政”建设实践

李　丹

摘要：文化是一个国家和民族的灵魂。在建设中国特色社会主义新时代文化强国的时代背景下，东北大学公共管理学科的本科生专业必修课文化管理学“课程思政”建设契合了中国特色社会主义新时代文化强国建设的时代要求，回应了促进社会主义文化大发展大繁荣的现实需要，顺应了“金课”建设的发展趋势。文化管理学在文化管理的内容与机构、文化政策、对外文化交流等方面均设计了“课程思政”专题，特别是在文化政策部分设置的专题“习近平总书记关于文化建设重要论述解读”，有助于引导学生全面深刻理解习近平总书记关于文化建设的重要论述，全面思考建设社会主义文化强国的重大意义与现实路径。

关键词：文化管理；课程思政；文化强国；软实力

一、文化管理学“课程思政”意义

文化是人类在社会历史发展过程中创造的物质财富与精神财富的总和，特指精神财富。党的十九大报告指出，文化是一个国家、一个民族的灵魂。文化兴国运兴，文化强民族强。没有高度的文化自信，没有文化的繁荣兴盛，就没有中华民族伟大复兴。要坚持中国特色社会主义文化发展道路，激发全民族文化创新创造活力，建设社会主义文化强国。[1] 这段话说明了文化建设对于中国特色社会主义事业的重要价值。

文化管理学是研究政府及其文化行政部门和文化企事业单位对文化事业和具体文化活动的规划、组织、协调和监督规律的科学。东北大学公共管理学科开设的文化管理学是行政管理专业和公共事业管理专业大三年级本科生的必修课。先修课程有管理学、公共事业管理概论等。课程内容包括文化概述、文化管理的内容与机构、文化政策、对外文化交流、文化创新、公共文化服务、文化产业管理，共32学时，2学分。

文化建设是“五位一体”总体战略布局中的重要方面之一，进行文化管理学“课程思政”建设具有重要意义，具体表现在以下三方面。

（一）契合了中国特色社会主义新时代文化强国建设的时代要求

新中国成立以来，在中国共产党的领导下，中国人民走出了一条由站起来到富起来，再向着强起来努力的强国之路。实现中华民族伟大复兴的中国梦，必然包括文化的兴盛繁荣，建设富强、民主、文明、和谐、美丽的社会主义现代化强国，必然包括文化强国建设目标。党的十九大报告指出，“要坚持中国特色社会主义文化发展道路，激发全民族文化创新创造活力，建设社会主义文化强国。”进行文化管理学“课程思政”建设，有助于学生深刻理解建设中国特色社会主义新时代文化强国的重要意义，了解中国特色社会主义新时代文化强国建设的方向与路径，如牢牢掌握意识形态工作领导权、培育和践行社会主义核心价值观、加强思想道德建设、繁荣发展社会主义文艺、推动文化事业和文化产业发展等。

（二）回应了促进社会主义文化大发展大繁荣的现实需要

党的十七届六中全会通过的《中共中央关于深化文化体制改革推动社会主义文化大发展大繁荣若干重大问题的决定》深刻指出，“没有文化的积极引领，没有人民精神世界的极大丰富，没有全民族精神力量的充分发挥，一个国家、一个民族不可能屹立于世界民族之林。物质贫乏不是社会主义，精神空虚也不是社会主义。没有社会主义文化繁荣发展，就没有社会主义现代化。在新的历史起点上深化文化体制改革、推动社会主义文化大发展大繁荣，关系实现全面建设小康社会奋斗目标，关系坚持和发展中国特色社会主义，关系实现中华民族伟大复兴。”进行文化管理学“课程思政”建设，有助于引导学生充分认识促进社会主义文化大发展大繁荣的重要价值和目标。从国内来看，促进社会主义文化大发展大繁荣，是满足人民美好生活需要的重要途径。在中国特色社会主义新时代，人民日益增长的美好生活需要包括文化的需要，促进社会主义文化大发展大繁荣，提供健康、积极、丰富、多样的文化产品与服务，是满足人民精神文化需要的重要途径。从国际来看，促进社会主义文化大发展大繁荣，可以有力地推动中华文化“走出去”，提升中国文化软实力与国际影响力。

（三）顺应了“金课”建设的发展趋势

“金课”是指具有创新性、高阶性与挑战度的国家级一流课程。“金课”建设是中国高等教育由精英教育阶段转向大众化教育阶段背景下，实现高校课程教学以质量为核心的自我升华与变革。文化管理学“课程思政”建设，有助于丰富着眼于创新性、高阶性与挑战度的“金课”建设实践。“课程思政”建设中的撰写文化产业创业计划书、文化创新的必要性与路径等专题训练与讲座，有助于引导学生树立创新意识，开展创新实践，提升课程的创新性。“课程思政”建设中的关于文化自信，公共文化服务的标准化均等专题研讨与辩论，有助于培养学生由记忆、理解、应用到分析、评价和创造的高阶认知能力和解决复杂问题的综合能力，强调知识、能力和素质的有机融合。“课程思政”建设中内容、方法、考核“三位一体”系统打造具有挑战度的课程。教学内容依据“最近发展区”设计，教学方法强调深入思考的有效参与和互动，考核内容体现对高阶认知能力和创新能力的要求，充分开发学生潜能，提升课程的挑战度。

二、文化管理学“课程思政”设计

在增强文化自信，促进社会主义文化大发展大繁荣，加强高等院校思想政治教育的时代背景下，文化管理学紧密围绕中国特色社会主义新时代文化强国建设的时代背景，从以下五方面设计挖掘“课程思政”元素。

第一，在课程的第一章“文化概述”中，包含对文化要素的介绍。其中，认知是文化要素之一。在介绍认知的内容及其作用时，教师会进行社会主义核心价值观的宣讲，引导学生理解党的十九大报告指出的：“社会主义核心价值观是当代中国精神的集中体现，凝结着全体人民共同的价值追求。”通过对社会主义核心价值观的宣讲，凝聚学生的共同价值追求，在学生中形成价值共识和思想共鸣，保证学生全面发展的正确方向。

第二，在课程的第二章“文化管理的内容与机构”中，结合最新的国家机构改革内容介绍文化管理的机构，引导学生理解党和政府机构改革的目标。如，目前中央宣传部统一管理新闻出版工作。这是为加强党对新闻舆论工作的集中统一领导，加强对出版活动的管理，发展和繁荣中国特色社会主义出版事业。中央宣传部统一管理电影工作是为了更好发挥电影在宣传思想和文化娱乐方面的特殊重要作用，发展和繁荣电影事业。

第三，在课程的第三章“文化政策”中，专门开设“习近平总书记关于文化建设重要论述解读”专题内容，帮助学生更好地全面理解文化建设的重要价值。此专题的具体内容将在下文中详细介绍。

第四，在课程的第四章“对外文化交流”中，特别增加“如何理解和提高文化自信”专题内容，引导学生全面深刻理解文化自信的来源，坚持和弘扬文化自信的路径等。

第五，在课程的第五章“文化创新”中，结合党的十九大报告指出的：“推动中华优秀传统文化创造性转化、创新性发展”“激发全民族文化创新创造活力，建设社会主义文化强国”“提升文艺原创能力，推动文艺创新”[1] 等内容，引导学生理解文化创新的必要性及具体路径。

三、文化管理学“课程思政”实施——以“习近平总书记关于文化建设重要论述解读”专题为例

在文化管理学的“习近平总书记关于文化建设重要论述解读”专题中，主要从社会主义文化强国的内涵、社会主义文化强国建设的内容及路径三个方面进行“课程思政”解读。

（一）社会主义文化强国的内涵

根据习近平总书记关于文化建设的重要论述，社会主义文化强国建设的内涵是提升文化软实力。“软实力”一词是由美国学者约瑟夫·奈首次提出的。他将软实力视为“通过吸引而非强迫或收买的手段来达己所愿的能力”“它源于一个国家的文化、政治观念和政策的吸引力”[1]。在经济全球化不断加强、政治多极化趋势日益明显、国际综合国力竞争日趋激烈的今天，文化软实力的重要性越来越突出，已经成为民族凝聚力和创造力的重要源泉，对于提高综合国力、增强文化自信等具有重要作用。中国建设社会主义文化强国目标的内涵，就在于文化软实力的全面提升。2013年12月30日，习近平总

书记在十八届中央政治局第十二次集体学习的讲话中提到：“提高国家文化软实力，关系‘两个一百年’奋斗目标和中华民族伟大复兴中国梦的实现。要弘扬社会主义先进文化，深化文化体制改革，推动社会主义文化大发展大繁荣，增强全民族文化创造活力，推动文化事业全面繁荣、文化产业快速发展，不断丰富人民精神世界、增强人民精神力量，不断增强文化整体实力和竞争力，朝着建设社会主义文化强国的目标不断前进。”[2]

对于中国而言，文化软实力的全面提升包括两个方面：一是加强对内的文化凝聚力，二是加强对外的文化吸引力。

文化凝聚力是作为文化内核的价值观念对人们产生的凝聚力量。一定的文化总是以一定的价值观念为核心，一定的价值观念总是以一定的文化为载体，文化的凝聚作用来源于文化的价值观念的感召力、向心力、凝聚力。文化具有重要的凝聚力和感召力，这一作用的重要体现就是整个民族的共同理想。正如2012年11月29日习近平总书记在参观《复兴之路》展览时的讲话中所指出的，“实现中华民族伟大复兴，就是中华民族近代以来最伟大的梦想。这个梦想，凝聚了几代中国人的夙愿，体现了中华民族和中国人民的整体利益，是每一个中华儿女的共同期盼。”[3] 中国梦的内涵既包括物质财富（经济复兴），也包括精神财富（文化繁荣兴盛）。2013年11月26日，习近平总书记在山东曲阜孔府考察时指出，“一个国家、一个民族的强盛，总是以文化兴盛为支撑的，中华民族伟大复兴需要以中华文化发展繁荣为条件。”

对外的文化吸引力主要体现在一个国家的文化软实力。当前，文化软实力已成为国家综合实力中最核心的力量之一，它是依靠政治制度的吸引力、文化价值的感召力和国民形象的亲和力等释放出来的无形影响力。习近平总书记强调，“一个国家的文化软实力，从根本上说，取决于其核心价值观的生命力、凝聚力、感召力。”经过长期努力，我国成功走出了一条中国特色社会主义道路，取得了举世瞩目的辉煌成就。世界上越来越多的人开始对当代中国价值观念感兴趣，越来越多的人开始客观看待当代中国价值观念。我们要提高国家文化软实力，就必须使当代中国价值观念走向世界。要讲好中国特色社会主义的故事，讲好中国梦的故事，讲好中国人的故事，讲好中华优秀文化的故事，讲好中国和平发展的故事，把中国道路、中国理论、中国制度、中国精神、中国力量寓于其中。要着力推进国际传播能力建设，创新对外宣传方式，加强对外传播话语体系建设，注重塑造我国的国家形象，重视公共外交，着力打造融通中外的新概念、新范畴、新表述，向世界展现一个真实的中国、立体的中国、全面的中国。[4]

（二）社会主义文化强国建设的内容

根据习近平总书记关于文化建设的重要论述，社会主义文化强国建设的内容包括：弘扬中国精神，培育和弘扬社会主义核心价值观，保护传统文化，增强国际话语权。

第一，弘扬中国精神。习近平总书记指出，“实现中国梦必须弘扬中国精神。这就是以爱国主义为核心的民族精神，以改革创新为核心的时代精神。这种精神是凝心聚力的兴国之魂、强国之魂。爱国主义始终是把中华民族坚强团结在一起的精神力量，改革创新始终是鞭策我们在改革开放中与时俱进的精神力量。全国各族人民一定要弘扬伟大的民族精神和时代精神，不断增强团结一心的精神纽带、自强不息的精神动力，永远朝气蓬勃迈向未来。”[5]

第二，培育和弘扬社会主义核心价值观。习近平总书记指出，“核心价值观是文化软实力的灵魂、文化软实力建设的重点。这是决定文化性质和方向的最深层次要素。一个国家的文化软实力，从根本上说，取决于其核心价值观的生命力、凝聚力、感召力。培育和弘扬核心价值观，有效整合社会意识，是社会系统得以正常运转、社会秩序得以有效维护的重要途径，也是国家治理体系和治理能力的重要方面。历史和现实都表明，构建具有强大感召力的核心价值观，关系社会和谐稳定，关系国家长治久安。”

第三，保护传统文化。习近平总书记指出，“‘求木之长者，必固其根本；欲流之远者，必浚其泉源’。中华优秀传统文化是中华民族的精神命脉，是涵养社会主义核心价值观的重要源泉，也是我们在世界文化激荡中站稳脚跟的坚实根基。”

第四，增强国际话语权。习近平总书记指出，“国际话语权是国家文化软实力的重要组成部分。尽管我们在提高国际话语权方面取得了重要进展，但同西方国家相比，我们还有不小差距。应该承认，对国际话语权的掌握和运用，我们总的是生手，在很多场合还是人云亦云，甚至存在舍己芸人现象。要精心构建对外话语体系，发挥好新兴媒体作用，增强对外话语的创造力、感召力、公信力，讲好中国故事，传播好中国声音，阐释好中国特色。”

（三）社会主义文化强国建设的路径

根据习近平总书记关于文化建设的重要论述，社会主义文化强国建设的路径包括：双效统一，深化改革，创新服务。

第一，双效统一。习近平总书记在党的十九大报告中指出，“满足人民过上美好生活的新期待，必须提供丰富的精神食粮。要深化文化体制改革，完善文化管理体制，加快构建把社会效益放在首位、社会效益和经济效益相统一的体制机制。”

第二，深化改革。习近平总书记指出，“紧紧围绕建设社会主义核心价值体系、建设社会主义文化强国，完善文化管理体制和文化生产经营机制，建立健全现代公共文化服务体系、现代文化市场体系来做好工作，以此推动社会主义文化大发展大繁荣。”[6]

第三，创新服务。习近平总书记指出，“要大力繁荣发展文化事业，以基层特别是农村为重点，深入实施重点文化惠民工程，进一步提高公共文化服务能力，促进基本公共文化服务标准化、均等化。”[2]

四、结语

文化管理学自2003年开设以来，坚持以资源建设为基础，以教学改革为抓手，以科学研究为保障，以全面育人为目标，着眼于创新性、高阶性与高挑战度的课程建设目标，强调内涵建设与载体建设同步、基础知识与前沿知识同构、专业特色与时代特色同显，并通过加强“课程思政”建设，实现立德树人、三全育人的教育目标。

参考文献

[1] 约瑟夫·奈. 软力量：世界政坛成功之道 [M]. 吴晓辉，钱程，译. 北京：东方出版社，2005：36.

[2] 习近平. 建设社会主义文化强国着力提高国家文化软实力 [N]. 人民日报，2014-01-01（1）.

[3] 习近平：承前启后继往开来朝着中华民族伟大复兴目标奋勇前进 [N]. 人民日报，2012-11-30（1）.

[4] 闻言. 坚定文化自信，建设社会主义文化强国：学习《习近平关于社会主义文化建设论述摘编》[N]. 人民日报，2017-10-16（7）.

[5] 习近平在第十二届全国人民代表大会第一次会议上的讲话 [N]. 人民日报，2013-03-18（1）.

[6] 习近平在中央全面深化改革领导小组第二次会议上的讲话 [N]. 人民日报，2014-03-01（1）.

本文原载于《高校思政课专题教学理论与实践研究论文集》。

行政伦理研究“课程思政”建设的几点思考

魏淑艳

摘要：阐述了正确把握“课程思政”建设的意义、政策要求和原则，分析了行政伦理研究“课程思政”元素的来源，指出“课程思政”元素来自中国特色社会主义核心价值观，习近平中国特色社会主义思想体系，以及党的路线、方针、政策。构建了行政伦理研究“课程思政”建设的方案，提出了包括教材选择、明确教学目标、教学方案修订以及教学方法改革等行政伦理研究“课程思政”建设的具体路径。

关键词：行政伦理研究；课程思政；建设路径

一、正确把握“课程思政”建设的意义、政策要求与原则

改革开放以来，我国高等教育发展取得了历史性成绩，高等教育综合改革全面推进，高校办学更加聚焦人才培养，立德树人成效显著。但人才培养的目的及途径仍有待探索。教育部对此提出“培养什么人、怎样培养人、为谁培养人是教育的根本问题，立德树人成效是检验高校一切工作的根本标准”。教育部《关于加快建设高水平本科教育全面提高人才培养能力的意见》为中国高等教育当下发展提出了40条具体要求。其中，全面加强“课程思政”建设，“打造一批课程思政示范课堂，选树一批课程思政优秀教师，推动形成专业课教学与思政课教学紧密结合、同向同行的育人格局”是教育部对高校教学的新要求。

根据这一要求，专业课教学也必须解决好“培养什么人、怎样培养人、为谁培养人”这三个问题，因而专业课的“课程思政”建设具有积极意义。

目前，我国高等院校普遍开设了思想政治理论课。我们往往把对大学生的思想教育推给思想政治理论课。事实上，专业课教学，无论是自然科学还是社会科学，虽然其主要任务是教授学生专业知识，培养学生的专业基础和能力，但也不可避免地内含着价值观，因而也负有价值观教育的使命。特别是当今时代，社会各种思潮迭起，仅仅依靠专门的政治理论课对学生进行引导和教育是不够的，专业课教学也应在教师传授专业知识的同时，对学生进行正确的方向引领，以培养学生树立正确的人生观、世界观和价值观。

但专业课“课程思政”建设需要处理好专业课教学与思想引导的关系，避免简单灌

输。为此，要考虑以下原则。一是专业课教学必须区别于思政课，不能套用思政课内容代替专业课教学内容，否则把专业课上成思政课，学生不喜欢。二是应通过专业课的教学内容与教学方式间接引导，让学生通过学习专业知识来感悟思政理论，特别要围绕激发学生学习兴趣和潜能深化教学改革，使学生树立正确的价值观。

根据上述原则，专业课教师在课程教学中既要贯彻好“课程思政”的精神，又要把专业课上好，必须注意挖掘思政元素，修订教材内容，改进教学方法。

二、行政伦理研究“课程建设”中的思政元素

行政管理专业研究生开设的行政伦理研究课程，内容包括公共行政组织及其工作人员在从事公共行政管理过程中要遵循的伦理规则和道德要求。这些内容与中国特色社会主义核心价值观、新时代习近平中国特色社会主义思想体系和党的路线方针政策有着非常密切的关系。因此，行政伦理课程贯彻教育部“课程思政”的精神，不存在南辕北辙问题，不存在内容冲突问题。“课程思政”的元素来自以下几方面。

（一）中国特色社会主义核心价值观

社会主义核心价值观是社会主义核心价值体系的内核，体现社会主义核心价值体系的根本性质和基本特征，反映社会主义核心价值体系的丰富内涵和实践要求，是社会主义核心价值体系的高度凝练和集中表达。社会主义核心价值观是指倡导：富强、民主、文明、和谐，自由、平等、公正、法治，爱国、敬业、诚信、友善。这12个概念是社会主义核心价值观的基本内容。它可以分为国家层面、社会层面和个人层面。党的十八大以来，中央高度重视培育和践行社会主义核心价值观。习近平总书记多次做出重要论述、提出明确要求。党中央的高度重视和有力引导，为加强社会主义核心价值观教育实践指明了方向，提供了重要指南。

（二）习近平中国特色社会主义思想体系

习近平新时代中国特色社会主义思想体系由以下四个部分构成。第一，具有特色鲜明、一以贯之的主题，即坚持和发展中国特色社会主义。第二，习近平新时代中国特色社会主义思想凸显了科学的方法论体系，即“八个坚持”的马克思主义思想方法和工作方法。第三，习近平新时代中国特色社会主义思想体现了严整的思维逻辑体系，即包括战略思维、历史思维、辩证思维、创新思维、法治思维、底线思维在内的“六大思维”。第四，习近平新时代中国特色社会主义思想坚持思想体系与话语体系的有机统一，展现了习近平总书记马克思主义政治家、思想家、战略家和人民领袖的强大人格魅力。[1]

（三）党内法规

《中国共产党党内法规制定条例》第2条规定：“党内法规是党的中央组织以及中央纪律检查委员会、中央各部门和省、自治区、直辖市党委制定的规范党组织的工作、活动和党员行为的党内规章制度的总称。”中国共产党作为执政党，在执政过程中制定了大量的法规，如《中国共产党党内监督条例》《中国共产党纪律处分条例》等。这些法规作为中国特色社会主义法律体系的一部分，对党员有着严格的约束，其条例对党员有

着重要的规范指导作用，也是行政伦理研究必须遵循的伦理规则。

（四）党的路线、方针和政策

党的路线、方针和政策是党中央根据不同时期的国际环境，根据国内政治、经济、社会发展形势和发展任务，面向全党和全国人民提出的国家发展方向、任务和指南。它通常体现在党的历次代表大会的文件和国家领导人的讲话中。党的十一届三中全会以来，党的历次代表大会都提出了党的路线、方针和政策，成为指导我国各方面、各领域的工作指南。行政伦理研究自然离不开党的路线、方针和政策的引领，因此，党的路线、方针和政策是行政伦理研究课程建设必须遵循的基本指导思想之一，也是思政建设的重要元素。

三、行政伦理研究"课程思政"建设的基本方案

行政伦理研究"课程思政"建设的成效与教学内容的安排有着密切的关系。因此，在原有教学内容的基础上，须修订原有教案，充实提升教学内容。行政伦理研究"课程思政"建设教案修订本着更新内容、提升理论、体现思政精神指导的原则，反映教学内容的专业特色、时代特色和思政特色。课程主要安排六个专题，其中五个专题与思政元素有着非常密切的关系。

第一专题，行政伦理绪论。绪论是对本门课程的教学内容做出的基本介绍和阐述，它能够给学生关于教学内容的一个整体认识。行政伦理研究绪论主要讲授行政伦理是什么、为什么研究行政伦理、行政伦理研究的学术史、行政伦理的价值观、行政伦理的理论基础和研究方法等内容。教案修订突出了行政伦理的价值观，包括中外行政伦理价值观的比较，特别是当代中国社会主义核心价值观的伦理考量。阐述行政伦理价值观与社会主义核心价值观的关系，以中国特色社会主义核心价值观为指导，强化中国公共行政伦理观的理论基础。

第二专题，行政伦理——政府官员的道德与法律底线。主要讲授行政伦理建设的重要意义、官场政治生态及中国当前的反腐败国家战略。借鉴美国行政伦理建设的经验，了解我国官员财产申报制度和信息公开制度。其中，教案修订主要侧重反腐败国家战略。主要讲八项规定、习近平关于反腐败的战略思想、习近平全面从严治党战略思想以及加强党内监督和纪律处分的思想。在这部分教学过程中，一是让学生认识腐败是行政伦理最不能原谅的错误，不仅违背行政伦理，更触犯国家法律，还贻害家庭，祸害各项事业。二是让学生正确认识中国官场的政治生态。既要认识到大多数干部是党和国家的宝贵财富，他们兢兢业业，恪守职责，是公共管理的重要力量，并非官场一团黑，也要认识到中国反腐败的严峻性。三是让学生了解中国反腐败的过程及当今反腐败的国家战略，认识到高层推动的反腐败对于解决我国官场腐败问题有着重要意义。理解国家反腐败战略的提出过程及其变化。2003年10月，党中央做出建立健全惩治和预防腐败体系的重大决策部署，此后相继颁布了建立健全惩治和预防腐败体系《建立健全惩治和预防腐败体系实施纲要》、《建立健全惩治和预防腐败体系2008—2012年工作规划》和《建

立健全惩治和预防腐败体系2013—2017年工作规划》，明确提出了当前和今后一段时期中国反腐败工作的总体要求、工作原则、主要任务、方法措施和实现目标。了解国家反腐败的政策行动，例如注重加强法律法规和制度建设，用法治思维和法治方式反腐败。持之以恒地加强作风建设，促进党员和国家公职人员队伍清正廉洁。坚持以零容忍态度惩治腐败，坚决遏制腐败蔓延势头。加强和改进巡视监督，发现问题、追究责任、形成震慑。畅通举报渠道，积极支持人民群众和新闻媒体开展监督。并且，在打击腐败分子的过程中更加关注人权，推进反腐败政策的法制化。预防腐败与推进改革相结合，在打击高官腐败的同时，高度关注基层腐败，广泛动员社会力量参与反腐败斗争。四是让学生了解腐败治理的国际经验。要让学生清楚地认识到，腐败是各国共有的现象，治理之策也有许多共性。因此，可以借鉴反腐败的国际经验。了解公开透明及财产申报制度是反腐败的终极利器。

第三专题，公共行政的科学观与伦理观。本专题的内容主要有两个方面。一是讲述公共行政的科学观。公共行政的科学观是指公务员对待行政工作效率、行政权力、法律、责任等应有的正确认识。公共行政的科学观包括效率观、权力观、法治观、廉政观、责任观和服务观。这是公共行政人员必须树立的观念，也是对未来的从业人员进行教育的必要内容。二是讲述公共行政的伦理观。公共行政的伦理观是公共权力机关制定的有关公务员职业行为的道德规范和行为准则，它是公务员对待公平公正、平等和民主管理等方面的正确认知。因此，公共行政的伦理观通常包括公平观、平等观、正义观和民主观等。这部分教学内容修订涉及权力观、法治观、廉政观等方面，将引入习近平总书记关于权力观、法治观、廉政观的基本思想。公共行政的伦理观也直接与中国特色社会主义核心价值观对接，与党的十八大、中共十九大报告的精神对接，体现“课程思政”的原则。

第四专题，公共服务与服务型政府。1998年的国务院机构改革方案，首次把公共服务确立为政府的基本职能。公共服务包括基本公共服务、准公共服务和社区公共服务。其中，基本公共服务是政府义不容辞的责任。包括基本养老、基本医疗、基础教育、公共文化、公共卫生和公共体育等公共服务。因此，基本公共服务是政府应该承担的责任，公务员承担具体的管理和服务职责。2004年温家宝提出了建立服务型政府的目标。2005年的政府工作报告正式将建设服务型政府定为政府目标，并且提出了相应的措施。党的十六大和党的十七大后，中国政府进一步明确了服务型政府的基本内容和相应的公共政策体系。迄今为止，建设服务型政府都是政府持以之恒的目标。因此，理解公共服务和服务型政府自然是行政伦理研究教学的题中之意。本部分主要阐述公共服务的理论源流、公共服务的衡量指标，学界关于服务型政府的观点，中国服务型政府建设的指导思想与过程。其中，教案修订体现服务型政府建设的指导思想是以党的十八大和党的十九大的文件为指导。党的十八大报告提出，要按照建立中国特色社会主义行政体制目标，深入推进政企分开、政资分开、政事分开、政社分开，建设职能科学、结构优化、廉洁高效、人民满意的服务型政府。在教学中注重引入中央文件精神，可以体现中国特色社会主义关于服务型政府建设的基本思想，落实思政原则。

第五专题，法治政府与诚信政府建设。法治政府建设是中央提出法治中国建设的重要组成部分。法治中国建设包括法治国家、法治政府和法治社会建设。法治政府是指职能科学、权责法定、执法严明、公开公正、廉洁高效和守法诚信的政府。我国法治政府建设的特色：第一，依宪治国和坚持党的领导。第二，法治政府建设要突出以人民为中心的原则。第三，依宪治国和法治政府建设强调对公权力的控制和激励。第四，正确处理国法与党规、硬法与软法的关系。在教学中主要讲述法治政府的理论与衡量指标，法治政府建设的指导思想及建设目标与建设实践。讲述诚信政府的理论、诚信政府建设的指导思想及建设实践。总之，法治政府与诚信政府建设的指导思想都来源于党的十八大报告、党的十九大报告，也是“课程思政”要反映的内容。

第六专题，道德推理与行政行为的正当性理论与分析框架。本专题讲述道德推理与公共行政行为的正当性辩护，包括功利主义、理性主义、共同体良善主义等行政伦理分析框架。涉及角色责任框架，利益相关者理论，波特图式等。这部分主要是涉及行政伦理的基础理论，将尝试探讨“课程思政”的内容，加入以人民利益为核心的原则。

四、行政伦理研究“课程思政”建设的实现路径

（一）选用适当的教材

本课程教材选择张康之教授主编的国家级规划教材《行政伦理学教程》。该书主编张康之是国内行政伦理研究的著名学者，对行政伦理研究有着很深的造诣，其主编的教材具有一定权威性。教材的特点是，理论性强，概念解释准确，结构体系严谨，内容丰富，非常适合作为研究生学习的教材。

（二）明确教学目标

行政伦理研究课程作为公共管理学科行政管理专业研究生的学位基础课程，进行思政建设不仅可以更好地发挥专业基础课的学科基础作用，还可以发挥思政功能，指引本专业研究生的学术导向与党的路线方针政策紧密结合，夯实本学科拔尖创新人才培养的马克思主义理论基础，并为其他专业课程的学习奠定基础。

（三）引导学生学习领会党的理论创新成果

主要的创新点体现在教学内容与时俱进，继承以往学术历史，根据党的十八大以来的会议精神对原有的内容做出修改、补充和完善。坚持习近平新时代中国特色社会主义思想体系的指导地位，并使之成为研究生学习和研究中国问题的理论指南；让研究生学会运用马克思主义基本观点和方法分析行政伦理的历史与实践。学会科学认识行政伦理的历史性与现实性、民族性和世界性；提高研究生阅读和理解行政伦理学术著作的兴趣和能力。通过推荐名著和论文的方式扩大学生的阅读量，让学生对行政伦理学术研究有兴趣、有收获。

（四）持续推进教学方法改革

教学过程的教学方法改革主要有两个方面。一是学生小组专题讨论。研究生教学的

特点是学生有一定专业基础，通常人数不是很多，比较适合采用小组学习方式。在学生讨论过程中，老师给予指点和启发，做到以学生为中心，以专题为主线，通过教师引导，促进学生学习自主性提升，提升学生研究能力。二是重视案例教学。案例教学是成熟的教学方法，通过挖掘新鲜而有深度的行政伦理案例，提出现实伦理问题，促进学生认识和思考实践中的伦理问题，培养道德认知和伦理判断能力，不断提升行政伦理研究课程质量。

综上所述，行政伦理研究课程的思政建设具有现实意义，应结合教学的具体内容选择思政要素，在专业课教学中潜移默化地贯彻思政精神，为党和国家培养具有正确价值观、人生观和世界观的社会主义建设人才。

参考文献

[1] 张首映. 深刻理解习近平新时代中国特色社会主义思想的科学体系 [J]. 奋斗，2019（15）：79.

本文原载于《高校思政课专题教学理论与实践研究论文集》。

工科专业课“课程思政”建设方案
——以电力系统分析课程为例

孙秋野　黄雨佳　高嘉文

摘要： 把立德树人作为教学中心环节已成为我国高等教育事业新趋势，如何在工科专业课程中润物无声地融入思政元素是一个需要探讨的问题。为了培养德才兼备的复合型人才，高校必须尽快建立适用于工科专业课程的思政建设方案。该文分析了工科专业涉及的科学、技术、工程的国界属性，充分挖掘基于工科专业课程的培养模式与思政元素，构建了工科专业人才培养的“课程思政”教学体系。分析了传道授业解惑三者在课程中的辩证关系，针对六项“课程思政”培养目标，将工科专业课解构为五个典型教学环节，在“课程思政”教学框架下，提出了十类“课程思政”在专业课中的融入策略，以期为我国工科专业的人才全方位培养提供参考。并以电气工程专业的核心专业课电力系统分析为例，探讨了所提出的工科专业“课程思政”建设方案的有效性和可行性。

关键词： 工科专业课；电力系统分析；“课程思政”建设

一、引言

“要用好课堂教学这个主渠道，思想政治理论课要坚持在改进中加强，使各类课程与思想政治理论课同向同行，形成协同效应”，这是习近平总书记在2016年全国高校思想政治工作会议上对“课程思政”重要性的深刻论断。会议强调了高校立身之本在于立德树人，把立德树人作为中心环节，把思想政治工作贯穿教育教学全过程，实现全员育人、全程育人、全方位育人[1]，努力开创我国高等教育事业发展新局面。为此，基于立德树人的“课程思政”教学对专业课程的教学改革提出了新的方向与要求[2]。面对我国学生人数最多的工科专业，如何完成立德树人根本任务，发挥课程的育人功能，促进“思政课程”与“课程思政”两者同向同行，形成协同效应，是实现培养合格社会主义接班人的核心问题[3]。工科专业涉及国民经济的各个方面，如何在其专业课中有机地融入思政内容，实现润物无声育人的目的，是一个迫切需要思考和长期建设的问题。

理工科专业是以数学、物理、化学等基础科学为原理，结合生产实践所积累的技术经验而发展起来的学科[4]，它以解释自然规律、研究工程特性为主要特点，以培养实际应用能力的工作人员为培养目的，属于自然科学部分，大部分人（包括专业课老师和同学）都认为其较少蕴含意识形态属性，认同科学技术是无国界的。然而在实际生活中，任何一门科学技术的产生、发展和应用都与国家的倡导与需求息息相关，因此从这个角度来看，科学技术也是有国界的。科学技术的国界属性主要体现在以下三个方面。

（一）科技的来源性

科学技术的研究与发现通常与本国国情和需求相伴而生，科学技术的主旨是为人民服务、实现人类的可持续发展。服务于全人类的科研成果，有助于提升国家的影响力，树立中国形象，发出中国声音。如果能成为行业的引领者和标准的制定者，更能增强国家在该领域的话语权和影响力。

（二）科技的权属性

“关键核心技术是要不来、买不来、讨不来的”。我们知道，只有掌握核心技术，才能真正地实现自主可控、科技强国。近年来，在国际上发生的一系列围绕高科技的争端，更是将科技的国家权属性体现得淋漓尽致。

（三）科技的服务性

科学技术发展的最终目的是造福人民。各国国情不同，所处发展阶段不同，因此，选择的科技发展路径也必然不同。这在核心科技攻关和重大工程建设上体现得尤为明显。为国家谋强盛，为人民谋幸福，也体现了科技的国家属性。

从以上科技的三个国家属性可以发现，工科专业课程蕴含着丰富的思政元素，也有强烈的思政教育需求。因此，对于工科教学，更需要推进“课程思政”工作，把专业课程的知识传递、能力培养与思政课的思想教育、精神塑造进行有机融合，形成“三全育人”工作新模式。这就要依据广大青年大学生的群体心理特性和思想行为变化规律，密切结合专业特点及学科规律，开展有针对性的价值引领教育，从而促进他们坚定意志、家国情怀等高尚品质的形成，并最终落实到实际生活、学习、工作中去。

工科专业的“课程思政”不能简单理解成一种教学方法或教学手段，从实质来看，它更是教育理念的创新或者说是教育价值的理性回归[3]。其基本要求是专业教学应该具备传递知识的功能。传授专业知识、了解知识推理是所有专业课程设计的初衷，无论是思政课程抑或是“课程思政”，其设计理念都不能违背这一初衷。“课程思政”还应与教师队伍[5]和教材契合。育人是教师的基本责任。作为一项长期、复杂的德育活动，高校教师不仅要给学生传授知识，更要先于学生掌握各项能力，进而潜移默化地培养学生能力。同时，教材作为“课程思政”在教学层面的支撑，一本好教材可在一定程度上提升学生们自学的效率与效果。“课程思政”还要在教学方法上进行创新，建设包含思想观念、政治观点和道德规范等精神的教学方法，从多角度探讨“课程思政”在传递知识，培养能力的基础上如何塑造精神是十分必要的。

电气工程专业是当今高新技术领域中不可或缺的关键专业[6]，从某种意义上讲，电气工程的发达程度代表着国家的科技进步水平，正因如此，电气工程的教育和科研一直在发达国家大学中占据十分重要的地位[7]。电力系统分析作为一门电气工程专业的核心学位课，在专业教学和培养高质量专业人才计划中有着重要地位，对于大多数理工科专业课融入“课程思政”有较高的参考价值和借鉴意义。本文以电力系统分析作为“课程思政”建设例子，基于专业课程设计中所具备的传递知识、培养能力和塑造精神三大特性，面向六项思政培养目标，结合五个教学环节，构建了核心专业课的思政建设框架。框架中给出了十类“课程思政”融入策略，以全面分析工科核心专业课如何进行“课程思政”建设。

二、传道、授业、解惑三者的辩证关系

韩愈曾说：“师者，所以传道授业解惑也”，传道、授业、解惑三个词语，三个层面分别与电力系统分析在专业课程设计中体现出的传递知识、培养能力和塑造精神的三大特性相对应，虽各自独立却又相辅相成。图1给出了育才和育人中三个重要特性的关系及要素。习近平总书记在对全国高校党建工作的指示中指出，教师职责的第一位就是“传道”，优秀的教师要精于“授业、解惑”，更要以“传道”为责任和使命[8]。

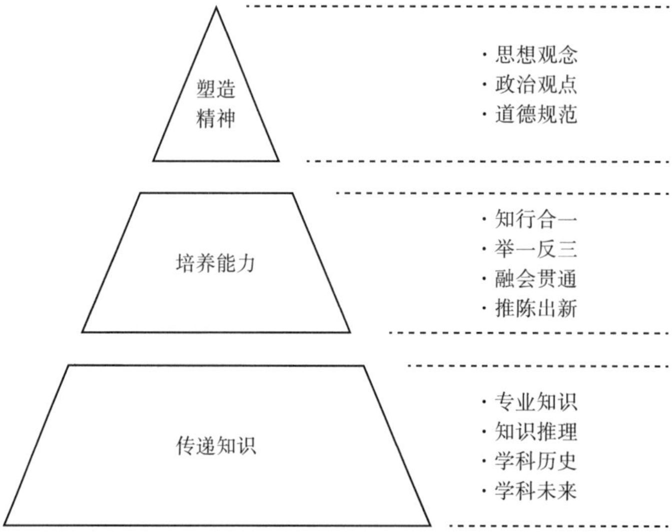

图1　育才、育人中的重要特性

传道，即传递知识。学起于思，思源于疑，教师要引导学生带有目的地学习，发现问题、解决问题。如图2所示，要传授专业知识，了解知识推理，就要知其然、亦要知其所以然，发现问题本质，从根源上解决问题。同时，在传道的过程中，教师更要作为学生的合作者、开发者，带领学生知晓学科历史，洞悉学科未来。即带领学生了解电气领域的发展特点，预测本学科发展趋势，了解中国发展清洁能源发电的优势以及必然选择。

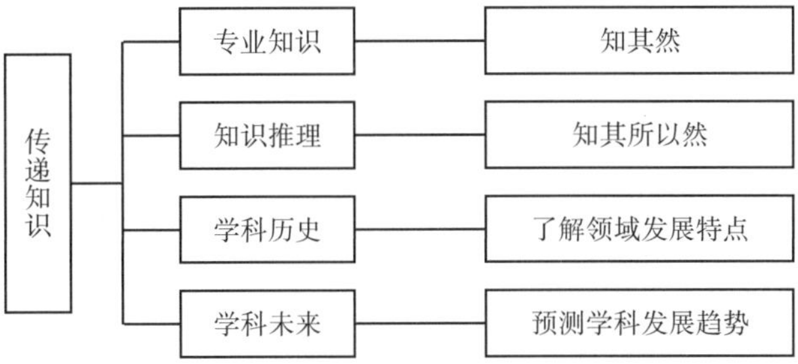

图2　传递知识

授业，即传授以学，学以致用。当能力“软弱无力”，不能为知识“提供服务”的时候，知识就变成了一种沉重的负担，因此教师在传递知识的同时，还应着眼于学生能力的全面提高。如图3所示，要培养学生终身学习的能力，始终对新知识保持好奇和敏锐性；要培养学生知行合一的能力，引导学生用理论知识解决实际电力系统问题，真正做到内在知识与行动的统一；要培养学生举一反三的能力，利用已有知识探索学习新知识；要培养学生融会贯通的能力，合理、有效地将电气学科与控制、计算机、数学等学科知识进行交叉运用；要培养学生推陈出新的能力，紧跟电气时代潮流，发散知识的内涵与外延。

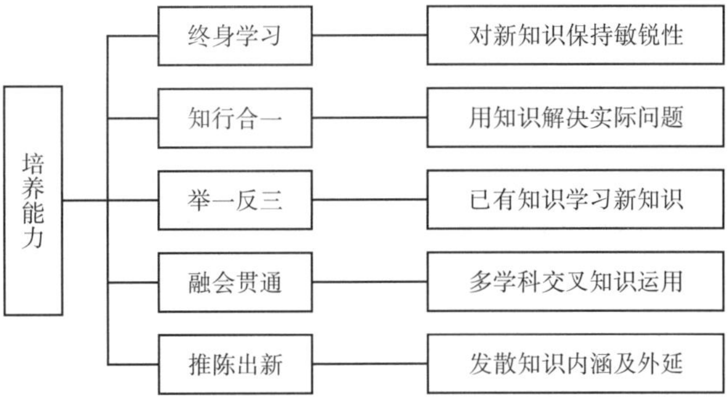

图3　培养能力

解惑，即解释疑惑。教师不仅要帮助学生解决学习中的疑惑，更要解决人生道路与方向选择的疑惑。大学生正处于三观形成的关键时期[1]，若教学中能进行精神塑造，将有助于教师用正确的价值观引导学生沿着正确的方向前进。如图4所示，从思想观念、政治观点与道德规范三方面来进一步诠释人才培养中需塑造的精神。首先，要正确传递思想观念，带领学生领悟世界壮举、领悟电气人的工匠精神，进而帮助学生树立正确三观，引导学生将个人理想与国家发展结合、将科学研究与个人发展结合。其次，要恰当发表政治观点，带领学生审视中国电力史由衰到盛的光辉历程，坚定中国特色社会主义道路自信；向学生展示电力国际合作已成为我国技术发展的响亮名片，引导学生践行人类命运共同体理念、牢记科技创新是国之利器，从而激发学生的民族自豪感与使命感。最后，要时刻树立道德模范，将忠于祖国、敬业奉献，保护环境、遵纪守法，热爱科学、勇于创新的精神本质落到实处。

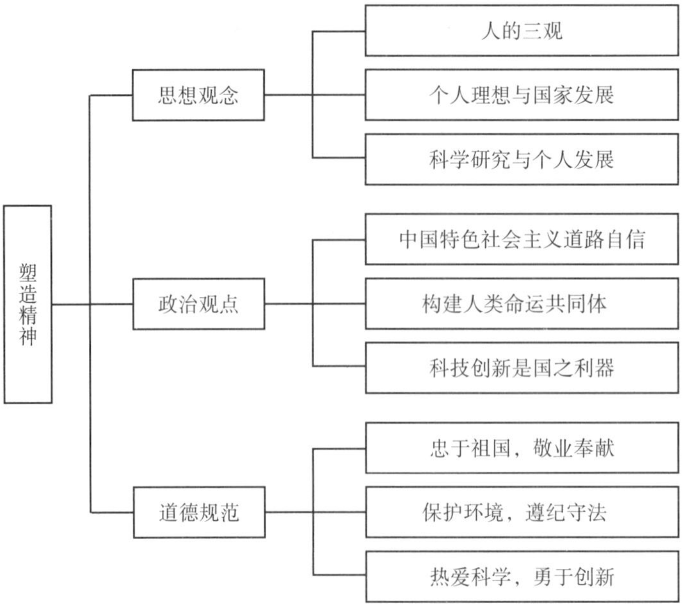

图4　塑造精神

传递知识、培养能力和塑造精神三者之间就如同传道、授业、解惑一样，虽各有主旨，却也是相辅相成的整体。学生在学习知识的过程中，首先需对学科方向与问题进行把握，在解决专业知识的同时，还需要旁搜博采其他相关或不相关的知识、需要多学科交叉知识的运用，发散知识的内涵及外延，从而得到能力的提升。更进一步，知识的积累，也是精神的塑造，没有知识的精神世界是空洞的，所以说精神是对知识的升华，是推动社会前进的巨大力量。反过来，如果学生的精神丰富了，就会内化为目标和动力，转化为干劲十足的学习热情与主动性，进而获得更多知识。同理，能力的提升也会使学生在较短的时间内解决更多的问题，可引导学生学以致用，挖掘学习的积极性与创造性，进而获取更多的知识。综上，传递知识、培养能力和塑造精神三者有着密不可分又相互促进的关系。

三、六项“课程思政”要求

理念践行是“课程思政”的核心，立德树人是“课程思政”的根本，全员育人是“课程思政”的保障。在工科专业课程中融入“课程思政”要求，实现既教书又育人的目的十分必要。本文根据电力系统分析课程特点和在教学方法中塑造精神的必要性，结合习近平总书记强调的培养新时代青年要遵循的“六个下功夫”[9]，在工科专业课实施“课程思政”面向如下六个方面。

第一，要在引导学生坚定理想信念上下功夫。课程设计中，在利用电气学科课程特色的同时，要结合“中国政策”。通过对相关技术发展的历史、现状、展望的对比，培养学生对国家发展战略的机遇把握能力，使其坚定实现中华民族伟大复兴的共同理想与信念。进而通过电力技术的“中国标准”与“中国创造”增强学生的中国特色社会主义道路自信、理论自信、制度自信和文化自信。

第二，要在引导学生厚植爱国情怀上下功夫。课程设计中，要以电气工程专业、电力系统技术为依托，通过与国际先进技术的横纵对比看优势、找不足、明方向，引导学生把爱国情怀作为自身不断奋斗的动力，将个人前途同祖国发展联系起来，达到增强学生政治意识、大局意识、核心意识和看齐意识的目的。

第三，要在引导学生加强品德修养上下功夫。课程设计中，在保证提升学生的专业技能和知识素养的同时，更要灌输正确的思想道德理念，帮助学生树立正确的人生观，通过对电气工程领域专家事迹和电力方向时事热点的介绍与分析，让学生深刻认识到榜样的大爱、大德、大情怀。只有修好品德、全面发展，才能顺应新时代要求，成为中华民族复兴大任的担当者。

第四，要在引导学生增长知识见识上下功夫。课程设计中，要以增长学生知识见识为核心目的，激发学生对专业知识的渴求、对知识推理的热爱，为个人发展打下良好根基。同时，在知识更新如此之快的互联网时代，要以时不我待的精神培养学生，帮助学生优化自身知识体系、扩展眼界、提升格局，进而增强学生的“四个意识”。

第五，要在引导学生培养奋斗精神上下功夫。课程设计中，充分挖掘电气领域中所体现的民族奋斗精神，引导学生将个人发展与专业探索、国家复兴紧密关联，激发学生的“中国梦”，培养学生为青春、为梦想、为国家不懈奋斗的民族精神。

第六，要在引导学生增强综合素质上下功夫。综合素质的提升，不仅影响个人发展的深度和广度，更关乎人的全面发展这个长远目标[10]。因此课程设计中，要将理论与实际相结合，培养学生融会贯通、推陈出新的能力，培养学生以人文本、重视伦理的科研素养，让学生成为全方位人才。

以上六项思政要求为专业课程的思政建设指明了方向。通过在教学环节中融合以上元素，构建电力系统分析课程的思政教育体系，实现在传递知识的同时，培养能力、塑造精神，从而达到既教书又育人的目的。

四、五个教学环节

考虑到电力系统分析课程作为电气工程专业的核心学位课，专业性强，对于学生掌握专业技能较为重要的特点，如何在其中不着形迹地融入思政元素就显得尤为重要。我们将课程分解为绪论、专业知识点讲授、课堂互动、课程实验以及课程综合设计五个环节，各个环节都具有鲜明特点，思政融入特点也不尽相同。

绪论教学环节一般以学科、课程背景为主，相比于专业知识的教学环节更易于融入思政元素。电力系统的绪论主要讲述了电力从无到有的发展历程，以及中国电力在世界大背景下的变迁与变化。对电力历史进行理解和学习，一方面可以增长学生的知识和见识；另一方面通过古今对比、中外对照，可以激发起学生强烈的爱国情怀与民族奋斗精神[11]。

专业知识教学环节是专业课程的主体环节，以引领学生发现科学问题、解决科学问题为主。不同的科学问题可结合时事热点、国家发展及名人轶事进行讲解，可达到厚植爱国情怀的目的。同时，每个专业知识点都有其独特性，可映射出不同的人生道理，在准确地传递专业知识的同时，帮助同学们深思做人之本，既能增长知识见识，又能加强品德修养，从而增强综合素养。

课堂互动环节可调动各种积极因素，改变教师一言堂的状态。过程中，教师和学生可一同挖掘科学家们的科研精神，帮助学生坚定理想信念；可一同发现隐藏在专业知识后的社会现象，加强品德修养。互动环节还可改善工科学生普遍存在的考试能力强而表达能力弱现象，从而增强综合素质。

课程实验环节多将专业知识通过实验的形式展现，直观的实验环境与现象可引发学生思考与想象，增长知识见识，通过亲自动手操作，还可以培养学生的实践能力。教师进一步引导学生通过实验表象看本质，提炼出专业知识所蕴含的人生哲理，从而帮助学生悟出从事之要，增强学生综合素质。

在课程综合设计环节中，我们以布置大作业的形式为主，结合中国电力里程碑事件、领先技术等内容，打造具有“自主—实践—合作—探究—发现”特色的教学方法。通过在多个环节设置隐性的思政元素，引导学生主动发现中国特色社会主义优越性与党的领导正确性，从而帮助学生坚定理想信念。提升学生对民族国家日益繁荣昌盛的自豪感，从而厚植爱国情怀、培养民族奋斗精神。同时，团队合作与自我探索的过程，可提升学习的参与性、激发创新精神，从而达到增强学生综合素质的目的。

教学环节与思政元素的融合，不仅实现了电力系统分析课程的思政，更是知识传递、能力提升与精神塑造的三者统一。电力系统分析在课程设计中所具备的三大特性（传递知识、培养能力与塑造精神）是密不可分又相互促进的关系。近年来，通过在我校上课的学生中进行抽样统计、调查问卷、口头交流、小范围讨论等，获得了授课效果反馈，显示出知识、能力、精神的复合培养模式（如图5所示）能够通过有限的课堂时间取得更为明显的综合效果。从培养时间来看，假设T_1是传递知识所需时间，T_2是培养能力所需时间，T_3是塑造精神所需时间，那么时间总和可表达为$T_1 + T_2 + T_3 = 100\%$，即

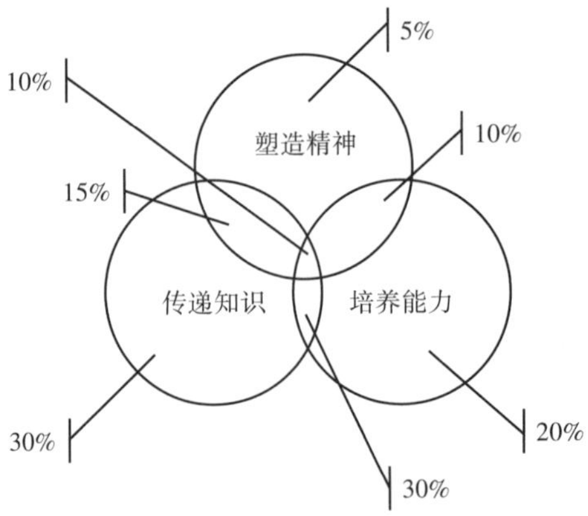

图5　知识、能力和精神的复合培养模式

针对三大特性付出的培养时间总和为100%。而培养效果根据学生多种渠道反馈，统计结果显示育人综合效果达到了155%。

五、十类“课程思政”融入策略

不同的教学环节体现出的思政要求与目标不同，相应地融入课程方式也各不相同。下面将结合电力系统分析课程专业实例，给出具体课程思政建设方案。图6为建设方案与思政目标和教学环节的对应关系，横轴为六项思政目标、纵轴为五个教学环节、竖轴为十个建设方案。图中，俯视图为教学环节—思政目标平面，代表各个教学环节中可以实现的思政目标；左视图为教学环节—建设方案平面，代表各个教学环节中可以应用的思政建设方案；正视图为建设方案—思政目标平面，代表各个建设方案中所能达成的思政目标。思政建设方案“○”在俯视图教学环节—思政目标平面上的投影为“□”，以启发探究法为例，该法可应用在综合设计教学环节中，进而实现坚定理想信念、厚植爱国情怀、培养奋斗精神、提升综合素质几项思政目标。具体建设方案如下所述。

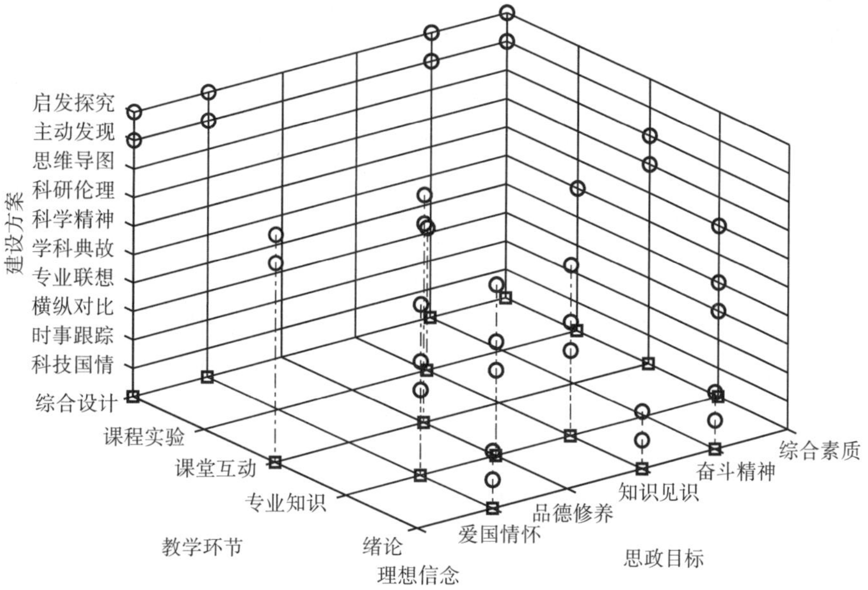

图6　建设方案与思政目标和教学环节的对应关系

第一，科技国情法。将科技与国情及世界整体发展特点相结合，提升对科技发展的归属性、目的性和服务性，坚持实践是检验真理的唯一标准。在科学研究上同样也要解决好“研究什么样的科技、怎样做科技研究、为谁做科研这些根本问题”。通过将具体电气科研成果与国情对照讨论，向学生传递一个道理：不仅科学家有祖国，科学（技术）也是有国界的。例如，改革开放前后至20世纪末，西电东送有效缓解了东部少数省市电力短缺的局面，有效改善了东中部的空气质量，还推动了能源清洁低碳转型，加速了西部清洁能源资源开发利用以及能源转型进程。目前全国西电东送工程清洁能源送出电量占比超过五成，其中西南外送电力100%是清洁能源。从中国地域分布来看，我国经济的发展和能源分布的不均衡以及能源流通量大、输送距离远的具体国情使得发展特高压实现西电东送成为中国当时能源发展的必然选择。从中国资源禀赋来看，我国目前煤电发电占比近70%，同时有着良好的风力、水利、光伏能源储备，可替代空间巨大，形成了我国发展光伏、风电[12, 13]、水电等实现能源转型的特色路线。这些是中国特有的能源特征，因此，中国能源科研必然会选择一条不同于欧美国家的具有中国特色的发展道路。我们的电气科研工作者更应该瞄准这些国家的重大需求进行深入研究，而不是盲目跟随一些并不符合中国国情的所谓“国际热点”方向。科技国情法引导学生深入了解以非凡创造性著称的中华民族伟大精神，深刻认识到重大科技创新成果乃国之利器，而人民对美好生活的追求，正是伟大民族精神源远流长、生生不息的关键所在。

第二，时事跟踪法。密切追踪行业的热点新闻，家国情怀与前沿方向相互结合。将专业知识与社会热点事件结合，既有助于激发学生对专业的兴趣和科研热情，又有利于培养学生的社会责任与家国情怀[14]。例如，2020年初，中国武汉爆发新冠肺炎疫情，短短五天五夜的时间，火神山医院电力建设就完成了迁移2条10千伏线路4次、安装4台10千伏环网箱、架设24台总容量1.46万千伏的箱式变压器、敷设8千米电力电缆、设立防疫保电指挥部，这惊人速度的背后是200余名电力工作人员不分昼夜的付出。同时，整个场地设置约12组供电设施，若主电源故障失电，将自动启动柴油发电机组，15秒内为所有应急配电箱提供备用电源；对恢复供电时间不大于0.5秒的手术室、ICU等重点区域，还配置UPS（不间断电源）来加强供电可靠性。从电气专业角度解读现实案例中“N-1”供电可靠性问题，提醒同学们任何时候都要牢记电气专业安全为先的宗旨，同时也凸显了在非常时期，党和国家始终将人民的生命健康放在首要地位，与某些西方国家的所谓“人权”和“民主”形成了鲜明的对比。而以国有企业为代表的中国建设、中国制造也展现出了使命与忠诚、责任与担当，做到了“中国速度”与“中国质量”并重。时事跟踪法可以使学生认识和把握人类社会发展的历史必然性，形成良好的自我判断意识。同时，极强的当事人代入感也能有效地提升学生的学习效率，提升知识传授和精神塑造的效果。鼓舞学生作为国家未来的科研工作者和工程技术人员，利用自己的专业知识和能力投身祖国建设，服务人民生活[15]。

第三，横纵对比法。从历史看发展，提升道路自信；从未来明责任，增强使命担当；与国际横向对比，寻找准确定位，明确突破方向。这类授课方法更多出现在绪论的教学中，也可以用在某个具体的知识点讲解过程中。通过纵向对比法，帮助学生更好地将书本上的知识点与实际中的具体问题结合起来，并加深学生对科研过程中的严谨态度、艰苦历程以及服务社会进步目标的认识，从而更好地将传授知识、培养能力和塑造精神结合起来；通过横向对比法，向学生讲授行业目前在国际上的各项先进技术，通过对比，帮助学生们了解我国相关领域科研实力的定位，明确未来要努力突破的方向。例如，电力系统分析课程绪论教学中会采用纵向对比的方法向学生讲授中国乃至世界电力行业的历史，使学生可以比较全面、系统地了解中外电网、电力系统的发展历程。通过纵向对比中国的电力工业历程，学生们可以发现中国电力的发展是一个加速增长的过程。中国的电力系统尽管建立较早，但是一直发展缓慢，而且大部分不属于我国自有。新中国成立之后，中国的电力行业在党和国家的领导下，通过几代电力人艰苦卓绝的努力，进入了高速发展阶段。1949年中国的发电量仅为美国的六十分之一，然而，经过几代电力人的不懈努力，我国现在的发电装机容量已经高居世界第一，是当时的1000多倍，年发电量占全球发电量的四分之一，居全球第一。而在当今能源的清洁化、可持续发展的转型发展过程中，通过横向对比我国风电、光伏等新能源行业从无到有、从弱到强的发展历程，可以发现，虽然到目前为止我国已经有世界第一大的风电、光伏装机量，但是其中很多关键的并网、控制等技术仍然落后于国际先进水平。横纵向对比法可以感染、教育学生，引导学生正确认识世界发展大势，全面客观地认识中国、看待世界，有助于提升学生对于中国道路、中国制度的自信。但在教学过程中，教师更应把握好对于中国科技先进性引入的分寸，让学生们认清我们在行业尖端领域内的差距，这一分寸拿捏得好，可更大程度地激发学生投身科研、报效祖国的坚定理想信念。

第四，专业联想法。将专业知识与人文情怀相结合。专业名词、原理更贴近学科特点，学生更熟悉，也更容易接受。例如，清华大学电机系康重庆教授将“无功”“有功”等专业技术与人生道理结合[16]。有功功率是能源传输的主角，无功功率虽隐身幕后“默默无闻”，却扮演着支撑系统电压水平、保证安全稳定的关键角色。以此劝诫同学们在人的一生中，需要勤做“有功”，努力工作，建功立业，在实现人生价值的基础上，为社会、为家庭做出贡献；同时更要多积“无功”，主动做一些看上去不那么出彩的幕后工作。团队建设中，有功功率就像协调者和实干者，通过调节发电机组的有功出力达到频率统一的目的，体现出团队工作中要有统一目标、统一规则的思想；无功功率就像凝聚者和贡献者，虽然不能将功率转化为机械能、热能，但也给予系统工作最大支持，蕴含着团队工作中的自我牺牲型人格的重要性。人的一生中，不仅要勤做“有功”，努力工作，实现人生价值，更要多积“无功”，用一生去坚守不可放弃的职责。专业联想法引导学生懂团结、肯奉献，培养正确的世界观、人生观、价值观[17]。

第五，学科典故法。从学科发展史看重大学科事件中的选择与结果。通过学科的里程碑事件和标志性人物的介绍，帮助学生在了解学科发展史的同时，深入理解这项重大变革的来历，进而帮助学生做到知其然，且知其所以然。在电力系统分析课程中，我们在各章节都安排了专门介绍其学科发展的内容。如，著名发明家爱迪生的故事大家都有所耳闻，他也是美国第一个商业直流电网的建立者，但直流电的弊端是输送过程中电力损耗极大，当输送半径超过1公里时，110伏的直流电就会掉到80伏。此后，爱迪生的员工特斯拉发现了交流电可以解决直流输电系统中长距离输电大量消耗的问题，但他的发现严重影响了爱迪生的直流电市场前景，从而受到重重阻碍，交流电也被贴上了极度危险与可怕的标签。为了让社会接受交流电，特斯拉不惜用自己的生命来展示，拿自己当电线，左手握灯泡、右手接通交流电来点亮灯泡，以身为例，证明了交流电的安全性。并且，特斯拉还将交流电的发明专利无偿公开，极大促进了电气的普及和推广。从此企业家和普通百姓都慢慢接受了交流电，交流电也成为工业社会供电的主流[18]。学科典故法可以教导学生，作为工程师抑或其他职业，不应将个人利益摆在首位，工程的基本责任是为人类的生存和发展创造福祉。因此，要将个人理想与国家发展紧密结合，在争取实现效益最大化的同时，协调好各方利益，兼顾效益与公平。

第六，科学精神法。从科学家的敬业精神与对人类社会的深远影响来激励学生投身科研事业。在讲授中，我们选取电气行业的著名科学家作为例子引入，由于与学生的专业相通，同学们更能从这些老一辈科学家身上汲取力量。例如，著名电机学家高景德，求学期间，在没有电灯仅靠蜡烛和煤油灯的年代，从夜晚学习到清晨。大学毕业后，他又带着增加实际生产知识和锻炼实际能力的迫切心情主动选择去发电厂任技术人员，后被国家选派为首批留苏学生并破格获取博士学位。学成归国后致力于电机和电力系统分析及控制的研究，建成了我国第一个电力系统动态模拟实验室，在相关理论上的创建，极大地推动了中国电工学科的发展。同时严谨的钻研精神也让高景德先生在教育界不断突破，推动形成了较完整的人才培养体系。科学精神法可以呼唤更多的时代骄子，引导学生将个人梦同中国梦紧密联系在一起，爱国守法，敬业奉献，为国家强盛、民族复兴凝聚磅礴力量。

第七，科研伦理法。从科学研究对于人类社会发展进程中的两面影响看待科研的利与弊。科研人员的专业能力使得他们必然承担更多的专业责任，这时候如果道德缺失，将带来更为严重的后果。因此，作为一个科技工作者，对于所从事的专业更应该心存敬畏，坚守科研的初心和底线。例如，对于美国挑战者号航天飞机爆炸事件，NASA的管理层已事先知道火箭助推器存在的潜在缺陷，但未充分地将技术隐患报告给上级。相比中国的北斗推迟发射事件，技术人员在按流程实施射前功能检查时发现技术问题，为保证不带隐患上天，慎重决定推迟此次发射，最后于2020年6月23日成功发射了北斗系统的第55颗导航卫星。科研伦理法证实了目前科技工作者的现状，他们普遍认同科研伦理的重要性，但对于科研伦理的理解比较模糊和宽泛，对于遵守伦理规范的自觉性和主动性亟须加强[19]。这可以警示学生要加强科研伦理和学风建设，惩戒学术不端，力戒浮躁之风。科研伦理已经成为国际科技竞争的重要方面，若想成为世界科技强国，不仅要站在科学技术的制高点，更要立于科研伦理道德的制高点。因此，我们在引导学生热爱科学、勇于创新的同时，更要加强科技伦理研究，在中国文化所蕴含的伦理思想中探寻适应科学研究及技术应用的指导原则。

第八，思维导图法。通过布置课程作业，引导学生自主设计课程知识点思维导图，进行知识梳理，进而提高学生总结、分析及创新创造能力；通过延展知识与实际工程关系，激励学生投身到服务国家人民的事业中，锻造电气人独有的家国情怀与科研精神。比如，电气专业某同学通过梳理电网等值电路的相关知识，给出了图7所示的思维导图。

学生通过梳理电力线路的知识，认识到要想提高线路输电能力和经济效益，必须采用分裂导线，同时还可根据分裂导线和绝缘子数量杆及塔高度进一步判断架空线路的电压等级，增强了学生的知识理论与实践工程的融合能力。通过梳理电缆线路知识，学生

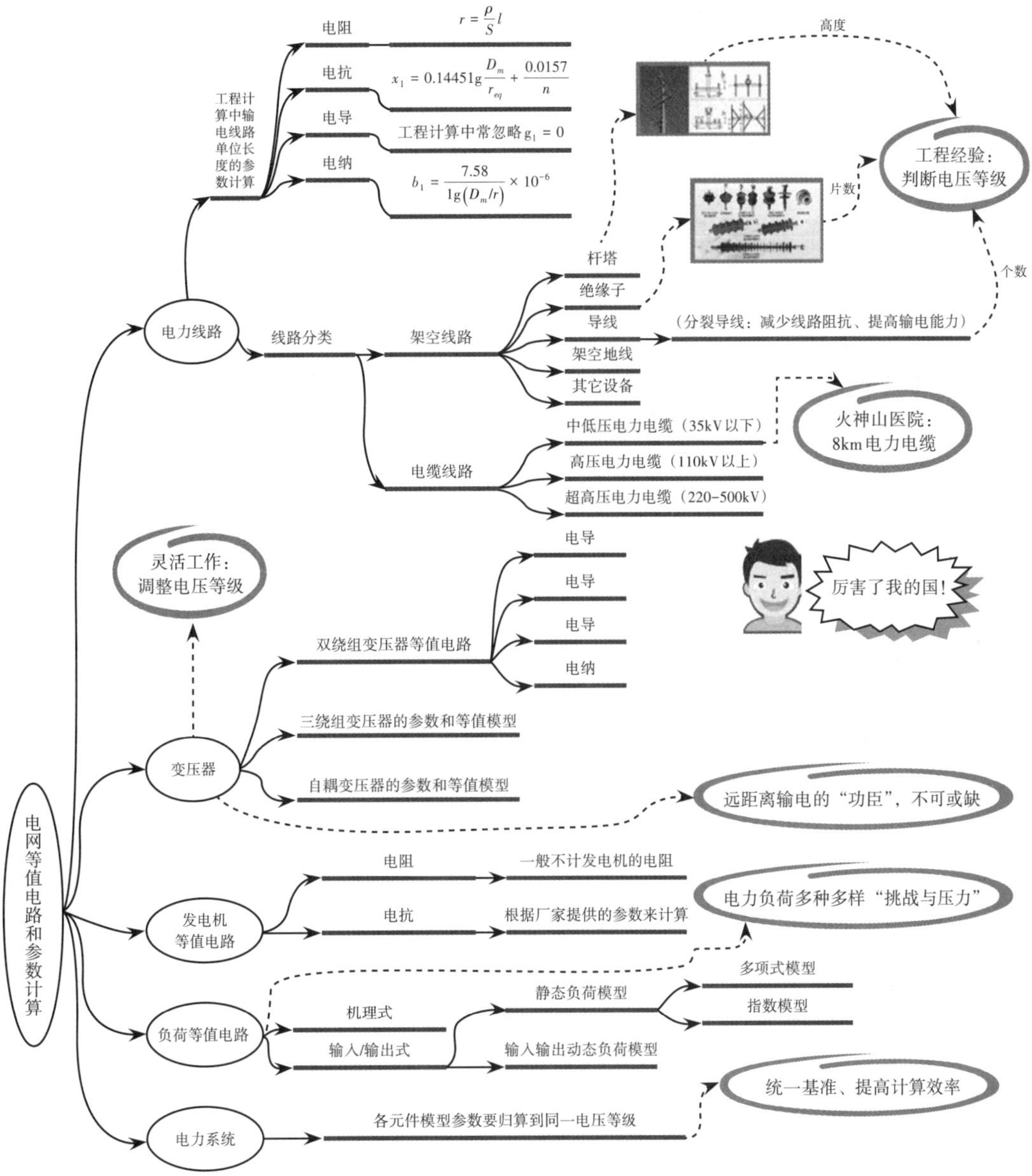

图7 某同学课程思维导图

们联想到火神山医院的电气建设参数，激发了自身的学习热情，进而培养了家国情怀。同时，变压器的工作性质让学生们认识到要争做社会的“贡献者”，成为不可或缺的角色。思维导图法在帮助学生理解知识、梳理知识的同时，进一步延展知识，培养了学生知行合一、举一反三的能力，从而激励学生将知识作为有力武器，为中华民族的伟大复兴而奋斗。

第九，主动发现法。在世界各国激烈竞争的大背景下，将中国领先技术融入课程综合设计来激发学生的学习热情，帮助学生认知自我价值与使命。通过布置技术综述大作业，让同学们明晰国内外技术发展情况与发展形势，明确中国技术领先方向。例如，学生通过对特高电压输电技术的发展进行研究，了解到中国的电力传输必须使用符合本国国情的高压输电方式[20]。从20世纪90年代需要跟踪考察其他国家的研究情况到现在中国成为全世界唯一掌握这项技术的国家，这巨大的对比与跨越让同学们认识到科技的发展要源自祖国、属于祖国并服务于祖国，极大地提升了学生们的民族自豪感与学习主动性。再如，学生通过学习新兴技术，了解到电力系统从传统电网到微电网[21-24]、能源互联网[25]、综合能源系统[26, 27]、能源信息物理系统（cyber-physical system，CPS）[28]等新的网络模态的转变。技术的快速发展与国家的政策导向让学生们认识到，要提高自身创新能力，勇于把握战略机遇目标，但也不能盲目地追求潮流，比如，CPS虽然实现了信息和物理等层面的高度融合，满足了安全、经济等多种要求，但信息环节对物理系统的影响问题也更加突出，信息系统的失效、信息安全问题所诱发的后果也更加严重。主动发现法可以使学生独立思考并培养自我激励的内在动机，在提升科技认同感的同时，培养学生辩证地看待问题，发现科技的两面性，帮助学生找准自身努力方向，明确自身职责与使命，努力拼搏，勇于迈向中国标准与中国创造。

第十，启发探究法。《学记》中有："君子之教，喻也"，通过布置课程综合设计题目，让学生变被动学习为主动探究，通过合理设置与实践密切相关的内容，使得学生在不知不觉中实现主动的能力培养与精神塑造。例如，我们将计算机潮流计算作为一次课程综合设计。学生通过编程进行电力系统潮流计算，可以得到电网电压、功率分布、网络功率损耗等运行状态。对潮流计算结果进行分析时，让学生们对比不同线路长度等参数下的潮流结果。基于此，同学们发现，在对典型电力系统进行仿真模拟时，如果某条线路的长度增长10倍，同时其电阻和电抗均增加10倍时，功率损耗比原来增加了128%，这种传输方式极大地增加了能源消耗，经济性也会大大降低。结合实验结果，讲述我国在2013—2015年，为实施无电地区电网延伸和可再生能源供电建设，共建成了110千伏变电站40多座、线路2800多公里，35千伏变电站220多座、线路8000多公里、配变台区1.8万多个、10千伏线路3.6万多公里、低压线路3.9万多公里、户表45万多户、光伏独立电站670多座、光伏户用系统35万多套……共为8000多个行政村，273万无电人口通电[29]。至2015年12月23日，位于青海省的玉树藏族自治州曲麻莱县约改镇长江村、果洛藏族自治州班玛县角芒村实现全部人口通电，全国无电人口用电问题圆满解决。这让同学们意识到无电人口通电工程巨大的投资费用和维护成本远远超过了贫困地区所能收取的电费，但只要人民有需要，国家付出巨大代价也要实现。启发探究法引导同学们主动发现并真正体会到中国特色社会主义将政治与责任扛在肩上、落在实处的优越性。通过展现中国谱写的从高山到平原、从酷热到严寒的用电奇迹，还可以增强学生的中国特色社会主义道路自信、理论自信、制度自信和文化自信。

针对六项思政要求，在五个典型教学环节中融入以上十个建设方案，可以润物无声地完成"课程思政"。以上十个方案交叉融合，多个方法综合运用，可以形成更好的协同育人效果。

六、结语

“课程思政”的融入离不开专业课程的设计，而专业课程的设计离不开知识的传递、能力的培养与精神的塑造。在课上夯实学科专业的基础知识、提高知行合一的实践能力、畅叙严谨求实的科学精神、厚植科技报国的家国情怀，是理工科专业“课程思政”建设的生动实践。“课程思政”不是简单的“课程”加“思政”，本文基于专业课程设计中所具备的传递知识、培养能力和塑造精神三大特性，给出了十类“课程思政”融入策略，在专业课中润物无声地融入思政，从而避免思政内容和专业知识形成“两层皮”。坚持把立德树人作为教学中心环节，把思想政治工作贯穿教育教学全过程，努力实现全程育人、全方位育人。

参考文献

[1] 孙建平，朱东岳，王建国．浅析思政元素与专业课程融入贯通的途径［J］．课程教育研究，2019（51）：8．

[2] 万力．高校“课程思政”研究与实践的四维综述［J］．西昌学院学报（社会科学版），2019，31（4）：49-53．

[3] 朱广琴．基于立德树人的“课程思政”教学要素及机制探析［J］．南京理工大学学报（社会科学版），2019，32（6）：84-87．

[4] 余南南，王晓燕．论工科高校教师教学与科研能力的相互关系［J］．高考（综合版），2014（2）：70．

[5] 曾宝成．以“四个着力”办好思政课［J］．中国高等教育，2019（8）：15-16．

[6] 朱桂萍，林今，孙宏斌，等．面向能源互联网的电气工程本科教学体系改革与实践［J］．中国电机工程学报，2020，40（13）：4063-4071．

[7] 甘学涛，王雷，马孝义．电气工程及其自动化专业综合实习融入“课程思政”教育的探索与实践［J］．高教学刊，2019（26）：191-193．

[8] 唐平秋．培育核心价值观是教师的责任担当［N］．光明日报，2015-03-28（7）．

[9] 陈华栋，苏镠镠．课程思政教育内容设计要在六个方面下功夫［J］．中国高等教育，2019（23）：18-20．

[10] 许庆华．培育时代新人要在增强综合素质上下功夫［J］．北京教育（德育），2019（4）：74-77．

[11] 吴锡平．理工类课程思政元素的挖掘与融入［N］．江苏教育报，2020-01-03（4）．

[12] 穆钢，崔杨，严干贵．确定风电场群功率汇聚外送输电容量的静态综合优化方法［J］．中国电机工程学报，2011，31（1）：15-19．

[13] 张儒峰，姜涛，李国庆，等．考虑电转气消纳风电的电-气综合能源系统双层

优化调度［J］. 中国电机工程学报，2018，38（19）：5668-5678.

［14］彭晓云，杜慧慧，李华，等. “课程思政”理念在电气专业主干课程改革中的应用研究［J］. 当代教育实践与教学研究，2020（4）：200-201.

［15］丁冲，杨文荣. 基于课程思政理念下的“电路”课程教学改革［J］. 电气电子教学学报，2019，41（6）：70-72，96.

［16］康重庆. 清华大学电机系2020届学生毕业典礼致辞［EB/OL］. 北京：清华大学电机系（2020-06-22）［2020-07-27］. https://mp.weixin.qq.com/s/vVxeAY1FGAT-50fGfwrxKw.

［17］李晓静，于晓，孙正. 理工科类教师实施“课程思政”的实践与探索［J］. 教书育人（高教论坛），2020（21）：64-65.

［18］裘伟廷. 特斯拉与爱迪生的“电流大战”［J］. 世界文化，2018（12）：61-64.

［19］刘丽艳. 加强科研伦理和学风建设［N］. 光明日报，2019-03-25（1）.

［20］刘翔. 把特高压打造成中国新名片［N］. 中国城乡金融报，2020-07-09（A07）.

［21］王成山. 微电网专题介绍［J］. 中国电机工程学报，2012，32（25）：1.

［22］彭寒梅，曹一家，黄小庆. 对等控制孤岛微电网的静态安全风险评估［J］. 中国电机工程学报，2016，36（18）：10.

［23］严毅，张承慧，李珂，等. 含压缩空气储能的冷热电联供微网优化运行策略［J］. 中国电机工程学报，2018，38（23）：13.

［24］张占强，窦春霞，岳东，等. 考虑通信时延的事件触发电压分布式协同控制［J］. 中国电机工程学报，2020，40（17）：9.

［25］孙宏斌，郭庆来，潘昭光. 能源互联网：理念、架构与前沿展望［J］. 电力系统自动化，2015，39（19）：1-8.

［26］徐宪东，贾宏杰，靳小龙，等. 区域综合能源系统电/气/热混合潮流算法研究［J］. 中国电机工程学报，2015，35（14）：3634-3642.

［27］梅生伟，李瑞，黄少伟，等. 多能互补网络建模及动态演化机理初探［J］. 全球能源互联网，2018，1（1）：10-22.

［28］郭庆来，辛蜀骏，孙宏斌，等. 电力系统信息物理融合建模与综合安全评估：驱动力与研究构想［J］. 中国电机工程学报，2016，36（6）：9.

［29］国家能源局. 户户通电共享光明：国家能源局全面解决无电人口用电问题［J］. 中国电力企业管理，2016（7）：12-13.

本文原载于《中国电机工程学报》第41卷第2期。

知识产权法“课程思政”化的路径探索

单文静　杨颖澜　姚天冲

摘要：知识产权保护是推动创新、推进社会生产力发展和国家综合国力的保障。然而，高校大学生的知识产权法律知识及维权意识匮乏，高等教育中的知识产权法课程建设亟须完善。从知识产权与思政教育的内涵出发，结合思政教育及大学生的知识产权认知水平现状，探究知识产权“课程思政”化的必要性和迫切性。从而提出提升专业认同、加强法制教育及诚信教育、净化网络环境以及创新教学管理和学科建设模式，实现技术性融合的路径，以期实现知识产权法的“课程思政”化建设。

关键词：知识产权法；思政教育；高等教育；融合与探索

国家的发展、社会的进步需要有创造能力的劳动力和高素质的创新型人才。教育部发布的《关于一流本科课程建设的实施意见》指出：“要深入挖掘各类课程和教学方式中蕴含的思想政治教育元素，要着力建设符合新时代要求的一流本科课程”。知识产权是科技创新之源，将思政元素融入知识产权法课程教学，不仅能够切实提升学生创新素质，而且可以引导学生树立正确的价值观念，凝聚思想意识，抵御西方资本主义价值观念的渗透。同时，将思政元素融入知识产权课程教学，积极推动一流本科课程建设，是对高等教育教学模式的创新，响应了国家新文科建设的号召。

一、知识产权与“课程思政”的内涵

（一）知识产权的内涵

知识产权是人类在社会实践活动中对自己通过脑力劳动获得的脑力成果而享有的排他的权利，是具有人身性质和财产性质的个人专属固有的权利。知识产权法则是对人们在有关知识产权活动中所形成的社会关系进行规范和调整，为创新型人才创造一个有利的社会环境，以促进国家科技事业的发展。通过知识产权法专业课程教学，可以更好引导学生提高尊重知识产权、保护知识产权意识，学习解决知识产权纠纷，提高维护知识产权的专业能力，使学生提高自身的科学文化修养。

（二）“课程思政”的内涵

“课程思政”是指从专业课程内容和教学实践中挖掘与社会主义核心价值观相匹配的思想政治教育元素，并将思想政治元素与专业课程的教学相融合，使学生在掌握专业基础知识的同时，加强自身的思想道德修养，实现教书与育人的有机统一。知识产权“课程思政”既是国家培养创新型高素质人才的需要，也是新文科建设背景下一流学科建设的需要。

二、知识产权法课程与“思政教育”融合的必要性

（一）新文科知识产权人才培养的需要

在2020年11月3日新文科建设的工作会议上，教育部发布了《新文科建设宣言》，对新文科建设做出了全面部署：“新文科就是文科教育的创新发展，旨在培育知中国、爱中国、堪当民族复兴大任的新时代文科人才”。新文科建设的价值引领要求是要把握住哲学社会科学的知识性与价值性相统一的命脉。在建设法治中国、法治强国的目标下，新文科应当包括新法学，而新法学的价值应当通过引入思政元素予以实现。

（二）实施国家知识产权战略的需要

科学技术是第一生产力，科学技术的创新离不开知识产权的制度保护。在《2018年深入实施国家知识产权战略 加快建设知识产权强国推进计划》中，国务院在知识产权事业发展的战略目标思路以及举措方面都做出了总体安排和未来规划，以期实现更好的知识产权事业未来发展蓝图。无论从制度构建还是战略目标的实施，知识产权的人才培养是最重要的基础工作。[1]

习近平在全国高校思想政治工作会议上提出：“要坚持把立德树人作为中心环节，把思想政治工作贯穿教育教学全过程”。因此，在知识产权法课程中，不仅要使学生掌握过硬的知识产权专业技能，还要坚持以立德树人为要旨，引导学生在自我实践、实务操作中以正确的三观为导向，知于心、践于行。

（三）创新意识培育及个人全面发展的需要

一个民族、一个国家创新能力的增强，需要国家的公民具有创新能力，而创新能力的培育首先要从创新意识的培养做起。知识产权法课程本身是一种鼓励创新的课程，因此，知识产权法课程本身就在向学生传递创新意识和创新思维。同时，人的全面发展的前提是人的综合素质的提高，所谓人的综合素质，不仅包括科学文化素质以及身心健康素质，思想道德素质更是不可或缺的。我国高校重视知识产权教育、重视培育当代大学生知识产权素质的有效途径之一，就是通过在知识产权的专业教学中融入思政元素，以思想政治教育促进知识产权素养的培育，对大学生学术技能、综合素质以及思想道德修养进行全方位培养，促进大学生的全面发展。[2]

三、知识产权教育的现状及困境

（一）大学生知识产权意识淡薄

高等教育中知识产权法的教育成果直接体现在高校大学生的知识产权意识现状上，然而，结合部分数据调查可见，大学生的知识产权意识淡薄，存在相关法律基础理论知识的储备欠缺现象和学术不端行为。申请垃圾专利的现象普遍，还有参与山寨产品的使

用、销售活动等诸多问题。

1.知识产权法律基础知识的认知水平较低

许多大学生对知识产权相关法律基础知识缺乏认知，对盗版侵权、剽窃等社会现象只限于模糊性认识，对其了解并不深入，也没有形成维权的习惯。究其原因，首先，知识产权本身具有专业性，并且许多高校仅将其作为法律课程设置在法学学科之下，导致其他专业的同学获取相关知识的途径较狭窄，只能通过网络、电视等对其进行片面的、非系统性的掌握。其次，大多数高校并没有重视知识产权教育的普及以及相关的管制。较少高校为大学生创造浓厚的知识产权学习氛围，学生了解掌握知识产权知识的渠道少。并且，大多高校对于课程论文抄袭、专利申请、山寨产品使用情况的管制都流于形式甚至存在管制缺席的现象。[3]

2.“学术不端”行为普遍

学术不端是指学术研究人员抱有侥幸心理、有意违背诚实信用原则而进行学术创作的行为。在一项由中国科技发展战略研究院完成的“博士学位获得者的职业取向研究”课题中，学者们对来自北京、上海、武汉、兰州四座城市的14所高校和研究所的1903名应届博士毕业生做了调查。对于编造虚假数据以及抄袭他人学术研究成果等学术不端行为，一半以上的被调查者知晓自己周围存在学术不端行为的乱象，62%的被调查者表达了可以包容或应当被同情的态度。数据显示出作为我国重要学术研究人员的博士生人群对于学术不端行为的容忍程度之大，足以体现学术研究人群对于知识产权维权意识的欠缺，其知识产权素质也较低。[4]

3.申请垃圾专利

垃圾专利是指阻碍技术的全面发展与进步，对社会发展没有实质性贡献的专利。在社会学术腐败现象以及社会功利主义思想的影响下，不少大学生为了追求成果数量以及量化的考核评价标准，而申请垃圾专利或申请不具备专利条件的技术专利。可见，大学生的专利意识明显较低，知识产权素质亟须提高。具体表现为分解研发技术，以达成获取更多数量的专利，或是修改原有的技术从而毫不费力地获取新的专利等。[5]

（二）知识产权法课程与思政教育融合的不足

高校的青年学子正处于价值观的易变时期，若没有进行正确的思想引领，其思想大厦可能会有所倾斜。培育高校学子正确的知识产权维权意识的有效途径之一便是实现知识产权法课程教学与思政教育的融合。

然而，通过探索现存的高校知识产权法“课程思政”化的现状，能够发现知识产权法课程与思政教育融合的不足。首先，由于知识产权法律知识本身的专业性，大多数高校并没有在非法学专业大学生的培养计划中设置知识产权法教育的必修课程，致使广大非法学专业大学生的相关基础法律知识不成体系。其次，即使高校开设了面向全校学生的知识产权选修课程或必修课程，也难免存在类似学生刷学分而没有切实学习课程内容，或基础课程缺乏专业的法律教师进行教学而导致对知识产权法的内容没有分析透彻等问题。最后，大多数高校的现行做法是将知识产权法的专业法律课程与思想政治课程独立开设，未将二者进行有机融合，学生难以将知识产权基础法律知识入心入脑，难以内化于行地实践或用于维权。大学生的诚信与尊重创新的意识培养应当与知识产权法的法制教育相互渗透。

四、知识产权教学与思政教育的融合路径

（一）加强法制教育，提高大学生知识产权素质

要想实现知识产权教学与思政教育的融合，首先应当关注知识产权专业课程本身存在的缺陷，而学生的知识产权意识是检验知识产权教学成果有力的证据。无论是法学专业还是非法学专业的大学生，其知识产权意识均较为薄弱，有待提高。

1. 提升专业认同，培养家国情怀

专业认同是一流本科课程教学的基础点。所以，在知识产权法学的教学过程中，授课老师应以激发学生兴趣为主导，充分发挥教师的指引作用。积极探索授课模式，采用多元创新线上线下相结合的授课模式，通过向学生介绍我国的知识产权体系，使其了解我国已基本构建了较为完整的知识产权制度体系。通过实践案例和数据图表展示我国在国际上的专利优势以及发展局限性，将习近平总书记的“核心技术论”作为理论指引融入其中，以此提升学生对中国特色的知识产权法律制度的认同感。

2. 普及知识产权法律基础知识，提高学生认知水平

知识产权法学本身具有专业性，它是下设于法学学科的专业课程之一，因此千篇一律的普及不具有现实性，要有针对性、差异化地进行知识产权知识的传授。针对法学专业的学生可以开设知识产权法学专业课，进行专业性授课；而对于非法学专业的学生可以将知识产权教学纳入思想道德与法律基础、形势与政策课程中，通过通识教育达到普及知识产权法律知识的目的，提高学生知识产权素质。加强法制教育，开展有关知识产权的校园文化活动，构筑尊重并且维护知识产权的良好校园风尚，拓宽学生掌握知识产权知识的渠道。

3. 加强诚信教育，纠正学术不端

培养德才兼备的高素质人才是高等教育的重要目标，学术不端主要体现在论文抄袭或篡改实验数据等行为。从著作权法角度看，诚实守信鼓励文艺作品要具有独创性，杜绝抄袭或伪造数据等作假情形。从专利法角度来看，诚实守信要求技术发明具备新颖性，即发明、实用性和外观设计不属于现有技术。从商标法角度来看，诚实守信要求商品标识追求显著性，不与他人商标发生混淆。[6] 授课教师应当充分挖掘知识产权与诚实守信融合交叉的部分，以教授知识产权知识为主，以融入思政元素为辅，向学生传递“以诚实守信为荣、以见利忘义为耻”的荣辱观，培养全面发展的综合型人才。

（二）创新教学管理和学科建设模式，实现技术性融合

在学科建设上要坚持“两性一度”。提升高阶性，培养学生的高级思维，勇于质疑权威，打破固化思维，深入分析和探究问题。突出创新性，从运用传统的人文社科方法转向运用现代科学技术、信息技术和人工智能技术，授课教师及时将自身的科研成

果融入课程教学。增加挑战度，增加课程内容的综合性，提高课程考核的深入性，让学生在刻苦学习中体验知识的魅力，拥有努力的态度，让自己的专业学习更加充盈和多彩。

在教学模式上，借鉴昆明理工大学的C语言程序设计落地课程的改革与实践，尝试构建以“一核多翼”教学模式、“六维度三境界”课堂、“深度融合贯穿式”思政案例为主体的混合式一流教学体系。以全面提高教学质量为核心，以建设知识产权法学精品慕课、慕课教材建设、创新实践、翻转教学为多翼，围绕课堂中学生的参与度和自由度、教师的亲和度、课程内容的整合度和延展度以及课后习题的练习度，落实有效的知识产权教学框架，挖掘知识产权法课程的内在魅力，力求将专业知识与社会生活相联结。

五、结语

意识形态的引领是一个长期的过程，需要方方面面深入推进。在当今“百年未有之大变局”背景下，知识产权直接关系着经济的高质量发展，增强知识产权素质教育是加快发展新文科的必然要求。探索将思政元素融入知识产权法学专业课程教学，可有效适应时代发展要求，推动国家创新成果的转化，为高校思政教育和专业教学路径拓宽提供新思路，积极推动一流专业建设，培养适应国家发展、社会进步的创新型和建设性人才。

参考文献

［1］柯冬英.《知识产权法》“课程思政”教学改革路径的探讨［J］. 消费导刊，2020（11）：93-94，96.

［2］林国强. 培育当代大学生知识产权素质的必要性及途径［J］. 西南农业大学学报（社会科学版），2012，10（6）：168-171.

［3］蔡晓卫. 大学生知识产权法律教育的创新探索：以“思想道德修养与法律基础”课为载体［J］. 思想政治教育研究，2013，29（5）：61-64.

［4］陈福初. 知识产权法教学与大学生诚信教育［J］. 湖北师范学院学报（哲学社会科学版），2014，34（4）：119-122.

［5］刘锦鑫. 大学生知识产权意识的培养及知识产权的转化与保护［J］. 西部素质教育，2017，3（12）：98-99.

［6］高金娣. 一流专业建设背景下“课程思政”融入专业教学研究：以知识产权专业“知识产权法学”为例［J］. 科技创业月刊，2020，33（5）：148-151.

本文原载于《当代教育家》2021年第4期。

法语作为第二外语的“课程思政”探索

段洁菡

摘要：根据教育部的要求，为全面深化课程改革，落实立德树人的根本任务，法语作为第二外语的课程教学工作应对加强、落实习近平总书记的教育大会精神做出思考、探索。努力做到专业课程与思政的有机结合，做到同向同行。

关键词：立德树人；思政；第二外语；法语

在全国各大高校的外语学院中，法语课程作为第二外语课程，是普遍存在的外语专业的必修课程。目前，中国高等教育处于新的发展时期，课程建设与思政工作应紧密地联系在一起。那么，怎样做好第二外语的法语课程思政工作，把有关思想要素和德行涵养的教育有效地融入专业课程中，就给我们法语教师提出了新的课题，值得我们去探索、研究。

在习近平新时代中国特色社会主义思想的指导下，高校思想政治工作的中心环节落实在立德树人上，而其核心在于提高人才培养的能力。因此，对我们现在的教学工作有了更多的要求，包括强化思想理论教育和价值引领，加强对课堂教学和各类思想文化阵地的建设管理等。

教师要回归教育的初心，努力建设适应新时代要求的教学课程，深入挖掘课程和教学方式中蕴含的思想政治教育元素，力求做到让课程优起来、效果实起来，形成具有中国特色的、高水平的课程体系。

就外语学科而言，它不仅是一门工具课程，同时更是让学生直观地、迅速地接收国外讯息的第一道门槛。因此，在注重知识传授的同时，更要对学生做出价值的引领，起到在思想政治上的隐性教育作用，更好地帮助学生树立正确的人生观、价值观。法语作为第二外语课程也有着同样的使命。

首先，结合以往的相关法语专业的课程思政建设，有以下思考。

第一，相关法语课程的现状：一般主要以语言技能课为主，课本内容多为介绍法国相关情况，很少涉及国内内容。并且课文涉及面窄，内容存在一定时间差异。有些忽略现代科技发展，不够贴近生活，较少涉及外交、国际关系领域等。这样导致跨文化比较的部分缺失。此外，学生接触到的一些我国相关重要的理念、观点、政策和措施的法语表达内容不足。

第二，学生毕业后的能力不足：由于对母语文化与国策理解不深，跨文化能力不足，在阐述有关国家观点立场，涉及国家利益方面表现相对较弱。语言基本功较强，但缺乏讲好中国故事的能力。

第三，教师的思政教育能力欠缺：授课时习惯于原有的模式，就事论事；对国家政策理解程度不够，缺乏改革的动力，对专业“课程思政”没有更多的投入。

针对以上现状，在法语专业的“课程思政”上总结出具体的发展方向。

① 从教学机制入手，全面统筹法语专业课“课程思政”建设，制定法语专业课“课程思政”教育改革方案。② 进行团队建设，打造“专业+思政”共同体。③ 对课程设置调整，对教学方法进行改革。④ 加强育德知识培训和育德教研活动，整合开发教学资源，供校内外思政教育开放利用。⑤ 整体提升教师的相关思政能力。

其次，在这些总结的基础之上，具体落实到“第二外语：法语”这一课程，详细地展开阐述其“课程思政”的探索。

“第二外语：法语”的“课程思政”建设，要求教师把专业内容和思政内容有机结合，同时做到知识传播和价值引导，让课程达到 $1+1>2$ 的良好效果。这就要求教师对课程从多方面进行更多不同的思考和研究，把隐含要素发掘出来，科学架构课程，以多维的课程建设彰显价值属性。

一、“第二外语：法语”思政元素的挖掘

就目前我们所教授的“第二外语：法语”课程来讲，根据教材所涉及的不同单元内容，结合中法的不同实际情况，可以深入挖掘其中蕴含的思政元素。

首先，在学习法语的基础读音内容时，可以联系中国博大精深的语言文化知识，借助对比，使学生在学习外语语言文化的同时加深对中国文化的热爱。

其次，通过语言知识的深入学习，对教材中涉及法国社会、文化的不同单元内容的讲解，适当地进行中国社会相关内容的对比，从而自然而然地展现出中国特色社会主义的诸多优越性，进一步加深学生对社会主义核心价值观的理解。

最后，针对全球遭受新冠肺炎疫情危害的特殊时期，在适当引入法国的各类抗疫活动的相关内容供大家学习的同时，也适当添加中法比较的内容，让学生更加深刻地认识到现在各国所处的环境，深切感受到祖国的力量，无形中提高了学生们的民族自尊心和自信心。

二、“第二外语：法语”的“课程思政”教学方法

针对“第二外语：法语”的“课程思政”的教学方法，目前还处于摸索阶段，在努力完善中。专业和思政有机结合，相辅相成，是我们要努力达到的目标。

一方面，就专业内容来说，通过对教材不同内容的讲解，让学生在学习语言的同时了解法国的社会及文化相关内容，满足和激发学生通过外语了解世界的学习愿望及兴趣，并培养学生的国际素养。

另一方面，结合“课程思政”，通过课程内容，在不同题目内容中相应引入体现中国特色社会主义的优越性的内容进行对比，从而使学生在了解世界的基础上对中国各种进步有更深的体会。通过相应的社会现象、层面等，如国家医疗的便利性，国家网上购物支付的便捷性，国家发达的公共交通、共享交通工具等方面的实例对比，进一步凸显出中国社会的进步，中国建设的速度，中国生活的便利，从而激发出学生的民族自豪感和自信心，使学生的爱国主义热情在潜移默化中增长。

另外，针对特殊的社会现状，适当地结合时事作为“课程思政”的相应补充，加强课程实施的效果。

三、“第二外语：法语”的“课程思政”的分析设计

“第二外语：法语”的“课程思政”的教材的深层次分析，教案的再次设计。

对于“课程思政”的教案，我们通过认真研究，反复推敲，在原有课程教案的基础上进行了修改、补充、完善，使其更适用于“课程思政”教学的开展。

通过对本课程中思政元素的发掘，针对专业课本中的内容进行相应的涉及思政内容的补充、完善。将课文内容的讲解延伸至法国的社会文化相应内容，再辅以中国社会相应方面内容的对比，不是生硬的插入，而是自然带入，润物细无声，从而体现出中国特色社会主义新时代的风貌，让学生在学习专业课的同时也接收到包含正确价值观的讯息。

对于“课程思政”内容的材料选用，严格按照学校学院的相关要求，切实符合中国特色社会主义核心价值观。

四、“第二外语：法语”的“课程思政”教学目标

外语教学是以语言为基础的，但其教授的内容却不仅是语言技能，提高学生的国际素养，更是保障学生通过外语获得国外讯息的第一道关卡。从对教材的深层次分析，对教案的再次设计，到有效地挖掘课程中的思政内容，潜移默化地传递给学生，帮助学生树立正确的人生观，让社会主义核心价值观更深入学生的心中，这就是本课程的目标所在。

五、“第二外语：法语”的“课程思政”的创新点

通过学习外语了解世界，通过了解世界增强爱国信念，这就赋予了新时代外语“课程思政”的新意义。

“第二外语：法语”课程，不光应该从专业角度传递知识与技能，更应与价值有关，不能分离。个性化、动态化的二外法语课程实施，结合实际的教学，把思政融入课程，切实地做到“盐溶于汤中”，让价值观教育的“盐”和学科的“汤”有机地融合起来。盐吃下去，汤也更美味了，从而达到和以往不一样的育人效果。

六、“第二外语：法语”的“课程思政”的预期成效

外国的月亮并不是更大更圆，这是每一个学习外语的学生都应该十分清楚并且坚信不疑的信念。“第二外法：法语”“课程思政”就是要在传授专业知识的基础上帮助学生提高思想认识，以多维的课程建设彰显价值属性。

“第二外语：法语”“课程思政”教育的过程就是不断扩展学生的广度和深度——人文价值、思想要素和德行涵养。教师努力把隐含要素发掘出来，科学架构课程，将知识传递、能力培养和理想信念、价值观念、道德素质的教育结合起来，努力培养德智体美劳全面发展的中国特色社会主义建设者和接班人。

七、“第二外语：法语”的“课程思政”实现的几个转变

通过以上的对“第二外语：法语”课程思政的不断探索与实践，我们力求逐步实现六个转变：

（一）革新教学观念

落实立德树人根本任务，树立全员育人、全过程育人的理念，实现从“以教师为中心”到“以学生为中心”的转变。

（二）建设思政课程队伍

成立“课程思政”小组，全面统筹“课程思政”一体化建设。扩大“课程思政”覆盖面，逐步扩大参与“课程思政”的教师队伍。

（三）调整课程内容

拓展课程中贴近现实生活的内容，对语言技能课的内涵加以调整。课程内容从课文加围绕课文的练习延伸扩展出一些能“讲好中国故事”的重要事件、观点的术语，让学生更好地学以致用。

（四）改变原有的备课方式

以往教师通过查阅辞书（语法书等工具书）或从网上获取语言知识和专业相关的信息完成备课工作，现在教师需要在课前先学习，理解一些国家的相关时事、政策等，熟悉和掌握有关“课程思政”内容的外语表达。

（五）创新教学方法

教师对传统的外语知识教授加学生课堂练习的授课方式加以调整，尝试探索让学生在教师引导下，先行准备一些相关国情、时事等的法语预习内容，发动学生的法语思政学习主动性，然后由教师进行讲解和总结。

（六）结合课堂内外

法语“课程思政”教学除了在课堂上呈现的内容以外，还可以辅以多种形式的内容，如法语版学院学校各类重要信息介绍、微信公众号推送等，来丰富“课程思政”内容。

综上，相信通过对“第二外语：法语”“课程思政”的不断建设和新的教学理念的

不断转变，这门课程会更符合新时代的中国特色社会主义的高等教育发展要求。让我们继续前行，优化课程政治内容供给，提升教师开展“课程思政”建设的意识和能力，为更好地完成高校教育立德树人的使命而努力!

参考文献

[1] 黄志斌．当代思想教育方法论［M］．合肥：合肥工业大学出版社，2010．

[2] 刘玉娟．大学生思想政治课目标训练手册［M］．北京：北京师范大学出版社，2010．

[3] 曹德明．新《指南》指导下跨文化创新法语人才培养模式探索与实践研讨会［R］．上海，2020．

本文原载于《长江丛刊（理论研究）》2021年4月上旬。

药物分析课程中融入思政元素的教学设计

付迎波

摘要：为提高教学质量，培养政治立场坚定的创新型人才，在药物分析课堂上既要满足构筑学生知识体系、培养合格药学人才的需求，又要把思政元素渗入课堂，引导学生树立正确的价值观。本文探讨了结合案例教学、问题教学法等方法，从创新精神与科学发展史、爱国情感与文化自信、行业操守与责任心、安全意识与规范操作、科学前沿与研究案例等方面列举药物分析学课程蕴含的思政元素，实现专业课程与思政教育的有机统一。

关键词：药物分析；思政元素；案例教学；问题教学法

2019年3月习近平总书记在学校思政课教师座谈会上的讲话中提到："推动思想政治理论课改革创新，要不断增强思政课的思想性、理论性和亲和力、针对性"。中共中央、国务院随后发表了《关于进一步加强和改进大学生思想和政治教育的意见》（以下简称《意见》），提出"所有课程都有育人功能"的要求，教学的所有过程都要融入社会主义核心价值观，做到全方位育人。[1, 2] 这些举措是国家应对当前新形势和新背景，应对下一轮科技革命和产业变革的战略行动，为提高教学质量，培养政治立场坚定的创新型人才提供了强有力的保障。

药物分析是药学各门课程中重要的一门，为保证药品质量和人民群众生命健康，培养政治立场坚定、适应新时代需要的合格药物分析人才。然而，药物分析课程涉及的知识庞杂、概念众多，如何使药物分析课程既能构筑学生的知识体系，满足培养合格药学人才的需求，又能把思政元素渗入课堂，引导学生树立正确的价值观，成为每一位药物分析课程教师需要思考的问题。本文结合案例教学[3]、问题教学法（Problem-based learning，PBL）[4] 等方法，将思政元素与课堂教学相结合，同时兼顾教学内容讲授和价值引领，从创新精神与科学发展史、爱国情感与文化自信、行业操守与责任心、安全意识与规范操作、科学前沿与研究案例等方面列举了药物分析学课程蕴含的思政元素，实现了专业课程与思政教育的有机统一。

一、创新精神与学科发展史

药物分析课程综合了药物化学、药理学、分析化学等多学科的知识，信息量大，体系性强。教师对学生加强学习方法指导、思维方法的培养以及创新意识的启发是非常重要的，课程讲授中加入科学知识的过程性和情境性内容，利于激发学生的学习兴趣，培养学生的科学探究素养，发挥课程内容蕴含的育人功能。药物分析课程包含了大量的医药发展史和医药法规改革史等内容，通过对这些历史内容的学习，可以使学生了解药物分析方法和药品管理法的发展过程，促进学生科学探究精神和科学态度的养成。重视药物分析发展史的教学，将分析方法和法律法规知识融入其中，解释发展过程中的历史情境，重现药物分析和药品管理法发展的整个过程，不但可以拓宽学生视野，了解理论和法规产生的历史背景，还可以培养学生的科学探究精神和科学道德价值观。

例如药物分析手段的发展历史，从神农尝百草到色谱技术的发明及应用于药物分析，再到色谱与质谱、光谱等的联用，将药物分析的原理和技术上的优缺点有机结合，取长补短，协同发展，现代药物分析技术已经能够解决很多过去完全不可想象的问题，并以过去成百上千倍的效率完成常规分析工作。在这个过程中，凝结了无数科学家和工程师的智慧和创新，显示了创新在科学发展中的重要作用。

又如FDA（美国食品和药品管理局）的发展历程，19世纪末到20世纪初是美国食品药品极为混乱的时代，伪劣药品、虚假广告、滥用药品等恶劣事件层出不穷，药害事件频发。1906年美国国会出台《食品、药品纯净法案》，该法案的出台标志着FDA的正式成立；1937年的“磺胺酏剂事件”促使美国国会通过《食品、药品和化妆品法案》，该法案标志着FDA开始关注药品上市安全性问题；1962年的“沙利度胺事件”促使美国国会加紧通过《食品、药品和化妆品法案》修正案，即《基福弗-哈里斯药品修正案》，标志着FDA开始关注药品上市的有效性问题[5-7]。除了这三个里程碑式的法案外，FDA从组织机构、制度安排、管理范畴多个角度不断探索和完善药品注册合规管理体系建设，保障公众用药安全有效。通过对这些历史的回顾，使学生完整地了解药品管理法律法规的形成过程，理解“促进和保护公众健康”这一医药产业从业人员的共同目标，明白药物分析每一项内容都要求合规的意义所在，有助于学生正确认识理论与实践、个人与社会的辩证关系，对学习本课程的态度、情感以及价值观施加影响，培养学生一丝不苟的科学态度和为国为民的社会责任。

二、爱国情感与文化自信

中华文明历史悠久，源远流长，博大精深。早在战国时期，我国就有了《神农本草经》药学专著。明代李时珍撰写的《本草纲目》是本草学集大成之作，达尔文曾在其著作中多次引用其资料，并称它为“古代中国百科全书”。《本草纲目》刊行后，迅速流传至朝鲜、日本等国，并被译成日、朝、拉丁、英、法、德、俄等文字在国外出版。

新中国成立以来，我国的药品工业和药品管理法规经历了从无到有、从品种稀少到种类齐全、从简单原始到现代规范的艰辛历程。1951年，中国青霉素的年产量是几十公斤，而如今，中国的抗生素年产量已经达到十几万吨，位居世界第一。这些成就是培养爱国主义精神与文化自信的重要素材，在课程中提及，可以使学生产生民族自豪感，同时强调中国在高端医药工业和法规完善性等方面与世界先进水平的差距，激励学生热爱本专业，努力学习，刻苦钻研，力争实现中华民族伟大复兴的目标。

三、行业操守与责任心

药品质量关系着全社会的福祉，而药物分析学科的最终目标就是保证药品质量，因此，可以从多个角度向学生解释这个问题。近年来，接连发生的重大药害事件使公众对医药行业的信任度明显降低。2016年的山东疫苗案，2017年的莎普爱思虚假广告事件，2018年的长春长生案，等等，暴露了我国药品行业在存储、销售宣传、生产管理等方面的诸多问题，这说明药品安全问题的复杂和多变，需要政府、企业和社会共同履行各自的责任，完善药品相关法律法规，协同监管。这些正是药物分析课程绪论中药品管理法的相关内容，可以以案例教学的方式融入课堂中，加深学生的理解。

沙利度胺（thalidomide，反应停）引起的海豹肢畸形儿事件，被称为药物治疗史上最悲惨的事件，此药品在1957年10月以商品名“Contergan”作为镇静催眠剂上市，主要治疗妊娠呕吐反应，虽然疗效极为显著，但却导致8000多例婴幼儿海豹样畸形，其中5000多名死亡。在此事件中，德国汉堡大学儿科遗传学家Widulind Lenz和澳大利亚产科医师Willian McBride首先进行了调查研究，证明了该药物的副作用，阻止了灾难的进一步蔓延。美国的医学博士Frances Kelsey在负责审批涉利度胺进入美国市场销售时，出于对患者用药安全的高度责任心和高超学术造诣，坚持制药公司提供更多、时间更长的实验数据，从而避免了此药品进入美国市场，阻止了悲剧在美国发生。这些事例都说明了从事医药行业需要强烈的社会责任感，坚定的行业操守和良好的职业素养。在课堂上还原这些内容，能够使学生在学习的过程中构建知识体系，产生情感上的共鸣和道德标准的认同。

四、安全意识与规范操作

近年来，国内高校化学相关实验室事故频发，安全问题是药物分析课程应该注重的方面，结合药物分析实验课和药物化学、分析化学等课程内容，强化学生的安全意识是非常有必要的。分析实验室中的离心机、热分析仪，常用溶剂乙腈、甲醇等使用不当都可能产生危险。教师可以结合具体案例，利用多媒体手段向学生介绍安全知识。另外，实验中的规范操作是保证实验结果准确有效的前提，可以将这方面内容与行业操守和责任心教育的内容结合向学生讲授。

五、科学前沿与研究案例

随着时代的进步，越来越多的新技术被应用于药物分析学科。比如，毛细管电泳法，其分离效率高，分析速度快，样品及试剂用量少，洁净无污染，极大提高了生物药品分析的效率。

近年来，手性药物的研究越来越受到重视，比如前文提到的沙利度胺，其R构型具有镇静催眠的作用，而S构型具有强烈的致畸作用，是海豹肢畸形儿事件的元凶。多种新的手性固定相和流动相应用于手性HPLC，使得手性药物的分析更加便利，为手性药物的研究及质量控制提供了保障。

液相色谱与质谱甚至核磁的联用，将分离能力和分析能力结合起来，实现对复杂混合物更准确的定性定量分析，简化了样品前处理的过程，极大地提高了工作效率，广泛应用于中药样品、生物药品的分析[8]。另外，此种方法还应用于运动员服用违禁药物的检测，能从浓度极低的血样、尿样中准确检测出违禁药物的代谢物。

课堂上对科学前沿实例、新技术发展的介绍，能够使教学内容更加与时俱进，营造参与性研究的氛围，引起学生的兴趣，激发学生的学习热情，提高学生的主动性。

总之，教师应该结合药物分析课程的特点，从教学方法、教学情感、教学内容等方面寻找融入思政内容的切入点，争取达到“润物细无声”的效果。努力根据不同教学内容采用合适的教学方法，构建典型思政案例，结合国家科教兴国、文化自信、重大成就等时政内容，培养学生的家国情怀及责任担当、学以致用、创新拼搏等当代大学生应该具备的素质，使学生在学习知识的同时潜移默化地接受思政教育，达到立德树人的效果。

参考文献

[1] 林萍萍. 新媒体时代高校思政课程教学模式改革路径研究 [J]. 牡丹江教育学院学报，2019（5）：23-25.

[2] 王春燕，张好强，李培琴. 浅谈《微生物学》课程思政 [J]. 高教学刊，2019（12）：177-180.

[3] 马廷升，朱兰翠. 案例教学法在药物分析教学中的设计与应用 [J]. 药学教育，2006，22（3）：35-36，62.

[4] 陈爱萍，黄甫全. 问题式学习的内涵、特征与策略 [J]. 教育科学研究，2008（1）：38-42.

[5] 王鑫，甄橙. 美国药品监管法规百年历程及对中国的启示 [J]. 中国新药杂志，2016（8）：849-854.

[6] 史录文，胡彬，江滨，等. 美国药品注册与新药创新 [J]. 中国药事，2004，（6）：24-25.

[7] 唐健元. FDA的发展历史和监管历程 [J]. 世界科学技术-中医药现代化，2017（6）：924-930.

[8] 金力超，范玉明，侯晓蓉，等. 色谱联用技术在药物分析中的应用特点和新趋势 [J]. 药物分析杂志，2015（9）：12-15

本文原载于《广州化工》2021年第9期。

研究生“课程思政”建设如何聚焦“三高”

丁义浩　岳登晓

近年来，在“课程思政”建设实践探索中，针对本科生和高职生群体探索的经验较多，针对研究生群体的研究相对不足，甚至出现了研究生“课程思政”空白、简单套用本科生“课程思政”模式等现象，既无法实现分类设计、系统推进，又不利于本硕博“课程思政”的一体贯通。

研究生教育是实施创新驱动发展战略和建设创新型国家的重要支撑。当前，我们有必要统筹研究生的政治素养、道德品质、科学精神、创新能力培养，通过高层次设计、高质量要求、高水平实施这“三高”，扎实推进研究生“课程思政”建设。

一、高层次设计——构建组织管理体系

传统的思政课程与专业教学“点—线”的方式，无法有效地对研究生进行思想塑造和价值引领。当前，必须围绕德才兼备的人才培养目标，着眼于顶层设计，从健全制度、优化管理、强化支撑保障等各个环节，进行系统优化重构；必须做到全局统筹，建立系统性、整体性和协同性相统一的“课程思政”组织管理体系。

一是要建立制度体系，保障“课程思政”建设的系统性。“课程思政”是课程体系的改革、教育教学体系的改革，是一项长期的系统工程。要坚持整体性推进、个性化实施、渐进性开展、动态性调整，重点加强示范课程建设、示范专业建设、教材资源建设、师资队伍建设、考评体系建设等工作。

二是要建立管理体系，保障“课程思政”建设的实效性。当前，有必要成立由学校主要领导牵头的专门机构，明确建设定位、锚定教学目标、配置教学条件，真正解决“‘课程思政’是什么、为什么、怎么做”等基础性工作。要统筹协调整体性工作、规范推进阶段性工作，及时研究进展情况，实时分类指导，确保工作扎实有序落实。

三是要建立研究支撑体系，保障“课程思政”建设的科学性。学校必须着眼于“课程思政”建设的基本规律，立足学情、校情，推进“课程思政”的学理支撑研究和实践探索研究相结合，推动“课程思政”建设向纵深发展，持续增效。

例如，东北大学系统实施“思业融合燎原计划”，将“课程思政”作为“书记校长履职亮点项目”，扎实有序推进工作部署落实。成立“课程思政”教学研究中心，指导推进“课程思政”的理论和实践研究。学校打破“课程思政是思政课程同义转换”的误

区，实现思想政治教育功效的系统性延展；打破“课程思政是思政元素简单嵌入各门课程”的误区，实现思政元素与课程内容的有机融合；打破“课程思政是对各门课程知识传授和能力培养功能消解”的误区，实现全部课程的价值彰显。

二、高质量要求——建立双向督导评价体系

全面推进研究生“课程思政”建设，要遵循教育基本规律和研究生教育规律，关照研究生知识发展、能力提升等要求，牢牢抓住施教者和受教者这“两个中心”，着力推进“‘课程思政’供给侧”“需求侧”双向督导评价体系的建立。其前提是教师要以坚定的政治立场承担育人使命，各门课程须以多维课程设计彰显价值属性，所有课程都要以深刻的思想体悟培育时代新人。在此基础上，要抓好两个关键。

一是牢牢抓住施教者的能力水平这一关键。必须坚持“育者先育”，在做到政治站位高、理论修养深的前提下，打破部分教师在研究生教育中“重育才、轻育德”“重科研培养、轻价值引领”等认识误区，将“课程思政”的开展情况作为评价研究生教师能力素养的重要指标，实现育德于教。指导教师要通过专题培训、经验分享、专项督查等有效形式，深入了解“课程思政”的实质内涵和概念边界，防止其陷入形式化、标签化、功利化等困境。同时，还要激发教师的能动性，改进教育教学方法，强化育人观念，提高育人能力，加强对研究生的价值引领。

二是从受教者的成长发展需求出发寻找突破关键点。要充分了解研究生的学习兴趣、治学态度和价值取向，以专业课为引领、通识课为基础、实践课为创新点，拓展渠道，创新形式。用高质量的“课程思政”解决研究生课程在科学研究、知识生产和价值塑造等环节脱钩的问题，改变知识结构单一、学习目标功利化、教学方法单一、师生互动缺乏等状态，创新“分散培养”情境下研究生思想政治教育途径，实现专业认知、学术道德、社会需求与个人成长的有机结合。

当前，教师须对课程整体进行科学的设计和计划，教学过程中适时采取不同的方式检验教学效果，实时掌握研究生对知识的掌握程度，随时了解学生对思政元素的接受和消化程度；阶段性地对相关数据进行对比与分析，跟踪变化情况，分析变化趋势，做到有的放矢、对症下药。在动态跟踪基础上，及时对教学设计和计划进行动态调整、修订，逐步提高教学设计的多样性、创新性和教学实践的科学性，使课程内容更有“灵魂”，有滋有味。例如，东北大学在研究生“课程思政”建设中，面向不同学科专业、不同类型课程，从课程内容设计、思政元素挖掘、课堂教学到教学效果反馈等基础工作入手，设计了以拓展、挖掘、关联、架构、优化、涵育六个前后衔接的环节为核心内容的“课程思政”生成模式，既厘清了开展“课程思政”的基本步骤和工作方法，又实现了教书育人与科研育人的衔接和融合。

三、高水平实施——建设协同发展体系

当前，研究生教育教学一定程度上存在着“研究为主、课程为辅”“自学为主、教

学为辅”“个性为主、共性为辅”“导师为主、院系为辅”等现象。科学开展“课程思政”，为重新建构研究生教育培养的理念思路、组织设计、实施过程提供了有效载体和抓手。各高校要从常态化建设机制入手，通过凝练经验、总结规律、创新思路、丰富形式和内容，构建高水平的“课程思政”协同发展体系，适应不断变化发展的社会形势和高层次人才培养需要。

一是要坚持打造标准与激励创新相结合。逐渐构建“课程思政”建设标准，指导各教学单位根据自身学科特点，制订专门的“课程思政”建设工作方案，使“课程思政”要求深入教案修订、教材编审，体现在教学大纲和人才培养方案中。将教师开展“课程思政”建设情况纳入绩效考核、评优奖励等考核评价标准，并逐步建立起考核激励制度体系。

二是要坚持典型示范与全面推广相结合。结合工作实际和办学特点，坚持分批次、分阶段开展“课程思政”建设工作。在典型示范的基础上实现课程体系、专业体系、学科体系的全链条贯穿，使“课程思政”由小到大、由点到面，实现全覆盖。例如，东北大学先后通过试点单位设置、示范课程和示范专业遴选，确立了100门校级示范课程和10个校级示范专业进行重点建设。以校级示范为引领，在所有院系进行示范性和普及性相结合的“课程思政”建设。开展“课程思政”的研究生课程涵盖通识类、学科基础类、专业方向类、实践类等所有课程类型，覆盖文学、哲学、经济学、管理学、理学、工学、艺术学等所有学科。

三是要坚持因地制宜实施与个性化评价相结合。“课程思政”必须要坚持社会主义办学方向，落实立德树人根本任务，既要遵循课程建设的逻辑，又要遵循研究生群体的成长规律和成才需求，细化培养目标、调整教学方法，兼顾课程内容的专业性、理论性、学术性、发展性，有的放矢、因材施教、顺势而为。对“课程思政”的评价是“课程思政”建设的难点和痛点，既不能设置完全量化指标，又不能设置绝对同一标准，必须做好个性化评价，不搞人人过关，避免层层留痕。可以从背景评价、输入评价、过程评价、成果评价等环节对教学目标、教学内容、教学保障、教学条件、课堂教学、课下活动、教学目标达成度、学生培养质量等维度进行考量，动态监测“课程思政”建设质量，建立问题快速反馈和有效解决的便捷渠道。

本文原载于《中国教育报》2021年5月24日。

基于BEACON模式的“课程思政”生成路径

丁义浩　王泽燊　王　刚

摘要：“课程思政”建设是落实立德树人根本任务的重要举措，是构建“三全育人”大格局的关键环节。本文构建BEACON模式，总结凝练了“课程思政”在专业课程中有效实施并充分发挥课程育人功效的实现路径，将知识传授、能力培养和价值塑造有机融合，探索出在各门课程中开展“课程思政”的可复制、可推广模式。

关键词：立德树人；课程思政；BEACON模式

教育部印发的《高等学校课程思政建设指导纲要》强调指出，“高等学校人才培养是育人和育才相统一的过程。建设高水平人才培养体系，必须将思想政治工作体系贯通其中，必须抓好课程思政建设，解决好专业教育和思政教育‘两张皮’问题。要牢固确立人才培养的中心地位，围绕构建高水平人才培养体系，不断完善课程思政工作体系、教学体系和内容体系。”近年来，全国高校广泛开展“课程思政”建设，取得了大量实践成果，形成了一些可推广的模式。本文总结“课程思政”建设的实践经验，设计了以拓展（Broaden）、挖掘（Excavate）、关联（Associate）、架构（Construct）、优化（Optimize）、涵育（Nourish）六个前后衔接的环节为核心内容的BEACON模式，形成了“课程思政”在每一门课程中有效实施、充分发挥课程育人功效的实现路径，将知识传授、能力培养和价值塑造有机融合，以期为各高校推进“课程思政”建设提供参考。

一、推进课程思政建设要把握的原则

“课程思政”是落实立德树人根本任务的重要举措，是构建“三全育人”大格局的关键环节，直接决定着人才培养水平和质量。高校推进“课程思政”建设要在知识传授中实现价值引领，坚持显性教育和隐性教育相统一，将科学设计与有序实施相结合，提高思政教育的实效性。

一是要在知识传授中实现价值引领。知识传授和价值引领都是思政教育的重要目标和内容，两者之间是相互联系、无法割裂的。在各个学科专业全面推进“课程思政”建设，关键是要在知识传授中实现价值引领。对此，各学科专业教师要有“教育者先受教育”的自觉，充分认识“课程思政”建设的重要性，创新“课程思政”的方法和手段，将思政教育体系与知识教育体系相贯通。

二是要坚持显性教育和隐性教育相统一。一方面，要旗帜鲜明、立场坚定地办好思想政治理论课；另一方面，要深入挖掘其他课程中思想政治教育资源，采取融入式、嵌入式、渗入式的方式将思想政治教育内容融入各学科专业课程，达到润物细无声的效果。因此，高校教师要充分关注教育实践中的隐性教育因素，利用各种方式和手段，将思政元素与专业知识讲授密切结合，不断提高“课程思政”的趣味性与吸引力。

三是要将科学设计与有序实施相结合。教育部印发的《高等学校课程思政建设指导纲要》明确要求，“课程思政建设是一项系统工程，各地各高校要高度重视，加强顶层设计，全面规划，循序渐进，以点带面，不断提高教学效果。要尊重教育教学规律和人才培养规律，适应不同高校、不同专业、不同课程的特点，强化分类指导，确定统一性和差异性要求，要充分发挥教师的主体作用，切实提高每一位教师参与‘课程思政’建设的积极性和主动性。”高校要构建科学合理的“课程思政”教学体系，深化对“课程思政”核心要义的认识，避免用简单的量化指标进行简单设计，保证“课程思政”的有序实施。

根据以上分析，有效推进“课程思政”建设，不能简单追求统一模式、不能简单确定同一量化指标，而是要面向不同学科专业、不同类型课程，以系统化、渐进化、动态化的基本原则，持续深入抓典型、树标杆、推经验，进而形成规模、形成范式、形成体系。其关键就是要回答好“融什么”和“怎么融”。“融什么”强调深入挖掘思政元素，形成思政元素库，实现“课程设计有灵魂”；“怎么融”强调将思政元素和专业知识融为一体、合二为一，让学生易于和乐于接受，实现“课堂教学有活力”。

二、基于BEACON模式的“课程思政”建设

本文基于推进“课程思政”建设要把握的基本原则，从课程内容设计、思政元素挖掘、课堂教学到教学效果反馈等基础工作入手，设计了以拓展（Broaden）、挖掘（Excavate）、关联（Associate）、架构（Construct）、优化（Optimize），涵育（Nourish）六个前后衔接的环节为核心内容的BEACON模式。

1. 拓展（Broaden）

在拓展环节，教师要对课程进行深度开发与深层设计，将专业知识与思政元素有机融合，有时可以借助与之相契合的青年语料为切入点，提取“交集”或“公因式”，拓展价值引领的效能。教师需要从以下三个主要方面入手。

一是不断丰富专业储备。教师必须在不断拓展知识掌握的广度、深度和熟练度的同时提升科研和教学水平，主动对标国家需求和世界技术前沿，保证知识传授能够适应人才培养的需要。

二是充分学习思政知识。深入挖掘好思政元素，需要教师具有扎实的思政理论基础，具有对信息整体掌握、筛选甄别、提炼提升、灵活使用的能力。

三是持续丰富青年语料。开展“课程思政”，必须坚持守正创新、与时俱进，紧跟时代发展，熟悉青年学生的思维习惯、生活喜好。将符合时代要求和贴近青年学生的具

有正能量的话语、具有良好公共形象的公众人物、具有启发和教育意义的热词等巧妙地运用到教育教学中来。

例如，东北大学核心专业课电力系统分析的“课程思政”建设，在实现专业知识与思政元素有机融合方面进行了许多有效的探索。第一，在横纵对比中增强自信。从历史看发展，提升学生道路自信；从未来明责任，增强学生的使命担当意识；与国际先进技术对比，让学生明确发展方位，找准创新和突破方向。第二，在对照国情中说明专业特点。通过对中国地域特点的讲解，引导学生明确我国发展特高压实现西电东送的必然选择；通过对中国资源禀赋的讲解，引导学生明确我国发展光伏风电实现能源转型的必然性。第三，在专业知识传递中提升情怀。从科学研究对于人类社会发展进程影响中分析科技发展的利与弊，教育引导学生重视科研伦理，树立社会责任感。

2. 挖掘（Excavate）

在挖掘环节，充分挖掘专业知识所蕴藏的人文精神与科学精神、所凝结的思想要素与德性涵养等思政元素，通过“浸润式”教育达到化育无形的效果。

一是保证质量优先。一门课的思政元素数量必须恰到好处，因此，把握合适的“准量”是保障“课程思政”高质的前提，要把准大方向、抓住关键点，深入挖掘课程内容中蕴含的关键思政元素，提炼思政元素的精髓。二是做到举一反三。教师可以通过某个专业知识点中的名词来找出与之相契合的思政元素，也可以根据已有的思政元素引申出更多的、具有良好匹配度的价值拓展点。这就需要教师做好前期工作，将思政元素收集全面、熟练掌握、科学使用。在课堂上，要结合课程特点、授课重点、教学难点，挖掘适宜的“课程思政”元素，将之有机融入课堂教学。

例如，在东北大学大数据智能分析技术课程教学中，将数据科学研究的“非独立同分布”关系巧妙引申到“人类命运共同体”理念；在数据的客观性与数据研究等内容中，引导学生养成辩证思维、敢于质疑真理的创新精神。

3. 关联（Associate）

在关联环节，根据学科特点和课程特质，将蕴藏在知识的表层符号和内在结构中的价值元素与学生的个人经验、生命体验深层关联，科学设计方案、有序实施教学。

一是将专业方向与思政元素相对应。理学、工学类课程可以将专业课程相关内容与探索未知、追求真理、勇攀科学高峰等内容相对应；农学类课程可以将专业知识与懂农业、爱农村、爱农民，启发学生的“三农”情怀等对应；医学类课程可以与“医者仁心”教育、医德医风等对应。二是将专业逻辑与思政元素相对应。不同专业和不同学科都具有塑造学生思维的功能、都具有方法论的价值，都会对学生的世界观、人生观、价值观产生重要影响。将专业逻辑对应思政元素，本身就是教育学以进德、立德修身的价值体现和实践要求。

4. 架构（Construct）

在架构环节，要在尊重学生认知规律和履行高等教育职责使命的基础上，进行资源整理和形式创新，对课程进行科学合理架构。

一是整理资源。专业教师在进行专业知识、思政元素、青年语料的准备、拓展、学习等工作基础上，做好学情分析，对前导课程进行延伸、为后续课程打好基础。二是创新形式。对专业知识中的思政元素进行挖掘，合理关联专业知识与思政元素，采用实验实训、情景模拟、游戏互动等方式加强知识共享和情感交流，于无形中实现价值“塑形”。

5. 优化（Optimize）

在优化环节，教师要注重“课程思政”的自我评估和效果评价反馈，不断优化“课程思政”的方式方法，改进教学模式，提升教育效能。

一是动态跟踪。教师要对课程整体实施有科学的设计和计划，实施过程中适时采取不同的方式检验教学效果，实时掌握学生对于专业知识的掌握程度、随时了解学生对思政元素的接受和消化程度。二是优化内容。在动态跟踪基础上，及时对教学设计和计划进行动态调整、修订，并逐步提高教学设计多样性、创新性和教学实践的科学性，使课程内容更有“灵魂”，有滋有味。之后，由一门课程的优化为全校“课程思政”的顶层设计、全局推进奠定良好的基础，形成一个有序的闭环，促进“课程思政”反馈和优化的良好循环。

6. 涵育（Nourish）

在涵育环节，要通过以上五个环节的层层实施，激活课程的价值属性，涵育学生的精神世界，将课程中蕴含的价值理念外化为师生教与学的行为表现和实践。

在东北大学地下结构设计课程教学中，教师在授课之前，自然地引用北京大兴国际机场建设工程做导入案例，贴近实际、贴近学生、贴近学科，激发学生的自豪感，强化职业理想、明确历史责任，不仅认识到“以北京大兴国际机场为代表的工程让全世界刮目相看，这正是一代代土木人用智慧和汗水拼命干出来的”，而且很自然地过渡到“地下空间将成为未来土木工程建设的主阵地，也将成为助推国家发展的重要空间资源”，在无形之中融入有效的价值引领。

由此可见，基于BEACON模式的“课程思政”建设生成路径遵循了“课程思政”的内在逻辑和教学规律，从课程内容的选择、组织、实施等方面理顺了各门课程开展“课程思政”的基本步骤和工作方法，具有极强的推广价值。

三、BEACON模式的效能分析

基于BEACON模式的“课程思政”建设生成路径探索，可以充分发挥好教师队伍“主力军”、课程建设“主战场”、课堂教学“主渠道”的作用，切实把思想政治教育贯穿于教学实践的全过程。

注重整体化构建，有效促进教育内容设计的系统性。宏观上，BEACON模式以理想信念教育为核心，以社会主义核心价值观为引领，以全面提高人才培养质量为关键，实现了思想政治教育与知识体系教育的有机统一。中观上，推进BEACON模式，可以实现教育主体、教育客体、教育环体等要素的整体协同。微观上，实施BEACON模式，可以科学梳理各门课程所蕴含的思想政治教育元素和所承载的思想政治教育功能，做到授课教师有方向、课程设计有灵魂、课堂教学有活力。进而由点到面，真正做到全校上下从设计、实施到效果检验“一盘棋”，以多维的推进举措不断彰显课程的价值属性，释放所有课程的思政教育功能。

注重渐进化推进，有效彰显教育教学开展的规律性。“课程思政”要求我们必须将知识传递、能力培养和理想信念、价值观念、道德素质的教育结合起来，必须遵循教育教学的规律。推进BEACON模式，能够坚持问题和目标双导向，做到示范引领和全面推广相结合、统一规范和创新激励相结合、实践探索和理论研究相结合。推进BEACON模式，能够逐步引导广大教师推进思路攻坚、教材攻坚、教法攻坚，实现教育方式有创新、教学改革有成效。

注重动态化调整，有效提升教育效果评价的实效性。“课程思政”建设需要将教学质量评估和教育效果评价不断向人文素养、社会责任感等多维度延伸。推进BEACON模式，可以做到尊重实际、因事而化，不断深入分析各门课程实际情况，分类调研、精准施策，构建“建”“评”“改”一体化的完整教学效果评价系统体系，实现动态化、常态化、滚动化的评价。从背景评价、输入评价、过程评价、成果评价等方面，科学选择最佳评价手段，确定科学的指标和问题，科学测量、解释和评判“课程思政”建设的基本成效，实现知识与技能、过程与方法、情感态度与理想信念的统一，切实提高“课程思政”实效。

参考文献

[1] 余双好. 办好思想政治理论课须坚持显性教育与隐性教育相统一 [J]. 红旗文稿，2019 (15)：24-25.

本文原载于《中国高等教育》2021年第11期。

“课程思政”建设的关键变量、基本原则与推进路径

任　鹏　李　毅

摘要：“课程思政”改革是新时代高校落实立德树人根本任务的战略举措。进入全面推进、创新升级的新阶段，“课程思政”建设必须聚焦教师、课程、课堂等关键变量，着眼于教师教书育人的“有为”与学生课程学习的“获得”、思政课程“引领”与专业课程“协同”、“课程思政”的“精准供给”与课堂教学的“精细打造”，遵循“为谁培养人”的目标原则、“角色—认知”的适当原则、“协调—控制”的过程原则、“同向同行”的协同原则，从拓展思想政治教育边界、突出教师主体、注重话语创新、强调整体建构等方面重点发力推进“课程思政”建设全面深化。

关键词：课程思政；关键变量；基本原则；推进路径

习近平在学校思想政治理论课教师座谈会上强调，“要坚持显性教育和隐性教育相统一，挖掘其他课程和教学方式中蕴含的思想政治教育资源，实现全员、全程、全方位育人”[1]。这是对高校“课程思政”改革探索、成效经验的充分肯定，更为全面推进“课程思政”建设指明了方向、提出了要求。早在2014年，上海就率先进行改革试验，探索从“思政课程”走向“课程思政”。全国高校思想政治工作会议后，教育部在上海召开高校“课程思政”现场推进会，充分肯定上海“课程思政”的实践探索和经验。此后，在国家宏观设计和指导、地区先行改革试点强力推动下，学习上海经验，探索符合自身实际的高校“课程思政”模式成为各地思政工作创新的“重头戏”，涌现出浙江“大思政课程”、北京课程思政攻关计划、天津“授课小组制”等改革实践，形成了“课程思政”建设的全国热潮，“课程门门有思政、教师人人讲育人”成为普遍共识。当下，课程思政已经成为高校深化铸魂育人、提高人才培养质量的关键抓手，“课程思政”建设已经进入创新升级的关键阶段。为此，需要紧紧把握“课程思政”建设的关键变量、基本原则，不断优化推进路径，切实把创新的教育理念转变为可持续的教学行动，全面提升“课程思政”的改革实效。

一、“课程思政”建设的关键变量

2020年6月，教育部印发《高等学校课程思政建设指导纲要》（以下简称《纲

要》)，明确指出，全面推进“课程思政”建设要“紧紧抓住教师队伍‘主力军’、课程建设‘主战场’、课堂教学‘主渠道’，让所有高校、所有教师、所有课程都承担好育人责任。”[2] 全面推进“课程思政”建设，需要深度聚焦教师、课程、课堂等关键变量，充分发挥课堂教学的育人主渠道作用，围绕立德树人根本任务，深入挖掘和整合课程教学中潜在的思政元素，引领其他各类课程教师与思政课教师同向发力，实现价值塑造、知识传授和能力培养的有机统一，不断拓展高校思政育人的实践场域，有效实现“思政课程”主渠道育人向“课程思政”立体化育人的转变。

(一) 教师教书育人的“有为”与学生课程学习的“获得”

全面推进“课程思政”建设的关键在教师，重点在于提升教师“课程思政”的育人意识和能力。习近平指出，“人才培养一定是育人和育才相统一的过程，而育人是本。”[3] 然而，“课程思政”的育人价值不会自发实现，其中的关键就是要看教师的课堂教学实践是否能够有效满足学生全面发展的知识需要和价值需求。受科技工具主义思潮影响，高校教育科技理性表征为工具理性和实践理性的“在场”长期占主导地位，而作为反映人的本质基础的道德理性和价值理性却经常处于次要位置，重智育轻德育、重学术轻思想政治教育、重科研轻教学、重“会堂”轻课堂等现象长期存在。在现实教学中，过度强调学科细化所形成的学科藩篱和专业壁垒，加深了专业课教师与思政课教师课程理念疏离和育人价值冲突。个别教师过分强调课堂教学的知识传授而忽视课程育人的价值引领，导致了大学课堂教育的育人目标异化和课程育德场域的断裂，不断弱化、抵消和虚无着思想政治教育的道德教化效果。习近平多次强调，所有教师都是“学生锤炼品格的引路人、学习知识的引路人、创新思维的引路人、奉献祖国的引路人。”[4] 如何将大学各类课程教师教书与育人、育才与育德的重要优势转化为思想政治教育的实际效能，是新时代高校“课程思政”改革必须破解的关键问题。这就要求在全面推进“课程思政”建设中，必须充分发挥高校教师“主力军”作用，切实树立起所有教师都有育人之责、各门课程都有育人之效的教育理念，不断增强教师的“课程思政”意识和能力。“教育者的教育活动既要适应受教育者的思想政治品德基础和发展需求，又要超越受教育者的原有基础，体现社会思想政治品德要求的规律。”[5] 作为“课程思政”建设承载主体的各类课程教师，不仅需要做好“教书”的知识传授，更要立足学生成长成才发展需要不断强化“育人”的职业自觉，敢于突破传统思政课“点—线”瓶颈和其他专业课程单一的知识传授桎梏，不断提高挖掘和凝练思政元素的能力，通过课程形式创新和教学内容延展，用“社会主义核心价值观”之“针”穿起专业课程知识点的“经”与思政元素的“纬”，“基因式”地融入“经纬”密织的课程教学之中，使学生从一般教育意义的知识获得状态中超越出来，由教育的知识理性“获得”转入道德理性“获得”，在知信行一体实践从实然向应然的螺旋式递升过程中，实现对学生潜移默化、润物无声的价值观培塑。

(二) 思政课程引领与专业课程协同

“课程思政”建设最鲜明的特征就是要发挥思政课程主导引领作用，扩大专业课程与思政课的协同共振效应，实现“思政”与“专业”协同育人的有机统一。然而，在“课程思政”建设中，特别是具体到思政元素和专业知识相互映射、融合、扩散的实践环节，应该避免专业课程“泛思政化”与思政课程“泛通识化”的“课程思政”泛化现象。专业课程“泛思政化”是指为了“思政”效果，“大水漫灌”式地将“强意识形态”内容附加到专业课堂教学中，漠视专业课的教学特点和教育规律，把专业课上成了思政课。而思政课程“泛通识化”是指为了提升思政课“亲和力”，偏离作为立德树人关键课程的政治定位，过度关注课堂教学形式的创新，推崇以形式化、娱乐化、庸俗化的技术手段、通识内容和大众话语去迎合学生的“掌声”和“笑声”，造成思政课受欢迎的假象，导致思想政治教育“主流意识形态的主导和灌输”核心优势被逐渐消解。“课程思政”泛化的危害在于“为了思政而思政”，模糊了专业课程和思政课程之间的知识边界和行为逻辑，不但没实现“育才”与“育人”相长，反而损害了课程自身的知识图谱、价值结构，适得其反地降低课堂学理性、教学知识性，更加引起学生对思政教育的逆反心理。因此，全面推进“课程思政”建设，就必须处理好思政课程引领与专业课程协同的问题，不断强化和巩固思想政治理论课作为落实立德树人根本任务关键课程的核心优势，引导“其他各门课都要守好一段渠、种好责任田，使各类课程与思想政治理论课同向同行，形成协同效应。”[6] 首先，要解决其“元原理”问题，揭示各类课程和思政课融合的内在逻辑关联，认清每门课程实现思政功能的使命；其次，要明确思政内容与专业知识的内在契合关系，明确思政课和其他各类课程的专业伦理与政治方向、学习伦理与核心价值的照应关系，探求各类“课程思政”元素挖掘和融入的切入路径；再次，要关注思政课程设计与讲授环节的系统性、科学性安排，推进课堂教学“技术性”与“艺术性”相结合，避免“课程思政”自我定位和功能的跑偏移位，以此真正“发挥思政课的‘群舞中领舞’作用，实现所有高校课程的‘共舞中共振’效应”。[7]

（三）“课程思政”的“精准供给”与课堂教学的“精细打造”

习近平强调，要多下“精准”功夫，“做好实化细化工作，对症下药，推动改革精准落地”。[8] 在推动“课程思政”改革过程中，需要在整体开发设计的同时聚焦精准，在“思政”与“专业”对接的融洽性、思政元素嵌入的适时性、思政讲授的亲和性、效果评价的科学性、“课程思政”组织的协同性等方面要提高“精准供给”能力，以满足学生成长发展需求和期待作为行动原点，不断优化“课程思政”供给结构、精准思政供给内容，创新思政供给手段，全面提升“课程思政”的亲和力、精准性和时效性。此外，“课程思政”的“精准化”导向，必然要求“课程思政”方案制定和执行朝“精细化”转向。马克思强调：“理论只有说服人，就能掌握群众；而理论只要彻底，就能说服人。”[9]“课程思政”的关键是“以理服人”，而承载理论彻底性的基础载体只能是课程教学的真理性内容。因此，回归学生需求基点和课程内容本质，精细打造“课程思政”教学方案，是顺利推进“课程思政”改革，引导青年学生深化对马克思主义真理信仰、科学实践认识的前置性议题。在“课程思政”教学方案设计过程中，要重点关注以下四个方面：一是精准识别学生发展需求。加强对学生理性知识需求、情感体验需求、社会交往需求、道德信仰需求以及行为实践需求的前瞻性研究和个性化把握，立足学生成才需求、主体差异和接受规律开展课程方案、教学环节的规划与设计，实现“教”与“学”的精准对接。二是精准挖掘思政元素。深入梳理专业课程的知识图谱，遵循“应挖尽挖、能挖尽‘精’”的原则，结合不同课程特点、思维方法和价值理念，精准挖掘、科学提炼和精心绘制包括政治素养、人文修养、道德规范、法治意识、科学精神、传统文化等为主题的思政元素地图，有机地融入教案设计、润物无声地融入课堂教学。三是精细打造课堂教学环节。立足课堂绪论、知识讲授、互动研讨、实训实验以及作业设计等教学环节的特点，充分尊重显性教育每一具体环节知识传授目标意图实现的合理性，找准契合点、科学设置隐形教育作用空间，沿着教学问题链条循循深入，抓住时机、精准投放思政元素，在保证知识完整传授的同时，培养能力、塑造价值。四是精准选择讲述方式。在充分把握各类课程内容规定和教学要求的基础上，注意课堂话语传播的有效性，协调好“教学话语”与“生活话语”、“教师话语”和“学生话语”、“知识话语”和“价值话语”的互通关系，深化互动式、讨论式、探究式、案例式的教学方法与情景化、故事化、游戏化的讲述方式精准融合，做到内容讲述的“情理贯通”“学理兼备”。

二、“课程思政”建设的基本原则

习近平强调：做好高校思想政治工作，“要遵循思想政治工作规律，遵循教书育人规律，遵循学生成长规律，不断提高工作能力和水平”[6]。立足于“三大规律”学生主体性、教师主导性和管理科学性辩证统一的立场，“课程思政”建设能否取得新成效，不仅取决于教师主体自觉的行为选择和行动，还受到教育目标导引、政策机制协调、资源优势集成等多重因素制约。所以，进入新阶段，必须从思想政治工作逻辑规律的原则维度把握“课程思政”，进而为全面推动“课程思政”建设提供规范性指引和方法论指导。

概括起来，全面推进“课程思政”建设应该遵循的基本原则，主要有以下四方面：第一，“为谁培养人”的目标性原则，将落实立德树人根本任务作为“课程思政”的最终归宿，通过强化培养时代新人的政治自觉更好实现“课程思政”的改革意图；第二，“角色—认知”的适当性逻辑，强化作为“课程思政”建设主体的各类课程教师的角色认知和使命担当，实现“课程思政”教学改革真正落实、落地；第三，“协调—控制”的过程性原则，通过组织协调与过程管理实现对“课程思政”建设过程的动态把握和调整优化，依靠制度管理保障“课程思政”建设有效落实；第四，“同向同行”的协同性原则，以科学统筹、协同配合的系统思维强化资源整合，凝聚协同育人力量，不断提升“课程思政”建设效能。

（一）遵循“为谁培养人”的目标性原则

习近平强调，“我国是中国共产党领导的社会主义国家，这就决定了我们的教育必须把培养社会主义建设者和接班人作为根本任务，培养一代又一代拥护中国共产党领导和我国社会主义制度、立志为中国特色社会主义奋斗终身的有用人才。”[10] 古往今来，按照政治要求培养人才是每个国家的教育使命。而加强和改进思想政治工作是中国特色社会主义大学培养时代新人的独特优势。从改革的政治立场来看，作为人才培养行动创新的“课程思政”，很好地回应了中国特色社会主义高校培养什么人、怎样培养人、为谁培养人的根本问题，实现了对党的教育方针和立德树人根本任务的有效落实。全面推进“课程思政”建设，需要立足于培养担当民族复兴大任的时代新人的政治要求，坚持目标导向，把立德树人作为检验课程育人质量的根本标准，将思想政治教育贯穿课程教学全过程，把正确价值引领、共同理想信念塑造作为社会主义大学课堂的鲜亮底色，巧妙地寓社会主义核心价值观于各类课程知识传授之中，突出强调用习近平新时代中国特色社会主义思想铸魂育人，引导大学生增强“四个自信”，“厚植爱国主义情怀，把爱国情、强国志、报国行自觉融入坚持和发展中国特色社会主义事业、建设社会主义现代化强国、实现中华民族伟大复兴的奋斗之中”[1]。

（二）遵循“角色—认知”的适当性原则

教书育人规律是“教书”和“育人”的有机统一，强调教师不仅要做知识传授的“学问之师”，更要成为塑造学生的“品行之师”。这一规律要求落实到“课程思政”建设中，就是要求教师要时刻明确自己的角色定位，准确把握提高人才培养能力这个核心要求，时刻牢记“政治要强、情怀要深、思维要新、视野要广、自律要严、人格要正”六项标准，把教书育人作为立身之本，深刻把握“课程思政”的理念要求、内容目标和实践方法，积极发挥主观能动性和自身创造力，不断提高全面推动“课程思政”建设的角色认知水平和综合素质能力，这是对“课程思政”建设“角色—认知”适当性原则的合意遵循。习近平强调，“高校教师要坚持教育者先受教育，努力成为先进思想文化的传播者、党执政的坚定支持者，更好担负起学生健康成长指导者和引路人的责任。”[6] 面对高校“课程思政”建设的改革攻坚和建设难点，所有课程教师在开展“课程思政”过程中都要坚定立德树人初心，自觉肩负起教书育人职责使命，坚持“传道”先“信道”、“授教”先“受教”、“育人”先“育己”，处理好教书和育人、言传和身教、潜心问道和关注社会、学术自由和学术规范的统一关系；学会运用马克思主义的基本立场、观点和方法，深入挖掘课程教学中蕴含的伦理资源、道德话题、理想境界，在真理性、求用性、审美性基础上实现真善美的统一；在课堂教学、生活情境中与学生展开情感共鸣地“双边对话”，解答思想疑惑、澄清价值遮蔽、明确人生追求，不断弘扬课堂教学中蕴含的价值之真、道德之善和信仰之美。

（三）遵循“协调—控制”的过程性原则

注重协调与过程管理，妥善处理好改革发展过程中的复杂关系，保障预期目标的有效达成，既是我们党在长期思想政治工作实践中探索出的宝贵经验，也是在新时代条件下全面推进“课程思政”建设的原则遵循。一方面，从组织领导来看，要坚持高位推动，强化国家层面“课程思政”建设工作协调小组的顶层设计、议事协调和政策指导能力，充分发挥地方教育部门和各高校党委的领导作用和政策协调作用，增强其作为地方“课程思政”改革领导者、组织者和“课程思政”建设工作方案设计者和实施者的主体地位，完善“党委统一领导、党政齐抓共管、教务部门牵头抓总、相关部门联动、院系落实推进”[2]的“课程思政”工作机制，强化督查检查，持续提升高校人才培养的组织能力和育人水平。另一方面，从“课程思政”本身来看，要对其实施过程进行制度化的协调与管理控制，通过精细的制度性安排，把“课程思政”理念贯穿于课堂授课、教学研讨、实验实训、作业论文各环节，不断完善“课程思政”教学管理机制，强化教学全过程的规范性制度建设，建立“课程思政”教学评价的正向标准与负面清单，完善多维度育人成效考核评价体系和监督检查机制，运用制度化管理手段处理好“课程思政”教学过程中内容的显性和隐性、方法的漫灌与滴灌、管理的刚性和柔性、结果的评价与运用等重要关系，以具体的课堂教学场景为依据在发展中实现对“课程思政”过程的动态把握和优化调整，确保“课程思政”建设成效。

（四）遵循“同向同行”的协同性原则

全面推进“课程思政”建设的极端重要性和战略定位，要求我们善于运用系统思维，积极构建思政课程与“课程思政”双向联动的同向同行机制，充分发挥协同育人效应。“同向同行”的本质是认识与实践的统一问题，“同向”是说各育人主体都要坚持立德树人初心，牢记为党育人、为国育才的使命，具有坚定的方向性；“同行”是指所有育人主体在育人目标取向上要相互配合、在育人实践活动中要相互促进、在育人成效上要相得益彰，为培养时代新人聚焦发力。“课程思政”建设协同就是要将施加于各个课程教学实践领域的育人要素有效地组织起来，通过科学统筹、协同融合，形成同向同行的育人合力，推动整个思想政治工作的协调发展。一是立足“课程思政”目标促进课程协同。推进“课程思政”建设，要求我们必须处理好主力和合力的辩证关系，持续强化思政课的关键课程地位，统筹做好各学科专业、各类课程的“课程思政”建设，综合运用第一课堂和第二课堂的育人渠道，创新构建“全面覆盖、类型丰富、层次递进、相互支撑的‘课程思政’体系”[2]，提升各类课程与思政课程同向同行的协同育人效应。二是着眼“课程思政”需要促进保障协同。构建“课程思政”育人共同体，不仅需要课程体系的科学构建，还需要政策资源与思政力量同向同行的强力支持和保障。这就要求一方面要加强政策的协调配套，加大人力、物力、财力的支持力度，强化“课程思政”改革政策举措的系统集成、协同高效，不断满足建设需要；另一方面，要更加注重改革力量和资源的科学统筹、优化配置，将不同领域、不同环节的思政资源和力量加以优势集成和整合，在充分发挥各思政资源要素作用基础上增强“课程思政”协同育人的统合力、保障力。

三、“课程思政”建设的推进路径

（一）拓展思政边界，构建圈层课程体系，实现“课程思政”元素精准“软嵌入”

第一，科学构建“课程思政”体系，发挥圈层效应。要从学科育人的价值逻辑出发，系统研究和准确锚定马克思主义理论学科与其他学科的思想政治教育交叉领域，梳理和发现其他各类课程与思政课共向的思政元素资源、关键环节和知识点位。通过顶层设计、课程建构、机制创新，设计打造以思想政治必修课为核心，以思想政治选修课、综合素养课、专业课为辅助的“一核三环”圈层课程体系，充分发挥思政课程的价值引领主导作用，综合素养课程的人文浸润作用和专业课程的拓展强化作用，促进马克思主义的立场、观点和方法贯穿教学研究全过程，进而促使所有教师在课堂教学中实现知识传授与价值引领的和谐统一，形成从思政课程到“课程思政”的圈层效应。

第二，精准思政元素，构建嵌入的绿色通道。总体来说，“课程思政”是结合各类课程内容，深入挖掘、综合运用内外部相契合的思政元素，进行的嵌入式、非体系化、非系统化的教育活动。一方面，需要找准专业知识和思政内容的契合点，按照政治导向、核心价值、专业伦理、科学思维、师德风范等模块创设“课程思政”语境系统，绘制思政元素地图，建立耦合式的内在契合关系。例如，福州大学把品德修养统一纳入全校所有专业毕业要求的首个指标项，并以此反向设计、构建相应的课程支撑矩阵，科学绘制品德养成树，从体系架构、分类实施上，推动思政课程与“课程思政”的同向同行。另一方面，要精细化构建思政元素嵌入课程内容的绿色通道，根据课程专业知识结构和思政内容“高—中—低”相关程度，选用画龙点睛式、专题嵌入式、元素化合式、隐性渗透式等融合手段，推动思政“资源流”和专业“知识流”的双向融通，提高课程教育的价值黏性和作用引领。例如，东北大学在探索工科专业课“课程思政”建设过程中，通过模型建构和实践检视确立起每个教学环节与思政目标的一一对应关系，并根据不同环节的教学场景和思政目标要求，探索形成了科技国情法、时事跟踪法、发展对比法、专业隐喻法、学科典故法、科学精神法、科研伦理法、思维导图法、政策关联法、战略分析法等十类“课程思政”融入策略，使思政元素更好融入专业课教学全过程，有效避免了专业教育与思想政治教育“两张皮”现象。

第三，强化特色课程，塑造学生奋发自信的精神状态。通识教育是有“灵魂”的，能够“以‘润物无声’的形式将正确的价值追求和理想信念有效传导给学生”[7]。相对于思政课的强价值性，专业课程的强技术性，综合素养课程在“价值—技术”之间有较小的缓冲带，在增强教育亲和力上更有空间优势，既有利于知识传授，又有利于传递价值观点。所以，高校推进“课程思政”建设，应该紧紧依靠自身的学科特色和传统优势，有效提炼核心课程内容与思政元素融合，通过机制创新、课程设计、团队培养、教学方式改革等措施，既探索建立包括上海高校“中国系列”那样的特色课程，立足中国实践，讲好中国故事，培养担当民族复兴大任的时代新人，还要立足地区、民族、世界文明的实践与挑战，创建“地区系列”“民族系列”“世界系列”的特色课程，讲好人类命运共同体故事，培养能够在人类文明发展中起引领作用的具有全球视野、开放心态、包容精神的“世界公民”。

（二）突出教师主体，引导各类课程教师勇挑“思政担”、护好“一段渠”

首先，各类课程教师要形成“课程思政”育人共识。理念是行动的先导，教师形成

“立德”与“树人”、“知识传授”与“价值引领”相统一的教书育人共识，是指引“课程思政”教育实践和具体行动开展的价值指向。习近平指出，教师在教育实践中要做到“‘经师’和‘人师’的统一，既要精于‘授业’‘解惑’，更要以‘传道’为责任和使命”[11]。思政课教师和各类课程教师在课程教学过程中要把价值引领作为“灵魂确认”贯穿课堂教学全过程，既要做到专业知识传授的逻辑性、科学性和完整性的统一，又要在价值立场、道德关怀和政治诉求等方面实现正确引领，形成协同育人效应。

其次，要提高思政课教师课堂教学的亲和力和针对性。在课堂教学过程中，思政课教师要“结合教学实际、针对学生思想和认知特点，积极探索行之有效的教学方法，自觉强化党的理论创新成果的学理阐释，努力实现思想政治理论课教学‘配方’先进、‘工艺’精湛、‘包装’时尚”[12]；要充分发挥自身主导作用和激发学生的主体作用，与学生展开平等的交流对话，围绕学生关注的重大现实问题和思想困惑，灵活运用问题式、参与式、案例式等教学方式，进行靶向讲解，努力做到情理和道理、现实和事实的统一呈现，以学生情感共鸣的获得推动知识传授的效果提升。例如，东北大学的思政课教师不断深化思想政治理论课经典品读教学改革，形成了劝导式强制、交互式能力、后发式兴趣、品悟式情感层次、自觉式信仰的经典品读“五层次模式”，用品读解开了学生的思想“疙瘩”和理论“扣子”，有效增强了思政课的获得感。

最后，提升其他各类课程教师的育人能力和理论素养。推动“课程思政”，不仅要求各类课程教师在思想上要形成全员育人共识，还要在专业发展上具备育人的能力。进一步强化教师“课程思政”能力体系建设，集中优势资源，搭建“课程思政”教学资源共享平台、教师能力培养平台和网络集体备课平台，建立分区域、分学科专业领域开展“课程思政”典型经验交流、现场教学观摩、教师培训的常态化活动机制，学习借鉴和创新构建如复旦大学“集中研讨提问题、集中备课提质量、集中培训提素质”的“三集三提”“课程思政”能力提升模式，不断强化任课教师的育人意识，精准育人角度，提高教师将思政资源有效融于教学环节的育人能力。此外，任课教师还要提高自身的理论素养。各类课程教师要系统学习和领会马克思主义、马克思主义中国化的最新理论，特别是习近平新时代中国特色社会主义思想的真谛，并坚持学以致用，用马克思主义的基本原理、基本方法和基本立场解释历史现象，回应现实问题，指导生活实践，把社会主义核心价值观内化于心、外化于行，坚决抵制错误的社会思潮在大学课堂蔓延，防止西方意识形态对大学生的价值渗透。

（三）注重话语创新，推动讲述方式“情理贯通”与实践行为“知行合一”

第一，建构“课程思政”话语体系。在当今快速发展的知识经济社会，现代性的社会话语向多元化、复杂化方向发展，话语权与话语空间的争夺逐渐走向白热化。高校思政课话语仅凭传统线性的、单向度的理论灌输模式已然不能够满足学生对知识的需求，要想实现对青年主流价值观和意识形态的引导和塑造，就迫切需要构建新型的价值引领话语体系。“课程思政”话语体系是一种建构在专业课程的专业知识话语体系、通识课程的通识话语体系与思政课程的思想政治教育话语体系基础上的综合性、立体式的话语体系。强调要充分发挥教师在课堂话语场域中的引导作用，通过对教学内容和价值主题的融合设计，优化叙事表达的讲述方式，结合互联网技术手段，打通学科体系之间的"梗塞"，解决话语衔接上的"症结"，既注重理论知识阐释表达的严肃性，又强调意识形态内容的亲和力，实现由理论术语向大众话语、教材话语向生活话语、价值话语向信仰话语的转变，进而提高课堂教学的亲和力和价值引领力。

第二，拓展"课程思政"话语的实践场域。马克思主义认为，"全部社会生活在本质上是实践的。"[13]"课程思政"不仅强调教师在课堂教学中对学生进行价值引领，还注重把思政小课堂同社会大课堂结合起来，打造"身边的思政课""行走的思政课"，在学生熟悉的现实生活情景中，挖掘和提炼鲜活的思政元素和现实案例，让学生在火热的社会实践中接受教育，自觉增强"四个意识"，坚定"四个自信"，做到"两个维护"。北京市以"习近平新时代中国特色社会主义思想在京华大地生动实践"案例库建设为契机，通过组织"看北京、看变化、看成就"和"京华大地看小康"系列学习实践，让师生走出校园课堂，通过社会实践切身感受新时代京华大地的新变化，并制作成教学案例充实反哺到课程教学中，有效地拓展了"课程思政"的教学场域和实践形式，增强了学生对国情社情民情的认识和理解，进而实现其在价值观塑造和实践行为的知行合一。

第三，创新"课程思政"话语的传播载体。习近平强调，思想政治工作要"因时而进，因事而化，因势而新"[9]。推动主流意识形态的传播，就要用大学生易于接受的生动活泼形式开展，在润物无声中实现价值引领。推动"课程思政"建设，要用活新媒体技术，既注重传统课堂教育理论叙事的优势，又要运用翻转课堂、MOOC 等教学形式，创新形式多样的符号形象和表达方式，发挥图像叙事的话语引领作用，增强思政内容的时代感和吸引力，通过赢得新媒体来赢得青年学生。例如，武汉大学充分依托和发挥"互联网+跨学科+思政"的独特优势，打造"马上见"思政融课，在疫情期间，围绕家与国、志愿服务等推出系列节目，与抗疫志愿者进行对话，探讨"志愿战疫中的铠甲与软肋"，挖掘和呈现志愿者的家国情怀、奋斗和奉献精神，引发了学生的强烈共鸣和口碑传播，在引导青年坚定信心、同心战疫方面发挥了重要作用。

（四）强调整体建构，全方位打造"育人共同体"，扩展"课程思政"协同效应

"课程思政"是一个复杂的系统性工程，需要从整体上推动，打造全员、全过程、全方位的"育人共同体"。所谓"育人共同体"，是指教育者在给受教育者进行教育活动过程中，为实现思想政治教育的目标利益和价值实践，在育人理念、价值沟通、制度规约等方面形成协调关系、发挥协同效应的有机整体。

第一，强化党委主体责任，把握"课程思政"改革总方向。习近平强调，"加强党对教育工作的全面领导，是办好教育的根本保证。"[10]高校党委要落实意识形态主体责任，加强对"课程思政"教学改革的全面领导，成立和健全"课程思政"领导机制和工作体系，设立"课程思政"改革小组，统一制定"课程思政"改革方案，统一调配教学改革资源，统一指导课程改革实施，推动形成"党委统一领导、党政协同配合、院系创新落实"的工作局面，确保课程改革的社会主义方向。第二，整合育人资源，打造"大思政”育人平台。全面梳理和整合学校各环节思政育人资源，既要推动各类课程教师和思政课教师的育人协同，还要挖掘高校科研、管理、服务等在情感传递、道德示范和价值引领方面的育人资源，推动形成思政课教师为核心、其他课程教师为支撑、辅导员或管理服务岗位人员为补充的“课程思政”育人队伍，实现高校全员育人资源的优势互补和融合创新。第三，突出制度保障，加强“课程思政”教学全过程的规范性制度建设。加强课程教师研修与培训工作，提高教师育人意识和育人能力；完善课程教材使用和管理制度，确保“课程思政”实施有据可依；强化课程管理制度，在课程方案出台、教学案例设计、课堂教学实践、教学督导评课等方面实行监督，动态检验“课程思政”实现价值引领的落实情况；完善“课程思政”的考评和激励制度，健全教师“课程思政”绩效考核标准，对于“课程思政”育人典型人物在职称晋升、学习交流、评奖评优方面适当倾斜，激发教师“课程思政”育人的积极性，进而最大限度开发和凝聚改革动力，形成全员、全过程、全方位协同育人的整体性格局。

参考文献

［1］习近平主持召开学校思想政治理论课教师座谈会强调：用新时代中国特色社会主义思想铸魂育人贯彻党的教育方针落实立德树人根本任务［N］．人民日报，2019-03-19（1）．

［2］《教育部关于印发《高等学校课程思政建设指导纲要》的通知（教高〔2020〕3号）［EB/OL］．（2020-6-1）［2021-1-30］．http://www.moe.gov.cn/srcsite/A08/s7056/202006/t20200603_462437.html．

［3］习近平在北京大学师生座谈会上的讲话［N］．人民日报，2018-05-03（2）．

［4］习近平：全面贯彻落实党的教育方针努力把我国基础教育越办越好［N］．人民日报，2016-09-10（1）．

［5］邱伟光，张耀灿．思想政治教育学原理［M］．北京：高等教育出版社，1999：114-115．

［6］习近平：把思想政治工作贯穿教育教学全过程，开创我国高等教育事业发展新局面［N］．人民日报，2016-12-09（1）．

［7］高德毅，宗爱东．从思政课程到课程思政：从战略高度构建高校思想政治教育课程体系［J］．中国高等教育，2017（1）．

［8］实事求是求真务实把准方向　善始善终善作善成抓实工作［N］．人民日报，2017-03-25（1）．

［9］马克思恩格斯选集第1卷［M］．北京：人民出版社，2012：10．

［10］习近平：坚持中国特色社会主义教育发展道路，培养德智体美劳全面发展的社会主义建设者和接班人［N］．人民日报，2018-09-11（1）．

［11］习近平：做党和人民满意的好老师：同北京师范大学师生代表座谈时的讲话［N］．人民日报，2014-09-10（1）．

[12]《教育部关于印发〈新时代高校思想政治理论课教学工作基本要求〉的通知》（教社科〔2018〕2号）[EB/OL].（2018-4-13）[2019-12-28]. http://www.moe.gov.cn/srcsite/A13/moe_772/201804/t20180424_334099.html.

[13] 马克思恩格斯选集第4卷 [M]. 北京：人民出版社，1995：56.

本文原载于《思想理论教育导刊》2021年第8期。

中国政治思想史教学的几点体会

颜德如

我大约是从1998年就开始了中国政治思想史的学习和研究，这样算来已经有20多年了。渐行渐远，时间给予我的最好回报，就是对中国政治思想史教学有了一些体会。

一、以仰望星空的心态进入中国政治思想史

中国政治思想史所阐述的思想，无一例外都是每个时代的精英的思想（虽然未必是最先进的），民间的思想不是它叙述的主流。这些精英的思想，无疑都是站在相当的高度来审视思索那个时代面临的重要关切，都有我们无法洞悉和企及的地方。因此，作为后学、后知后觉的我们，阅读和触及他们的思想，最应持有的心态便是仰望，仰望思想的星空。我想中国政治思想史的这些人物是不是漂浮的几颗星，写在我们的教材里边的都是很灿烂的星，所以我们实际上是在仰望星空，我们对古人怀着深深的敬仰之情。如果能用这种心态来学习和研究中国政治思想史，教授中国政治思想史，就有亲近感了，在心理上你首先是不拒斥的，你是非常有亲和力的。我觉得学习、研究、讲授中国政治思想史最重要的是在情感上要有亲近感。当然，有时候人的知识结构是偶然性的。有人问，我们的学科背景是政治学好还是历史学好，又或者是哲学好？我觉得这个并不一定，很难确定地说你必须是学政治学出身才能讲中国政治思想史。不过，讲述中国政治思想史课程包括学习研究它的多学科的知识背景，肯定是必需的，就看你从哪个学科进入，这很重要。所以我不能说我学政治学，我就一定能把中国政治思想史讲好，那不一定。

有时候把你的研究，学习和讲述的课程，仅仅局限在政治学学科显然是不够的。对学科的知识的拓展，应该是在研究学习过程中自然拓展的，因为中国政治思想史里边讲的这些大家、这些精英，本身就是综合性的，就是百科全书式的，在你学习研究的过程中首先就需要你去拓展，否则很难进入他们的世界。所以说，你未必一定是有政治学背景的。但无论以什么样的学科背景来学习研究传授中国政治思想史，保持敬畏的心态是前提。

二、起步时建立学术信心是要紧的

我们都有学习研究中国政治思想史的开启阶段，也就是如何在导师的指引下入门的

问题。这个“门”是导师指定好，还是自己闯好？这实际上就涉及老师如何指导管理学生的问题。我个人的体会，还是自己去闯更能打下烙印，形成自己学习研究的基础。如果自己的导师事情繁多，恰恰给了我们闯荡的机会。有的学生可能不理解，总是想让老师管自己。越要老师管的学生，越难独立成长。这就跟带孩子是一样的，你越管孩子，孩子越不听话越和你对着干。放手恰恰是一种爱，不放手，是溺爱。拽在手中，使劲拽着，控制欲望太强了。老师如果不管你，放羊式地让你自由地游走，实际上是给了你机会，你应该充分利用这个非常自由的空间和时间，为自己的学术生涯和职业生涯做规划，思考我到底想做什么。如果我要做研究，就利用这个自由的空间去研究。

我是从研究谭嗣同起步的。说实话，我刚开始那会儿写谭嗣同。幸好谭嗣同的文集已经出版了，而且集子的内容不多，我很快就把这集子读完了，我觉得大部分还是能理解的。资料读得差不多了，到底写什么呢？我就把研究谭嗣同的有关材料再仔细看一看。我是学政治学的，后来就选了一个民权的切入点，就写谭嗣同的民权观。文章题目叫《谭嗣同民权观新探》，这样从题目上就让人觉得这文章可能有针对性的内容，有新的东西。我把谭嗣同的民权观划分为三个阶段，别人以前没这么写过。文章写完之后发表了，对我鼓励很大。为什么呢？因为《新华文摘》论点摘编了，然后人大报刊复印资料，《中国近代史》又全文转载。正是在这个过程中，我认识到自己学术信心的增强。接着我再把写谭嗣同的资料看下去，还写了研究谭嗣同的另外一篇文章，整体看谭嗣同思想的内在逻辑，不仅仅局限于民权观。我又发表了两篇关于谭嗣同的文章，这两篇文章的发表得益于我的老师的推荐。

刚才我讲的实际就是突破点、切入点和起始点的问题，选择什么样的点进入中国政治思想史是重要的。谭嗣同这个点很小，能够进入，但不能持续研究，因为他的作品不多，没法持续地研究10年或者20年。所以我的硕士论文就没有继续研究谭嗣同，我选择了一个大家都非常熟悉的人物，就是胡适。胡适是大家，东西也多。选一个百科全书式的人物，给你本身的研究就提供了广阔的空间，因为胡适、梁启超、严复等人的知识背景非常广阔。尤其近代这些人物，他们中西的视野也有，古今的视野也有，所以你说怎么研究？当然是古今一贯中西比较了。这样你的胸襟，你的视野都要拓展，它要求你必须拓展，尤其到了近代的时候，要把这些精英人物放在全球化的大背景下来看待。总结来看，以可持续的切口进入中国政治思想史，非常有助于建立我们的学术自信。

三、中国政治思想史的“薄”与“厚”

现在，我说一下中国政治思想史这门课程怎么教的问题。好多主讲老师尤其是年轻的老师，一开始讲中国政治思想史比较泛泛。一个主要的表面原因，就是我们的教材太厚了，总共40多万字。教材这么厚，但是我们的学时是有限的，开设这门课程的学科最长学时也不过64个学时，一般都是48个学时。在如此有限的学时内，要把中国政治思想史这个通识性的教材讲完讲好，确实不太容易。所以我们就要处理厚与薄的关系。

这么厚的教材，一定要把它讲薄。怎么才能讲薄呢？我觉得形成对中国政治思想史的整体观非常关键。这本教材从纵观上来看，从夏商周一直到新文化运动，跨度很大，内容很多。我们应该追问，从古至今的中国政治思想史有没有一条明晰的线索？我们能不能提炼出一条明确的主线，把它从古至今贯穿起来？有了这条纵贯古今的主线，我们对中国政治思想史就有了整体观。为什么要有这个整体观？就是强调我们必须要对整个中国政治思想史有一个整体的理解。直接地说，我们讲述中国政治思想史的导论就显得很重要了。我认为，导论的第一个问题就是解释这个问题。为此，我自己写了一篇文章。我认为，贯穿古今的那条主线，就是我们讲的古今有没有相同的主题。这些精英人物，他们在思考政治生活尤其思考如何过集体生活的时候，有没有一个明确的主题。我觉得从古至今，不管是鸦片战争以前还是之后有一个核心问题，那就是必须思考权力与秩序的问题。集体生活，要使它有序化、常态化、可持续，就要组织起来。怎么来组织？怎么来控制这个社会，使它能够有效地运转不崩盘？权力和权威是必需的，所以权力与秩序的关系问题可以作为一个主线来考虑。以这个主线为思考点，去琢磨各个时期的政治家、政论家的思想。这样，就是对厚厚的中国政治思想史教材有了一个整体的把握，也就把它变薄了。有了这样一个做法之后，我们再来看每一个时期。每一个时期的政治家、政论家都比较多，到底讲什么样的人物也很重要，必须要有选择性。对于这些人物我们要掂量掂量，到底选哪几个主要的有代表性的人物来讲？如果都讲，讲诸子百家都要一年，没有这么多的学时，只能挑代表，选择几个人物来讲。即便讲儒家学派的创始人孔子的政治思想，也得想想选择哪些点来讲。所以都得潜心思考，要尽可能地去提炼、去总结、去概括，把厚变薄说的就是这个意思。讲一个时期，选几个代表，然后每一个代表人物讲几个点，必须得清楚。只有这样我们才能把厚的变薄了，把复杂的变简单，化繁为简，否则不好讲。

还有一点要申明，我们讲述的时候要借助马克思主义理论研究和建设工程教材，同时要有自己讲课的思路，这样你就可能把厚的变成薄的。同时，我还要说，必须又能把薄的变成厚的。这就是说，要讲得很丰富，有想象力，让学生能够随着你思路在思想的天空自由地翱翔，要有选择、有兴趣，要激发他们回去后大量地读书。所有的教材，都在薄厚之间做文章。我不知道大家有没有这个体会：每堂课讲完之后，有学生很感兴趣，他就问“老师，我们到底读哪些经典？”激发学生去阅读精英人物的思想作品，这个当然很重要。但是到底如何读，却是很多学生以及老师面临的难题。四书五经不读肯定不行，四书比五经好读一些，五经难懂。这样，我们必须倚重经典的注疏、衍义。这里，也给主讲老师提一个难题：需要从多个方面、角度去诱发学生学习的情趣。学生有兴趣了，就带领很多人进入中国政治思想史领域，进入思想世界和经典世界。我经常对学生说，读经典不要着急，哪怕每天读一页内容。什么叫经典？我有一个说法：经常被时人点赞的那个就叫经典。我们经常说读经典，怎么读？这个读法不能说只有一种，读法是多样性的。我们重在引导学生，引导学生去进行通识性地阅读是很重要的。这样就拓展了教材的内容，也就把教材又变厚了。这就是我讲的厚薄问题。

四、结语：不要执着于中国政治思想史的“有用”和“没用”

我相信很多主讲老师都会遇到学生提出的这样的一个问题：今天我们学中国政治思想史有什么用处？一个课程到底能不能改变我们的人生和生活？这个要看具体时代境遇。当我们无法从一门课程获得改变我们生活的确定性知识时，就不要陷入如此的功利“陷阱”。事实上，应从我们的人生、我们的生活出发，去感知、体察困扰我们平稳前行的动力和问题。我们要时时刻刻对那些熟悉到无视的东西打上一个大大的问号。这就是要问：我们的人生和生活是否值得过？我觉得就是要过一种值得反思的人生与生活。这个所谓的反思，就反过来想好了。有了反思，就可能有了怀疑。什么叫怀疑呢？心字旁在前面，后面是个“不”，就心中的东西敢于“说不”就是怀疑。当我们建立起了这些学习观，我们就不必拘泥于所学课程的“有用”和“没用”了。

本文原载于《政治思想史》2021年第3期。

生物医学工程前言探索课程“课程思政”教学改革探究

谢丽萍 赵 越

摘要： 生物医学工程前言探索课程是东北大学生物医学工程专业在大一年级开设的特色课程，使学生了解国际生物医学工程专业前沿科学领域知识。大一年级是学生新的学习和生活的起点，也是提高思想道德素质的关键时期，因此加强生物医学工程前言探索课程“课程思政”是十分重要的，这需要教师加强自身修养，在授业解惑的基础上，设计合理的教学教育实施方式，改革传统教学方法，结合课程优势发挥其育人作用。文中深度挖掘了生物医学工程前言探索课程的思政元素，探索了将“课程思政”融入生物医学工程前言探索课程的实施措施，对在生物医学工程专业课堂上实现立德树人的目标起到了促进作用，让思想政治教育更具亲和力和生动力，更适应学生成长需求。从而做到全员、全过程、全方位育人，有利于提高生物医学工程专业教育教学质量，为国家医学仪器事业的发展培养高精尖人才。

关键词： 生物医学工程；课程思政；教学改革；立德树人

一、引言

习近平总书记在全国高校思想政治工作会议上指出，“高校思想政治工作关系到高校培养什么样的人、如何培养人以及为谁培养人这个根本问题。要坚持把立德树人作为中心环节，把思想政治工作贯穿教育教学全过程，实现全程育人、全方位育人。”[1] 将思想政治教育融入课堂教学中，使各类课程与思想政治教育同向同行，形成协同效应，让思想政治教育更具亲和力和生动力，更适应学生成长需求。“课程思政”是在课程教学中融入思想政治元素，课程内容与思想政治教育同步同行，是实施全员、全过程、全方位育人的一种教育教学改革新理念、新模式[2, 3]。

生物医学工程前言探索课程是东北大学生物医学工程专业大一学年的专业核心基础课，具有理论适宜、知识面宽、用例鲜活、贴近实际、突出实用性、通俗易懂、便于学习理解和掌握等特点。该门课程让学生了解学科前沿和新技术的发展动态，拓展学生专业思维和认知，进行专业启蒙教育，培养为国家医疗事业贡献力量的情操。

本文结合生物医学工程前言探索课程的授课内容和特点，深挖了生物医学工程前言探索课程的思政元素，进行了“课程思政”的教学改革与实践研究，也为高校其他课程开展思政教育提供了有益的参考和价值。

二、思政教育与生物医学工程前言探索课程融合的必要性

生物医学工程学是生命科学、医学、物理学与工程技术等多专业结合的典型的交叉学科，是一个大跨度、多学科、深交叉的学科领域。其通过运用现代科学技术的理论和方法，研究新技术、新仪器，实现医工结合，为疾病提供诊断、治疗、预防的有效服务。生物医学工程发源于欧美，最开始出现在20世纪60年代，是许多发达国家优先发展的高技术型支柱产业[4]，尤其在美国，生物医学工程是最热门的十大专业之一。就我国发展情况来看，生物医学工程在我国兴起是在20世纪70年代，在社会不断发展过程中，这一门学科在我国也得到了较为显著的发展，很多高校、科研单位成立了相关机构，以此来促进生物医学工程学的发展。目前生物医学工程是我国现代医药产业的两大支柱之一，科技部已将其列为我国国民经济的一个新的增长点。随着各种科学技术的相互融合、演变、改进，新技术的发明、医学进步及人工智能技术的发展会更好地为人民的健康服务。尤其在全球人口老龄化的趋势下，人们对个人健康的监护需求越来越迫切。生物医学工程的发展无疑会对医学的发展展现其巨大的创造力和推动力。该领域的技术创新、理论突破和生产实践需要大量技术人才和管理人才[5]。

将“课程思政”贯穿于生物医学工程前言内容的讲解过程中，让学生理解专业前沿知识的同时，形成爱国主义热情，树立为祖国医疗健康服务的思想。以习近平新时代中国特色社会主义思想为指导，落实生物医学工程专业教育立德树人根本任务的教育理念创新和实践创新。为有效地在生物医学工程专业教学中实现润物无声的立德树人效果，需深入探索生物医学工程专业“课程思政”教学规律，多维度增强其“课程思政”实效，将育人的主渠道融入生物医学工程专业课程，加强知识讲授与思想政治教育有机融合。

三、“课程思政”元素的设计

生物医学工程前言探索课程的“课程思政”要立足课程本质，深入挖掘课程蕴含的相关思想政治教育元素，让其像新鲜血液一样融入课程中，使课程焕发新的活力，构建全员、全过程、全方位育人体系。需要教师潜心备课，钻研教材，精通教材，采取巧妙的教学设计和有效的教学措施。针对生物医学工程前言探索的特点，设计的该课程思政元素如表1所示。

在“医学仪器发展史”章节中，结合中国古代的砭石、青铜砭针等案例，谈医学工程从无到有的创造过程。这些仪器虽看起来简陋，却解决了当时许多医学上的难题。从而激发学生勇于探索的开创性精神，培养学生发现问题和解决问题的能力。对比国外，我国医疗仪器设备经过近些年发展，已经有了一些高精尖产品，如磁共振（MRI）、CT、数字B超、中低能直线加速器、旋转式伽玛刀、数字减影成像系统、激光手术器、纤维光纤内窥镜等[6]。以思政元素引导学生坚定文化自信，增强民族认同感。

在“现代临床检验仪器”章节中，结合古典故事，如越王勾践为吴王夫差尝粪诊病，英国医生威利斯舔尿辨别糖尿病的典故，讲解生化物质分析知识的同时，深化他们忍辱负重、卧薪尝胆以及为医学事业奉献的精神等，培养学生的社会责任感。介绍我国早在20世纪60年代就开始进行血细胞计数仪的研制工作，1965年上海生产了我国第一代血球计数仪[7]，提高学生的文化自信，培养学生开拓创新精神。

在“医学影像仪器”章节中，介绍了我国目前在提高分辨率、加快成像速度以及提高信噪比等方面做了相应研究，发展光声成像解卷积技术、光声成像压缩感知技术以及光声分子成像技术等研究取得了良好的结果，为推动该技术的临床应用提供了新的机遇。[8]让学生学习我国科研工作者严谨务实的科学探索精神、认真钻研的工匠精神，增强“四个服务”的担当等。

在“手术仪器”章节中，将古代的智慧与古典名著相结合，讲述神医华佗为曹操诊断头痛病，想要开颅治愈他的头风病，以及孙悟空为朱紫国国王悬丝诊脉等故事。深化中医中药在医学中的作用，弘扬中国传统文化。

在“生物医学工程师的荣耀”章节中，介绍生物医学工程师的工作内容、职业操守、准则、社会责任、职业荣耀等。结合新冠肺炎疫情谈我国生物医学工程领域关于新冠肺炎检测的微流控芯片的研发，介绍CT断层成像技术在新冠肺炎的临床诊断和治疗中起到的关键作用，使得医生可以对患者的肺部病变进行即时、动态、有效地影像监测，更准确地判断患者病情变化以及评估治疗方案，符合实际临床需求等。结合“课程思政”培养学生作为未来生物医学工程师的职业道德素养等。

表1　生物医学工程前言课程教学内容融入思政元素案例

章节	学习要求	思政元素	案例
医学仪器发展史	了解典型医疗仪器发明与发展历史，理解科学发现和技术创新对促进医疗仪器发展的重要性	追求科学真理，具勇攀高峰的精神； 发扬文化自信，增强民族认同感	古代从无到有发现和创造医疗仪器雏形； 中国古代的砭石、青铜砭针； 国内近些年医疗设备发展成果
现代临床检验仪器	了解生化分析仪、血球计数仪等典型临床检验仪器的工作原理、临床用途	奉献精神，社会责任； 文化自信，开拓创新精神	越王勾践为吴王夫差尝粪诊病； 英国医生威利斯舔尿辨别糖尿病的典故； 我国血细胞计数仪的研制成果
医学影像仪器	了解B超、CT、MRI、PET等典型医学成像仪器的工作原理、临床用途	严谨务实的科学探索精神； 认真钻研的工匠精神； 增强“四个服务”的担当意识	我国医学影像仪器发展成就

表1（续）

章节	学习要求	思政元素	案例
手术仪器	了解手术监护仪、麻醉机、呼吸机、高频电刀等典型手术室仪器的工作原理、临床用途	体现民族精神，弘扬传统文化	将古代的智慧与古典名著相结合
生物医学工程师的荣耀	了解生物医学工程师的工作内容、社会责任、职业荣耀	生物医学工程师的责任与担当； 职业道德素养	新冠肺炎疫情背景下，我国生物医学工程师的作用

四、思政教育的实施

将生物医学工程前言探索课程教学与思想政治教育有机地融合，使学生们在学习生物医学工程专业知识的过程中，不知不觉地体会和感悟到有关的思想政治教育。端正学习态度，树立正确的人生观、价值观、社会观，激发爱国热情，让学生们懂得加倍珍惜现在来之不易的受教育的权利，努力学习与吸纳人类积累的生物医学智慧和思想，为国家培养高精尖医疗人才打下思想基础。与课程相关的思想政治教育，又能反向地促进学生们以更大的热情和动力学习课程知识，将两种教育完美地结合和统一，从而达到良好的双教育融合。

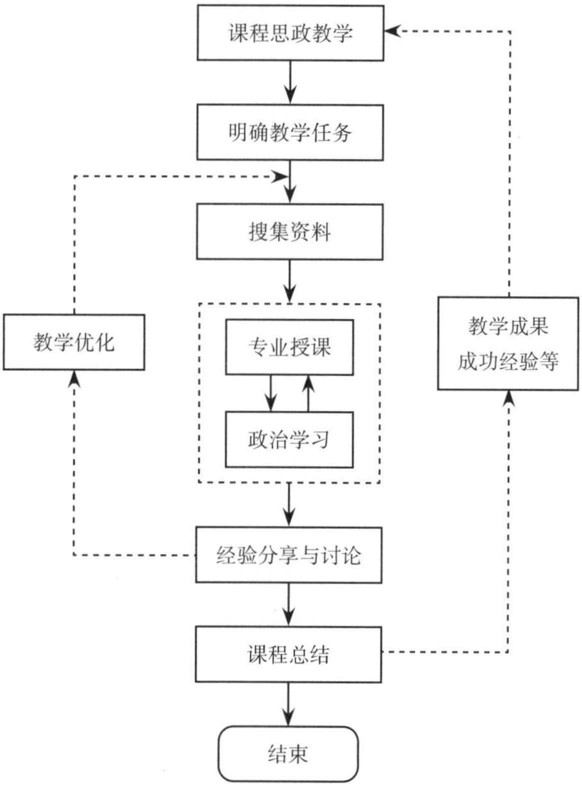

图1　生物医学工程前言探索课程“课程思政”教学过程

为了有效实施生物医学工程前言探索课程思政教学，我们设计了如图1所示的“课程思政”教学过程。教师在教学过程中，首先要明确教学任务，确定专业领域学习要求和与其相关的思想政治教育元素。需要教师具备全面的知识素养，不仅要专业精，还要懂政治，真正做到又红又专，这就需要搜集大量的文献资料，确定课程相关的思想政治元素。搜集相关文献资料、钻研吃透“课程思政”教材后再进行专业授课。专业授课的同时要结合思想政治教育学习，教育、教学注意做到相互联系、相互统一。在“课程思政”教学课堂上适当地举行经验分享与讨论，有效地激发学生自主学习兴趣，有利于促进师生之间全过程、全领域互动交流学习，从而真正地做到“课程思政”的全员、全过程、全方位育人。为了更好地促进课程学习与思想政治教育融合，还需在上述教学过程中不间断地优化、更新、升华，紧跟时代步伐，做到与时俱进，如尽可能将课程更多地与当代需求相结合，使学生体会到民族责任感和自豪感。“课程思政”教学结束后，有针对性地进行课程总结，检验是否达到预期的教学目标，以便进一步提升教学质量。课程总结中，固化后的“课程思政”教学成果和成功经验，又可以反哺到新的“课程思政”教学。

五、结论

生物医学工程前言探索课程与思想政治教育融合，是生物医学工程专业教学改革的重要措施，对在生物医学工程专业课堂上实现立德树人的目标起到了促进作用，并且对生物医学工程专业其他课程教学以及其他高等教育教学也有着广泛的应用和参考价值。生物医学工程前言探索课程“课程思政”的实施有利于提高生物医学工程专业教育教学质量，为国家医学仪器事业的发展培养高精尖人才。

参考文献

[1] 习近平在全国高校思想政治工作会议上强调：把思想政治工作贯穿教育教学全过程开创我国高等教育事业发展新局面［N］. 人民日报，2016-12-09（1）.

[2] 万林艳，姚音竹．“思政课程”与“课程思政”教学内容的同向同行［J］. 中国大学教学，2018（12）：52-55.

[3] 邱仁富．“课程思政”与“思政课程”同向同行的理论阐释［J］. 思想教育研究，2018（4）：109-103.

[4] 刘馨池．生物医学工程学的战略地位与发展趋势初探［J］. 临床医药文献电子杂志，2017，4（88）：2.

[5] 丁明跃．生物医学工程专业卓越工程师培养初探［J］. 教育教学论坛，2019（23）：1-3.

[6] 吴祈耀．我国医疗仪器产业发展现状与未来［J］. 现代科学仪器. 2006，4：10-16.

[7] 周亚莉，吕虹，张国军，等．医学检验仪器的发展历程及趋势［J］. 现代仪

器，2011（2）：12-14.

［8］龚小竞，孟静，陈健桦，等. 生物医学光声成像技术及其临床应用进展［J］. 集成技术，2013（5）：53-59.

本文原载于《科学咨询》2021年第38期。

环境与能源材料的“课程思政”实践

李　松　秦高梧

摘要：“课程思政”将思想政治与价值观教育融入专业课程教学，回归了教育立德树人的初心。本文介绍对环境与能源材料通过顶层设计重构课程教学内容，挖掘课程中的思政教育资源，平衡知识目标、能力素质目标及价值观目标，实现“立德”与“树人”的有机统一。通过促成思考、开放讨论的方式培养学生的批判精神、创新素质和终身学习意识。以结果导向模式实现知识与价值融合的课程育人，有力支撑“新工科”建设中人才培养目标，为工科教育中的“课程思政”建设提供了一个样本。

关键词：课程思政；材料专业；课程设计；教学实施

“课程思政”将教书与育人融为一体，目的在于在知识传授和能力培养的同时开展理论传播、思想引领、价值引导、精神塑造和情感激发[1]，帮助学生养成正确的价值观、塑造健全的人格，而这正是教育工作的最本质之处。因而可以说，在专业课程中融入思政教育是新时代高等教育回归立德树人初心的举措。环境与能源材料是材料科学与工程专业重要专业方向课，我们根据课程特点实施了“课程思政”教学，坚持学生中心、产出导向、持续改进，不断提升学生的课程学习体验，力求让学生在思想和专业知识上都有所收获。

一、课程简介与思政教育实施必要性

作为当代中国和整个人类发展所面临的重大问题，环境、能源在两个层面上与材料科学发生交叉。狭义上，环境与能源材料指在环境或能源领域发挥相应功能的材料，如修复被污染环境所使用的吸附材料、降解污染物的催化剂材料及能源转换中的太阳能电池材料、热电材料等。由于新材料研发在解决环境能源问题中发挥关键作用，这类材料已成为当前多学科交叉领域中的热点研究方向。从广义角度来说，环境与能源材料包含所有材料及其相关过程的环境和能源属性。以基础材料钢铁为例，须考虑从矿石开采、冶炼、加工、使用到回收再生循环整个生命周期内各个环节上的环境资源效率和能源效率。相应地，以节约资源和能源、减少排放、易于循环为出发点的制造过程绿色化已经成为钢铁工业创新发展的重点[2]。

材料科学与工程专业重点培养材料及交叉高技术领域的一线工程技术人才。传统上，人们认为材料科学与工程学科主要研究材料的组分与结构、合成制备、性质与使役性能、测试与表征等四个基本要素及其相互关系。这些以科学和工程原理为主的内容相应构成了专业教学的重点内容。随着社会进步对工程师要求的提高，在本科教育阶段就应该让未来的材料工程师理解工程决策还受制于环境、法规等非技术因素，从而有助于他们获得从公共政策、社会价值的角度进行工程技术决策的能力。为此，《华盛顿协议》和工程教育认证标准规定所培养的学生要了解工程解决方案对环境和社会背景的影响[3]，毕业要求中“工程与社会”“环境和可持续发展”两个一级条目均与此强烈相关[4]。

为有力支撑上述培养目标，东北大学开设了以材料科学与工程专业为主、面向广泛理工科专业的环境与能源材料课程，主要从可持续发展角度讲授材料制备的过程、用途、能耗，同时介绍监测和修复环境、发展及建立各类能源系统所需要的关键材料。教学内容包括基础理论、应用研究和评价系统。目标是使学生了解环境与能源材料的发展概况，掌握典型环境与能源材料的制备、技术特点。更为关键的是，课程培养学生建立材料全寿命周期的设计理念和可持续发展思想，在从事新材料研发或材料工艺设计时能够关注材料对环境的影响，并注意节能减排技术的应用。使所培养的未来工程技术人员具备专业知识以外的强烈社会责任感、人文关怀意识和奋进精神。

该课程科技与人文兼具的特点决定了其中蕴含了大量的思想政治教育元素。有利于更好地实现价值引领与知识传授并行，并提升教师的专业及政治素养，满足“双一流”建设对培养高素质人才的要求。

二、课程中思政内涵与元素分析

实现专业课程与思想政治教育有机融合的基础在于挖掘课程中的思想政治教育元素作为契合点，以无缝对接和有机互融的方式建立内成性契合关系[5]，释放课程的思政教育功能。环境与能源材料课程具有科技与人文兼备的特点，蕴含了大量的思想政治教育元素。教学团队通过对教学内容进行系统梳理、提炼，进而通过合理有效的课程设计将其融入专业知识教育过程中，在正常的教学环节中实现思政教育，避免插入段子式的生搬硬套，使学生自然地认为思政教育内容是课程体系的一部分，实现了价值引领与知识传授并行。综合而言，该门课程的思政教育内涵主要体现在如图1所示的六个方面。

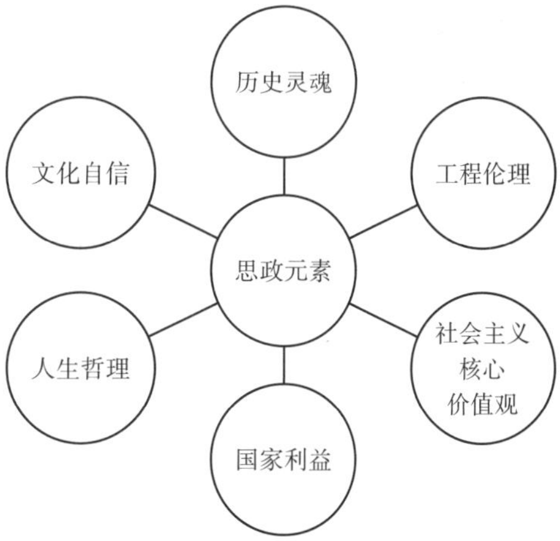

图1 环境与能源材料课程思政元素

（一）以史为鉴，谋定未来，塑造“课程思政”的灵魂

在人类社会的发展过程中，材料发展水平始终是社会文明和时代进步的标志，用唯物史观分析能源和材料在文明发展中的作用。第一次工业革命和第二次工业革命表面上看是能源结构更替推动了工业体系生产组织方式的变革，实际上材料的进步发挥了更为基础的作用。第二次工业革命时期英国是全球钢铁工业中心便是一个有力的证明。当下，以能源洁净化和互联网化为核心特征的新能源结构正在推动新的工业革命[6]，融合纳米技术的新材料研发在这一进程中扮演关键的角色。结合历史演变讲授未来能源结构中的关键材料有助于青年学生理解自身所处的伟大时代浪潮，并激励他们思考自己的人生定位。

（二）课程内容涵盖了丰富的工程伦理问题

当代工程教育所培养的人才不仅要有深厚的专业积淀，还要对工程的生态环境、公众健康等社会影响有足够认识，尤其是要具备依照伦理标准对专业工作进行道德价值判断的能力。作为未来的材料工程师，在进行材料选择或工艺方案设定的时候，有大量的机会面临忠诚于股东还是社会公众利益的道德困境，只有遵循相关的伦理标准才能做出正确选择。没有正确的伦理指导，教育只不过是技能训练的低级工具，培养出来的人只能是精致的利己主义者。而工程伦理教育正是工科教育解决“培养什么人、为谁培养人和如何培养人”教育根本问题的有效途径之一。中国工程教育认证通用标准有12条毕业要求指标点，多处与此相关，如要求学生关注工程与社会的关系，在设计和开发解决方案时考虑“社会、健康、安全、法律、文化及环境等因素”，并能理解和评价专业工程实践对上述内容及社会可持续发展的影响[4]。课程中设置了材料环境协调性的单独章节，重点学习材料从制备、服役到循环的全生命周期内的能量消耗与环境影响。

（三）课程与社会主义核心价值观契合，实现润物细无声的价值观自然渗透

首先，介绍材料制造和使役周期内对环境的影响时，将其置于文明建设，特别是生态文明建设的时代背景下，强调人类命运共同体与自然的和谐共生，把科学发展观与材料的制造、服役、循环全生命周期结合起来。历史上的材料进步主要由性能进步和成本降低驱动。在生态文明建设重要性凸显的当下，材料科学的进步还要考虑资源消耗、环境影响。

其次，大量科研前沿的方向是在价值观指引下确立的。以能源材料的研究前沿之一光电化学技术为例，将太阳能直接转化为化学能的关键材料是光电极材料，其选用准则之一就是基于地球高丰度元素而非贵金属，因为唯有如此才能使其成为惠及大部分人的技术。通过阐释这些研究方向的建立初衷，能体现科学精神中服务人民、造福社会的伟大情怀，培养学生运用科学技术造福人类的志向。

最后，课程在介绍环境评价和能源消耗时，依托相关的法律法规和国家标准如《环境保护法》《大气污染物综合排放标准》等，使学生理解法治的重要性，培养学生的法律意识；在介绍新能源体系的材料开发时，将其与生产力的解放及平等等概念联系起来。

（四）概念正本清源，维护国家利益

国家之间的竞争格局往往由话语权奠定基础。由于科学发展过程中大量概念兴起于西方，难免更多地体现了发达国家的利益。有必要在教学过程中加强此类概念的辨析，如可持续发展的概念。可持续发展思想是全人类的共同理念，其首先在1987年联合国世界环境与发展委员会的报告《我们共同的未来》中被定义，“既满足当代人需求，又不损害后代人满足其自身需求的能力”。由于概念的模糊性，后续研究在此基础上围绕人类需求和价值观演绎出各种其他定义，但主要依托时间序列强调对未来的影响。可持续发展这样卓越的思想如果任由西方学者定义显然对我们国家是很不利的，容易使其沦为发达国家站在道德高地上打压发展中国家的工具。在教学实践中，我们将时间维度上的可持续发展概念进一步叠加空间维度的内涵，引导学生思考代际公平之外的国际公平。从而为厘清发达国家和发展中国家所应承担的环境责任、维护我国在国际上的正当发展权益提供理论基础。

（五）教学内容中涉及许多可以被引申为人生哲理或方法论的科学概念

例如，自然过程大部分都伴随着自由能降低，包括燃料燃烧、金属腐蚀退化；而材料制备则往往意味着注入能量以提升物质自由能状态，如冶金过程使用大量能量将矿石变为金属、光电化学将水或二氧化碳转变为燃料。这些过程与人生进退有很强的比照类似性，不作为就会退步，只有汲取知识、不断努力才能进步为品质更优秀的人，由此来激励学生“在奋斗中释放青春激情、追逐青春理想”[7]，产生学习内动力。在介绍能源传输材料时，借助电阻、热阻的概念说明人生不可避免会遇到重重阻力，如懒惰、散漫、拖延等，靠强大的心智减小或消除这些阻力才能获得提高[8]。在介绍人工光合作用时，借助光合作用原理中高能电子分两步产生，阐述宏伟目标也要逐步实现的道理或方法。从能量视角观察材料过程会因摩擦产生不可逆的熵产，使得系统的混乱度增加，由此启发学生减少人与人之间的摩擦，建设和谐社会、和谐校园。

（六）课程包含大量有利于增强文化自信的材料案例

如我国“特高压输变电”在能源传输领域堪称技术独步全球，然而这一方面是因为我国有集中力量办大事的制度优势；另一方面也离不开中国科研人员在电磁设计、高压绝缘材料、高强度高导电材料等世界级难题上的突破。再如，钢铁工业是环境负荷较大的工业门类，以王国栋院士为代表的科技工作者在钢铁流程绿色化、智能化方面做出了卓越贡献。介绍中国科学家在知识创新和技术创新过程中的“实干、实效、实绩”精神，有助于鼓励青年学生坚定信心、埋头实干，以中国智慧贡献世界发展。

必须指出的是，在专业课程的教学中实施“课程思政”并非简单地挖掘思政教育元素并将其植入教学，更为关键的是以此为依托实施立德树人，即追求育人与育才相统一。

三、“课程思政”教育的实施安排

为实现环境与能源材料的“课程思政”教育，教学团队以毕业要求为根本依托，梳理课程内容及关键的知识点并进行取舍，挖掘课程中的自然哲学和辩证法等思政教育资源，结合科研进展更新教学内容。针对本课程知识性强、体系性弱的特点，深入挖掘学科逻辑，通过顶层设计重新架构系统化的逻辑体系，把控课程内容、教学组织、教学评价的具体内容，构建“课程思政”的实施路径，重点体现在以下四点。

第一，在教学内容设计和课程实施上，以学生学习为中心、以学习效果为导向、以“立德”与“树人”有机统一为目标。针对环境与能源材料知识点多的问题，大胆取舍，将大部分内容设置成课外阅读作业。教学实施上以深入浅出地阐释基础性概念理论和直观性物理图像为重点，拒绝以新鲜、实用、有趣作为选取教学内容的标准。从而实现平衡知识目标、能力素质目标及价值观目标。

第二，在教学方式的组织上，打破过往单向讲授、强力灌输的模式，不但促进学生的知识获得、能力发展、素质养成，而且提高学生综合素养的全面发展。课程是“一个情境化的社会过程”，由师生交互作用而产生“不断生成的建构”[9]。为此，教学中采用促成思考、开放讨论的研究小组形式，选择钢铁、水泥、电池电极等典型的结构或功能材料，分析不同工艺方案在采冶、加工、使用、回收材料链上的资源、能源消耗与废弃物排放，既培养学生的资源节约与绿色可持续发展意识，提高其工程伦理修养，又培养学生的批判精神、创新素质和终身学习意识。

第三，体现学校特色，适应学校定位。由于每个大学在发展路径、资源禀赋、传统风格方面的不同，本科生课程往往有自己的特点。而且越是优秀的大学，特点越是鲜明和突出。比如东北大学，曾长期在前冶金部指导下办学，人才培养和科学研究都重点围绕经济建设中发挥基础性作用的钢铁、有色金属等材料，形成了工业生态学方面的研究优势和特色[10]。学校定位为“在中国新型工业化进程中起引领作用的高水平研究型大学”。在本课程的教学过程中注重反映这些特点，重点讲述与新型工业化进程、新工业革命相关的材料体系。

第四，重视教学效果评价，设计合理的考核形式以助力课程实施。课程考核不但是评价学生学习效果的重要形式，更关键的还是学习的重要环节。保持学习成效评估与教学活动的一致性是提高课程设计水平的重要保障[11]，本课程采用结果导向模式，利用阅读报告、案例分析、方案设计、调研报告等形式体现学习产出，并将结果用于课程自身的持续性改进。

四、结论与展望

从目前的教学实践看，材料科学与工程专业开设的环境与能源材料课实施“课程思政”，将专业知识与价值融合，有利于培养未来的工程技术人员造福人类和服务社会的意识，也适用于环境、新能源、机械等相关专业的本科生，有力支撑了工程教育认证相关的毕业要求，全面落实专业育人目标。未来，我们将长期跟踪评价学习效果，通过持续改进的方式不断提升教学效果。

参考文献

[1] 杨国斌，龙明忠. 课程思政的价值与建设方向 [J]. 中国高等教育，2019(23)：15-17.

[2] 王国栋. 钢铁行业技术创新和发展方向 [J]. 钢铁，2015 (5)：1-10.

[3] 林健. 新工科人才培养质量通用标准研制 [J]. 高等工程教育研究，2020(3)：5-16.

[4] 中国工程教育专业认证协会秘书处. 工程教育认证通用标准解读及使用指南(2018版) [Z]. 2018.

[5] 陆道坤. 课程思政推行中若干核心问题及解决思路 [J]. 思想理论教育，2018(3)：64-69.

[6] 刘建平，杨健，刘涛，等. 中国能源革命的目标与路径：从能源互联网到智慧能源 [J]. 能源，2017 (7)：84-86.

[7] 习近平在北京大学师生座谈会上的讲话 [N]. 人民日报，2018-05-02.

[8] 杨昆，罗小兵，冯晓东，等. 能源动力专业基础课程教学中开展“课程思政”的探索 [J]. 高等工程教育研究，2019 (13)：116-118.

[9] 张华. 课程与教学论 [M]. 上海：上海教育出版社，2001：89.

[10] 陆忠武. 对工业生态学的思考 [J]. 环境保护与循环经济，2010 (2)：4-6.

[11] 朱征军，李赛强. 基于一致性原则创新课程思政教学设计 [J]. 中国大学教学，2019 (12)：24-28.

本文原载于《高教学刊》2021年第25期。

高校艺术惠民与思政教育融合改革研究

邹琳琳　昌　进

摘要： 面向我国高校人才培育、美育德育等政策部署，基于思政教育的重要任务，落实高校艺术专业类课程教育教学任务，开展高校艺术惠民与思政教育融合改革研究。阐明高校艺术惠民的内涵，对高校艺术惠民与思政教育融合进行概述；进行高校艺术惠民与思政教育融合改革在顶层设计、思想主线、教学方法、教学反馈上的探索；提出高校艺术惠民与思政教育融合改革的三大实践，依托高校的创新教学体系、多重载体的展演实践形式，多向提升思政教育成效。艺术惠民作为一种实践教学，通过将理论教学融入具体操作之中，将思政教育潜移默化地融入专业教育教学，在这一专业教育实践教学之中，实现一流高素质专业人才的全面培育。

关键词： 艺术惠民；思政教育；融合改革

一、高校艺术惠民与思政教育融合概述

（一）高校艺术惠民的界定

习近平总书记在文艺工作座谈会中提出“艺术的最高境界就是让人动心，让人民的灵魂经受洗礼”[1]。艺术惠民是艺术走进基层、走进大众，通过艺术培训和艺术共享活动进行文化艺术素养、艺术鉴赏能力提升的文化实践活动。高校艺术惠民特指高校艺术专业师生深入拓展艺术教育教学的实践活动，从而进行的艺术专业展演的教育工作形式，还包括以艺术专业教育培训基地为辐射形成的公益性艺术培训活动，以人民大众为授课对象，实现艺术培训、指导、教学，从而形成具有特色的惠民活动。众多高校均进行艺术惠民活动，2010年沈阳市艺术惠民“双百万”工程之沈阳音乐学院百万市民艺术培训工程正式启动实施，开展种类多样的艺术培训课堂[2]。沈阳大学为响应这一工程的总体部署，依托自身艺术学院、教师，开展了一系列艺术培训与知识讲座等相关培训课程。东北大学艺术学院定期举行艺术惠民展演活动，通过艺术表演传递歌舞曲目的精神文化内涵，不断满足人民群众对美好生活的向往，不断提升城市特色，提升市民文化艺术鉴赏水平。

（二）高校艺术惠民与思政教育的融合

“追求真善美是文艺的永恒价值”，高校艺术惠民的主体是高校艺术专业师生，这一

活动形式是对高校艺术专业教育成果成效的检验，同时也是高校艺术专业学生不断学习与进步的过程。无论是艺术培训课程还是艺术共享曲目的内容，均以艺术惠民活动为主题。艺术惠民的艺术培训，选取人民大众喜闻乐见的艺术形式与艺术主题作为课程内容，更注重艺术表现形式与意识形态在理论上的交融渗透，课程多以教师为授课人。艺术惠民的艺术共享活动大多是以“弘扬”“歌颂”“庆祝”等相关主题进行的艺术实践，该实践通过艺术给人以心灵震撼，从而进行理论力量的精神洗礼，而这一艺术共享活动，要求艺术专业学生具备更高的思想道德理论内涵，对思想政治有更高的觉悟与感触，才能具备更高的艺术表现力。由此可以看出，艺术惠民作为一种艺术教育的实践形式，还具有专业技术水平、意识思想等教育反馈的要求，更需要探索出一条具备学科特色的艺术惠民与思政教育相融合的路径。

二、高校艺术惠民与思政教育融合改革的探索

（一）高校艺术惠民与思政教育融合改革的顶层设计

实践教学是巩固加深对理论知识认识的有效途径[3]，作为实践教学的艺术惠民活动，在惠及人民群众、提升社会艺术文化审美素养的同时，以培育适合社会发展与社会需要的艺术专业人才为目标。艺术惠民与思政教育融合在思政育人的同时，实现了三全育人的顶层设计。为响应全国教育大会上对人才培养的要求，以思政为主题的艺术惠民活动通过活动整体规划、布置和相关部门、教职工的协调，实现整体策划、准备、排练、演出、汇报等多环节协同育人，从而实现全员育人。思政主题的艺术惠民活动的定期举行、阶段性举行更有利于各个学习阶段的艺术专业学生参与，通过艺术共享活动、艺术培训课程的不同分工，实现能力上的进步、表演形式与技巧上的提升，实现艺术惠民活动在艺术专业学生全学习过程中的贯穿，从而在不同阶段都可以进行专业理论学习与意识形态培育成效的拔高与检验。艺术惠民不仅是一种艺术专业教育教学的实践方法，更是素质教育的教学方法，艺术表现的登台实践加强了专业能力的提升，同时在整体活动过程中增强了协调能力、组织能力、应变能力等个人综合素质能力，真正实现全员、全过程、全方位育人。

（二）高校艺术惠民与思政教育融合改革的思想主线

艺术惠民把握主旨思想路线不动摇，从实践中进行人才培育，通过实践弘扬中国精神，讲好中国故事，在人才培育中不断饱满艺术专业学生精神世界。通过艺术惠民的艺术形式讲述人物故事，通过舞台呈现，让人物更加鲜活、意识思想传达更加明晰。艺术惠民活动对于高校艺术专业学生而言，不是专业理论知识的简单“搬运”，而是在深入了解艺术作品历史背景、主题思想、时代风格、技法表现等内容的前提下，通过自己的理解、感受，进行舞台展现，只有紧握思想主线才能让作品更有感染力、共情力、表现力，才能真正地为人民大众提供喜闻乐见的艺术。高校艺术专业教师在指导学生进行艺术惠民演出准备的各个过程中，要做到身体力行，做好学生的“红色精神”表率[4]，不断通过言传身教、引领启发等形式，让艺术教育与思政教育深度融合，通过艺术惠民

的形式，扩大思政育人的空间，从思想意识层面引发学生重视，通过感悟、创新等多种教育教学方式方法，引发学生持续探索作品精神内涵，在展现艺术的同时，发挥艺术在价值观念塑造、精神理念引领等方面的人才培育功能。

（三）高校艺术惠民与思政教育融合改革的教学方法

以讲“活”思政课为根本，将艺术惠民与思政教育相融合[5]。区别于艺术专业教育教学课程，艺术惠民以实践的形式进行人才培育，更注重问题的导向性，与思政教育融合的艺术惠民更有利于激发艺术专业学生的内驱动力。在教学形式上，艺术惠民将课堂搬到舞台，通过新的教学形式营造了轻松愉快的学习氛围，同时又由于登台表演的任务压力，增强了学生学习的紧迫性，提高对待曲目的认真程度；在教学方法上，一改课堂教学的知识填充，从统一教学转变为不同曲目研究、不同选题协作，教师根据艺术惠民主题，带领学生进行曲目选定，由学生按兴趣进行一次挑选，再由指导教师进行决定，从曲目入手让学生自己挖掘应该运用的技术方法、表现方法，实现以曲目带技术，再由指导教师进行深入讲解，规划调整。学生在艺术惠民的实践中以艺术表现效果为追求目标，不断深入探索，打破思政教育生硬的教育形式，从而在更有成就性、生动性、主动性的实践教学中，借助艺术惠民的思政教育，让专业教育与思想道德教育形成良性机制，潜移默化地实现思政教育的育人成效。

（四）高校艺术惠民与思政教育融合改革的教学反馈

高校艺术惠民以实践的形式进行教学检验，通过人民大众与专业教师的双重反馈，使学生在艺术惠民过程中获得成就。区别于专业教育教学的课堂教学评价，转化作业形式为艺术惠民效果评价。极大地提升了教学成果质量，在实践中检验专业技术与知识，更真切地实现专业能力的进步，思政教育效果也在这一过程中得到提升。通过高校艺术惠民与思政教育融合的教学反馈，可以发现现阶段专业教学与思政教育存在的问题，同时对学生思政教育教学的进展程度有所掌握，更有利于下一步思政教育的开展[6]。整体引导式、体验式的教育教学方式，更有利于提升学生的艺术审美素养与思想政治觉悟，在小组协作的过程中，通过相互帮助、相互讲解、相互纠正，不断提升学生的综合素质能力。通过艺术惠民与思政教育融合的教学成果反馈，可以发现学生在专业中的短板以及在创新能力、协作能力、解决问题能力等方面的不足，同时也更有利于激发学生对中国精神、民族气节的感悟，更有利于艺术创作的推进。

三、高校艺术惠民与思政教育融合改革的实践

（一）依托高校的创新教学体系

艺术惠民通过多种艺术教育教学机构、艺术团体等进行。依托高校的艺术惠民活动，面向的群体既包括校内师生，还包括校外广大人民群众。以高校为依托进行更为有序、更为系统的艺术惠民，更有利于艺术专业教育教学体系化推进，对高校艺术专业人才的培养更有针对性、专业性、指导性。艺术惠民会演实践是音乐表演专业人才培育教育教学体系中的重要一环，能够拉近专业教育与实践应用。从专业教育角度出发，对整

体人才培育体系进行宏观设计，给予高校音乐表演专业人才实践应用契机，根据音乐表演自身不同方向的具体学习情况，由任课导师根据学生具体情况进行教学课程安排，以保证“理论教学—实践应用—理论教学”的闭环，从而完善专业教学体系；从人才培育角度出发，兼顾素质教育的综合培育，以高校自身活动、平台为依托，进行主题性实践教学，实现思政教育与专业教学的有机结合，以思想精神塑造助力专业技术学习，形成人才培育的大目标、大成就。东北大学艺术学院依托高校平台，进行大量艺术惠民工程，2009年学院开展“走进社区，携手夕阳”艺术惠民活动，2017年开展社会实践团“毕业季”艺术惠民文艺演出等。艺术惠民演出通过教师的指导带领，与学生的协作，在共同完成艺术惠民活动宗旨的同时，完善人才培育的全过程。艺术专业人才可以在实践中才能将理论知识深刻吸收并灵活运用。

（二）多重载体的展演实践形式

艺术惠民基于高校平台呈现多重载体的展演实践形式。具体实践形式从课程实验、专业实习、毕业实践、社会实践、社会活动、科研创新等角度入手，以学校、学院、系、班为单位进行开展，以思政主题为核心内容，全员协同进行艺术专业人才培育。艺术惠民在现代化的潮流发展中，可以依托短视频网站、直播平台等互联网载体实现展演实践形式的丰富，通过线上线下的结合扩大艺术惠民影响力，同时也在人民群众的检验中，不断提高人才培育的质量与成效。艺术惠民的艺术培训通过线下真实体验，面对面教授，线上各大课程平台的公益课程推广，短视频平台的艺术分享，多重载体、形式、方法共同结合，为艺术惠民思政教育融合的实践拓宽了整体的表现形式，实现全方位育人的人才培育目标。思政主题艺术惠民的展演实践，在多平台、多载体、多形式的展现中，不断得到广大人民群众的响应，增强了学生的自豪感、自信心与成就感，在良好的社会氛围中不断深入进行思政教育。

（三）多向提升的思政教育成效

整体艺术惠民思政教育融合是提升思想信念精神力量的重要教育途径。艺术惠民与思政教育的融合，基于艺术惠民角度，实现了艺术专业师生与人民群众的思政教育成效；基于高校思政教育角度，实现了高校艺术专业学生思想道德、行为品德、素质美德、审美素养等方面提升。艺术惠民以思政内容为主题进行的艺术实践，将理论性的思政教育转变为生动的情景回溯，通过体悟当时、当景、当情，引导学生自主感受优秀传统文化，以及民族精神、中国力量所带来的个人素养的提升。通过愉快式、浸透式、体验引导式的思政教育，实现人才培育的人生观、世界观、价值观引领。艺术惠民相对于艺术专业教育教学的课堂讲授，前期准备—中期排练—后期登台的整个过程都需要学生与全体负责活动的老师们沟通交流，专业知识、表演展现以及出演反馈等，都潜移默化地实现了多向度的思政教育，实现了全员育人的人才培育目标。

四、结论

艺术惠民作为一种实践教学，是对理论专业教育教学的具体应用检验，在检验的过程中不断发现问题，通过教学成效不断推动教育教学的完善。艺术惠民与思政教育的融合，响应了我国高校人才培育、美育德育等方案政策部署，教育工作者以高校艺术专业类课程建设为基础，进行专业教育与德育美育融合改革的探究，明确高校艺术惠民内涵。提出高校艺术惠民与思政教育融合改革的“三全育人”顶层设计。在弘扬中国精神，讲好中国故事中把握思想主线。以学生为主体注重问题导向的引导式教育教学，以艺术展演的实践应用为内驱动力的教学方法，在多重成效的教学反馈之中不断检验教学成果，不断探索教育教学的调整方向与下一阶段人才培养的具体举措。

根据整体融合改革的探索，提出高校艺术惠民与思政教育融合改革的三大实践，依托高校的创新教学体系、多重载体的展演实践形式、多向提升的思政教育成效。艺术惠民与思政教育的融合为思政教育提供了新方法，思政教育也为艺术惠民提供了精神力量。艺术惠民与思政教育融合的育人方式，为培育出具备社会适应性的高水平专业人才贡献力量。

参考文献

[1] 习近平在文艺工作座谈会上的讲话 [N]. 人民日报，2015-10-15（2）.

[2] 毕玉才，刘勇. 沈阳市推出全国最大艺术惠民工程 [N]. 光明日报，2010-07-11（1）.

[3] 张宝国. 艺术惠民：高校实践教学的创新平台 [J]. 当代音乐，2015（21）：137-138.

[4] 胡雅珂. 课程思政视域下高校音乐教育专业课程课堂教学方法与策略研究 [J]. 艺术评鉴，2021（11）：121-124.

[5] 吴艳东. 准、透、活：讲好思政课的三个着力点 [J]. 思想理论教育导刊，2021（5）：92-95.

[6] 孙冠宇. 艺术惠民钢琴教学理念的创新点与成效 [J]. 黄河之声，2016（16）：50.

本文原载于《创新创业理论研究与实践》2021年第4期。